AUTOR

Hans Naumann • Jahrgang 1927, stammt aus Aachen und lebt heute in Bonn. Wandern und Radwandern in der Eifel sowie Heimatkunde lernte er in beiden elterlichen Familienzweigen kennen. Aus seiner Feder stammen 11 Wanderführer, 5 Fahrradführer und verschiedene Veröffentlichungen für das Jugendherbergswerk und den Eifelverein.

Insbesondere aber gilt er seit Jahren als der bedeutendste Wanderbuchschriftsteller der Eifel, die ihn als das vielgestaltigste Mittelgebirge Europas fasziniert.

VORWORT

„Die Eifel ist ein landschaftliches Kleinod und in ihrer aus Jahrmillionen der Erdgeschichte entstandenen Vielfalt ein unvergleichlich abwechslungsreiches Wanderland."

Diese Aussage des langjährigen Hauptvorsitzenden des Eifelvereins, Dr. Hans Klein aus Breinig, kann nur unterstrichen werden; denn die Eifel lässt Einzigartiges entdecken: Vier Naturparks und eingeschlossen einen Nationalpark; 12 Talsperren, darunter die zweitgrößte Deutschlands und die älteste Europas; den größten Vulkan Mitteleuropas und den einzigen Kratersee nördlich der Alpen; die europaweit ältesten Mühlsteinwerke; die gewaltigste Ingenieurleistung der Römer auf deutschem Boden, nämlich die 95,4 km lange Eifelwasserleitung nach Köln; mit Trier, der ältesten deutschen Stadt, eine römische Kaiserstadt auf deutschem Boden. Nicht zu vergessen die kulturelle Vielfalt zwischen Rhein, Maas und Mosel, die insbesondere auf Kaiser Karl den Großen und seine Residenz Aachen, der „Wiege des Abendlandes" verweist.

So vereint die Eifel für den Wanderer Lehrreiches und Uriges, Zartes wie Gewaltiges, sanfte Melancholie und zerklüftete Wildnis, alles wie durch einen seltsamen Zauber umspannt. Dieses Buch möge Ihnen mit einer Auswahl reizvoller Touren zu erlebnisreichen Wandertagen zwischen Wald und Fels, Wasser und Wildnis in der schönen Eifel verhelfen!

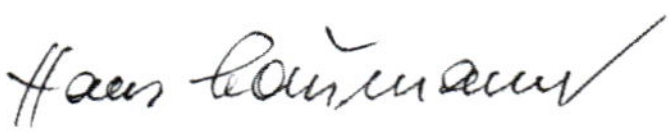

ORIENTIERUNG MIT GPS

Für Navigationsgeräte und Apps haben wir auf unserer Webseite alle Touren im GPX-Format zum Download bereitgestellt:

www.kompass.de/gpx

Hier findet man alle weiteren Informationen. Einfach das richtige Produkt auf der Seite auswählen, die Daten herunterladen und auf das Zielgerät oder in die gewünschte App importieren.

Mehrwert mit Spaßfaktor: Ob vorab zur Planung, als Sicherheit für unterwegs oder zum Erinnern und Archivieren der gegangenen Tour. Die digitale Wanderroute ist in vielerlei Hinsicht wertvoll. Ein Blick auf die Daten hilft, Neues zu entdecken und liefert Inspirationen für die nächsten Touren. Alle Wandertouren aus diesem Führer stehen im GPX-Format kompakt und genau zur Verfügung.

Was ist ein GPX-Track? GPX ist ein Datenformat für Geodaten. Das Wort GPS steht für Global Positioning System (Globales Positionsbestimmungssystem). Mit einem GPX-Track bekommt man die rote Linie, also den Wanderpfad, als geografische Koordinaten.

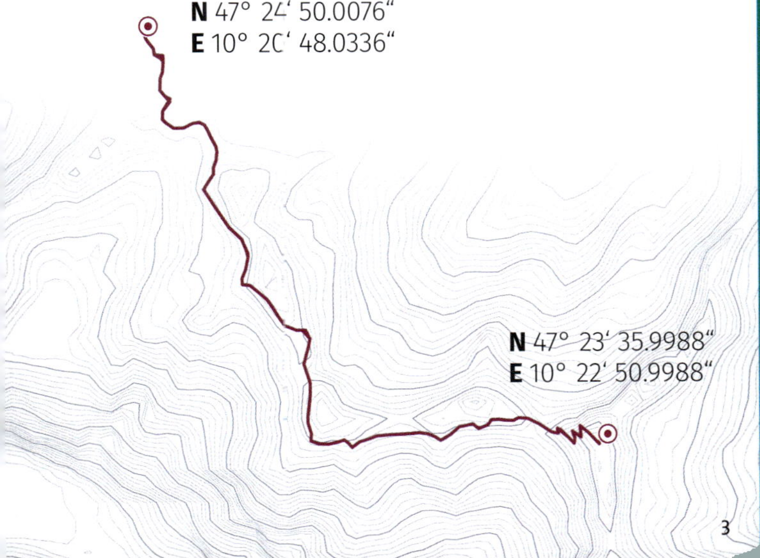

INHALT UND TOURENÜBERSICHT

AUFTAKT

Wanderer auf dem Tomberg neben der Tomburg.

ANHANG

km	h	hm	hm									Karte
8	2:30	160	160	✓					✓			820, 758
11	3:00	290	290	✓								820, 758
13,5	3:30	185	185	✓	✓		✓		✓			758
15,5	4:30	190	190		✓		✓					758
15,5	4:00	295	295	✓			✓					757
15,5	4:00	225	225	✓								757
17	4:30	310	310	✓	✓							757
6,5	2:00	90	90	✓	✓				✓			757
12	3:30	380	380	✓	✓		✓	✓				757
11,5	3:00	320	320	✓	✓		✓					757

Blick über Nitz zur Nürburg.

INHALT UND TOURENÜBERSICHT

km	h	hm	hm	P								Karte
18	4:30	375	375	✓			✓					757
14,5	3:30	120	120	✓	✓		✓					757
12	4:00	215	215	✓	✓		✓					757
11	3:00	120	120	✓					✓			757
14,5	4:00	250	250	✓	✓		✓					757
7,5	2:30	190	190	✓	✓		✓					836
18	5:00	381	381	✓								836, 758
12	3:00	315	315	✓	✓							758
19,5	5:30	437	437	✓	✓		✓					836
19,5	5:30	336	336	✓	✓		✓					836
19	5:00	309	309	✓	✓		✓					836
15	4:00	300	300	✓	✓							836
9	2:30	194	194	✓	✓							836
15	4:00	310	310	✓			✓					836
14	3:30	240	240	✓								836
7,5	2:00	177	177	✓	✓							836
10,5	3:00	195	195	✓	✓							836
13,5	4:00	383	383	✓			✓	✓				836
7,5	2:30	250	250	✓			✓					836
9	3:00	315	335	✓	✓		✓					820
17	5:00	382	382	✓	✓		✓	✓				820
11	3:00	438	438	✓	✓		✓	✓				820
16,5	4:30	466	466	✓	✓			✓				820
14	3:30	366	366	✓	✓			✓				820
12	3:30	375	375	✓	✓		✓					820

INHALT UND TOURENÜBERSICHT

km	h	hm	hm									Karte
9	3:00	140	150		✓		✓					820
15	5:00	685	685	✓	✓		✓	✓				820
10	3:00	280	280	✓			✓					820
17	5:00	400	400	✓	✓		✓					820
11,5	3:00	272	272	✓	✓			✓		✓		838
16,5	5:00	465	465	✓								820
6	2:00	242	242	✓	✓		✓	✓				820
11	3:00	347	347	✓			✓	✓				820
15	4:30	407	407	✓			✓					820
9	3:00	180	180	✓								838
13,5	4:30	415	415	✓			✓	✓				838
12	4:00	333	333	✓	✓		✓					838
14,5	4:00	340	340	✓			✓					838
12,5	4:00	305	305	✓			✓					838
17	5:00	125	470	✓	✓		✓					837
14,5	4:00	325	325	✓			✓	✓				836
14	4:00	288	288	✓	✓		✓					836
9,5	2:30	205	205	✓				✓				838
8,5	3:00	220	220	✓	✓		✓					836
11,5	3:30	338	338	✓	✓			✓				837
11,5	3:30	210	210	✓	✓		✓					838
14	4:00	365	365	✓	✓		✓					836
13	3:30	245	245	✓	✓							836
13,75	3:30	312	312	✓			✓	✓				836
18	5:00	225	225	✓			✓					836, 837

INHALT UND TOURENÜBERSICHT

Rurtalsperre Schwammenauel.

km	h	hm	hm									Karte
10	2:30	125	125	✓								836
15	4:00	540	540	✓	✓		✓	✓				836
11	3:00	348	348	✓	✓		✓	✓				834
6,5	2:00	260	260	✓								834
12	3:00	155	155	✓			✓					2202
15	4:00	395	395	✓	✓		✓					2202
8	2:30	215	215	✓	✓		✓					2202
9	2:30	200	200	✓								2202
15	4:30	255	255	✓	✓							2202
12	4:00	215	215	✓			✓					2202

Rurberg: Blick vom Staudamm Paulushof.

GEBIETSÜBERSICHTSKARTE

Frechen
Hürth
KÖLN
Much
Nümbrecht
Freudenberg
Morsbach
Seelscheid
Neunkirchen-
Waldbröl
Ruppichteroth
Wesseling
Troisdorf
Niederkassel
Lohmar
Brühl
Augustusburg Falkenlust
Phantasialand Brühl
Liblar
Siegburg
Hennef (S.)
Wahnbach-Stausee
Windeck
Rosbach
Wissen
Betzdorf
Bornheim
Alfter
St. Augustin
Eitorf
Blankenburg
Schönstein
Swisttal
BONN
Siebengebirge
Oberpleis
Deutsche Alleenstraße
Uckerath
Kircheib
Weyerbusch
Roth
Gebhardshain
Marienstatt
BEUEL
BAD GODESBERG
Königswinter
Buchholz
Wahl
Altenkirchen (Ww.)
Hachenburg
Kirburg
Meckenheim
Wachtberg
Drachenfels
Asbach
Flammersfeld
Rheinbach
Bad Honnef
Rheinbreitbach
Rolandsbogen
Neustadt (Wied)
Puderbach
Höchstenbach
Bad Münstereifel
Remagen
Unkel
St. Katharinen
Wied
Herschbach
Langenhahn
Bad Neuenahr-Ahrweiler
Linz a. Rh.
Waldbreitbach
Fernthal
Dierdorf
Freilingen
Niederbreitbach
Bonefeld
Selters (Ww.)
Kirchsahr
Sinzig
Rhein-Westerwald
Schloss Vehn
Bad Hönningen
Rheinbrohl
OBER-BIEBER
Isenburg
Ransbach-Baumbach
Wirges
Ahrgebirge
Ahrbrück
Königsfeld
Breisig
Monrepos
Schuld
Dümpelfeld
Brohltal
Andernach
Neuwied
Bendorf
Höhr-Grenzhausen
Montabaur
Aremberg
Kempenich
Laacher See
Weißenthurm
Mülheim-Kärlich
Hohe Acht
Wehr
Maria Laach
Kruft
Plaidt
Vallendar
Neuhäusel
Nassau
Musch
Adenau
Nürburg
Schloss Bürresheim
Mendig
Ehrenbreitstein
Deutsche Limes-Straße
Quiddelbach
Mayen
Ochtendung
KOBLENZ
Kreuz Koblenz
Bad Ems
Laurenburg
Nürburgring
Hohe Eifel
Virneburg
Kobern-Gondorf
Winningen
Lahnstein
Limes
Arnstein
Waldesch
Braubach
Kelberg
Monreal
Polch
Spay
Marksburg
Singhofen
Dachsenhsn.
Kaisersesch
Münstermaifeld
Alken
Kamp-Bornhofen
Boppard
Obere Mittelrheintal
Elztal
Burg Eltz
Brodenbach
Burg Maus
Daun
Imen
Büchel
Karden
Treis
Muden (Mosel)
Bad Salzig
Nastätten
Dreieck Vulkaneifel
Bogel
Schalkenmehren
Pulvermaar
Kotten
Cochem
Emmelshausen
Dommershsn.
Hunsrück-Höhenstraße
St. Goar
St. Goarshsn.
Burg Katz
Loreley
Oberwesel
Lutzerath
Bremm
Bad Bertrich
Beilstein
Mittelstrimmig
Schönburg
Kaub
Pfalz
Kastellaun
Lorch
Alf
Bullay
Blankenrath
Kisselbach
Bacharach
Hasborn
Burg Arras
Zell (Mosel)
Deutsche Alleenstraße
Niederheimb.
Rheinböllen
Großlittgen
Kinderbeuern
Festung Mont Royal
Kappel
Simmern (Hunsrück)
Assmannshsn.
Wittlich
Ürzig
Kröv
Enkirch
Hahn
Argenthal
Bingen a.Rh.
Zeltingen-Rachtig
Traben-Trarbach
Kirchberg (Hunsr.)
Stromberg
Mülheim (Mosel)
Bernkastel-Kues
Büchenbeuren
Gemünden
Wallhausen
Klausen
Piesport
Veldenz
Longkamp
Hochscheid
Koppenstein
Langenlonsheim
Wintrich
Rhaunen
Alteburg
Winterburg
Kreuznach
Neumagen-Dhron
Idarkopf
Schinderhanneshöhle
Bockenau
Trittenheim
Morbach
Simmertal
Rotenfels
Hunsrück-Höhenstraße
Hochstetten-Dhaun
Waldböckelheim
Longuich
Niederwörresbach
Kirn
Bad Sobernheim
Nahe
Ebernburg
Thalfang
Tiefenstein
Freilichtmuseum
Odernheim a.Glan
Hochstätten
Thomm
Allenbach
Fischbach
Schaubergwerk
Obermorschel
Erbeskopf
Malborn
Alsenz
Hochwald
Meisenheim
Rötsweiler-Nockenthal
Idar-Oberstein
Sien
Langweiler
Börfink
Hunsrück
Soonwald
Idarwald
Voreifel
Eifel

DAS GEBIET

Der Wanderführer erfasst die Eifel, ein geologisch bedingt vielgestaltiges Mittelgebirge von über 7000 km² zwischen den Großstädten Aachen, Köln, Koblenz und Trier.

Politisch ist die Eifel seit dem Ende des 2. Weltkriegs in die Länder Nordrhein-Westfalen und Rheinland-Pfalz geteilt. Dieser Wanderführer betrachtet sie entsprechend ihrem landschaftlich einheitlichen Namen als Ganzes.

In grenzübergreifenden Naturparks verbunden sind noch die Belgische Eifel mit ihren weiten Hochmooren (Hohes Venn) und Wäldern, ein Areal von europäisch zertifiziertem Rang, ferner weite, grenznahe Gebiete des Großherzogtums Luxemburg, die indes auch zu den Ardennen gerechnet werden.
In der Eifel geht das Rheinische Schiefergebirge in jene Kalkeifel über, die, vor 380 Mio. Jahren aus Korallenriffen des Eifelmeeres entstand, vor ca. 200 Mio. Jahren noch nahe am Äquator lag und sich heute mit weiten Wacholderflächen präsentiert. Zur Vulkaneifel, die Vulkanologen aus aller Welt anzieht, schrieb der mit Alexander von Humboldt befreundete Geologe Leopold von Buch am 12.8.1820: „Die Eifel hat ihres Gleichen in der Welt nicht; sie wird auch ihrerseits Führer und Lehrer werden, manche andere Gegend zu begreifen, und ihre Kenntnis kann gar nicht umgangen werden, wenn man eine klare Ansicht der vulkanischen Erscheinungen auf Continenten erhalten will." Wer zudem bedenkt, dass die Eifel im Variskischen Gebirge des Erdaltertums bis zu 5000 m hoch aufragte, durch Wind- und Wassererosion vor 65 Mio. Jahren aber wieder abgeflacht war, der bekommt eine Vorstellung vom Wechsel der eifeler Landschaftsbilder.

Dem will dieser Wanderführer Rechnung tragen, soweit dies im vorgegebenen Rahmen möglich ist.

Elzwasserfall, Burg Pyrmont und Pyrmonter Mühle.

Traumpfad durch die Tuffsteinhöhle.

Einbezogen werden in jeweiligen Abschnitten die zertifizierten Qualitätswanderwege, so besonders der 313 km lange Eifelsteig von Aachen nach Trier mit seinen Partnerwegen und die Traumpfade der Südosteifel.

Vulkane im Nationalen Geopark Vulkanland Eifel

Die höchsten Erhebungen der Eifel sind im Ursprung bis zu 65 Mio. Jahre alte Tertiärvulkane, so vor allem die Hohe Acht (747 m) und der Berg der Nürburg (678 m). Sie überragen als Kegel die Umgebung, liegen verstreut, bieten die schönsten Landblicke und zeigen sechseckige Basaltsäulen, wie sie bei langsamer Erkaltung der feurig-flüssigen Lavamassen entstehen. Mit dem Anstieg der Rheinischen Masse vor 60.000 Jahren bildete sich in der Osteifel ein quartäres Vulkangebiet mit den drei großen Komplexen Laacher See, Wehrer und Riedener Kessel. Als deren Aktivität längst erloschen war, ereignete sich vor 13.000 Jahren im Laacher-See-Gebiet der gewaltigste Vulkanausbruch Mitteleuropas. Tonnen von Gestein wurden aus dem Boden gerissen und bis über 30 km hochgeschleudert, Lavaströme verbrannten die Vegetation, Glutwolken rasten durch die Täler und hinterließen bis zu 60 m dicke Tuffschichten, keltische Siedlungen verschwanden in den Gluten. Nichts hat die Osteifel nachhaltiger geformt, als diese Naturkatastrophe. Alle vulkanischen Ereignisse hinterließen eine Mittelgebirgslandschaft von ungewöhnlicher Faszination, einen Krater, Maare und auch Steinbrüche als Bilderbücher der Erdgeschichte.

WANDERWEGE

Die **Hauptwanderwege** in der Eifel werden vom Eifelverein eingerichtet und markiert. Sie gliedern sich entsprechend ihrem Verlauf in Nord-Süd-Wege und Ost-West-Wege. Die Nord-Süd-Wege sind mit einem liegenden schwarzen Dreieck (▶) gekennzeichnet, die Ost-West-Wege mit einem liegenden schwarzen Winkel (>), beide zumindest an Abzweigstellen zusätzlich mit Richtungspfeilen.
Regionalwanderwege werden regelmäßig mit großen Buchstaben markiert, vereinzelt auch mit eigenen Symbolen.
Örtliche Wanderwege werden überwiegend mit arabischen Ziffern (1,2...), als Wanderparkplatz-Rundwege mit dem vorangestellten A (A1, A2...) markiert.

Durch das Wandergebiet verlaufen zudem mehrere grenzüberschreitende Wanderwege, so der **Europäische Fernwanderweg 8** (E 8, Nordsee – Karpaten) und der **Ardennen-Eifel-Rundweg** (AE, Frankreich – Belgien – Deutschland – Luxemburg) sowie der **Maas-Rhein-Weg** (Frankreich – Andernach). Eigens zu nennen ist der **„Kölner Weg der Jakobspilger"**, der das Wandergebiet mit dem verbundenen „Bonner Weg" von Rheinbach bis Trier durchzieht.

Eifelsteig und Partnerwege
Der bedeutendste Weitwanderweg durch die Eifel ist der 313 km lange Eifelsteig von Aachen nach Trier, markiert mit eigenem Logo und vielfach beschildert. Er ist als Prädikatswanderweg ausgewiesen und steht unter dem Motto „Wo Fels und Wasser Dich begleiten".
Zum Eifelsteig sind etliche Partnerwege eingerichtet worden, ebenfalls Prädikatswanderwege, die die Angebote in der Eifel bereichern.

Traumpfade
Diese Qualitätswanderwege in der Südost- und Moseleifel führen zu schönsten Landschaften, zu besonderen Sehenswürdigkeiten und verborgenen Zielen. Sie sind herausragend gut beschildert und markiert, und sie bieten alle Schwierigkeitsgrade, vom Familienspaziergang bis zum Klettersteig. Hilfreich sind Karten und informative Schriften.
Projektbüro Traumpfade
Rhein-Mosel-Touristik (REMET)
Bahnhofstraße 9
56068 Koblenz
Tel. (0261) 108-419
Fax (0261) 3002797
info@traumpfade.info

Der Wanderführer bietet eine Auswahl an Touren aller Schwierigkeitsgrade und damit Anregungen für jeden, der sich in frischer Luft bewegen und ein bestimmtes Eifelgebiet erwandern will. Dazu ist die öffentliche Verkehrsbedienung in der Fläche leider zumeist wenig hilfreich, sodass der Wanderer auf sein Fahrzeug angewiesen ist. Eine Ausnahme bieten insbesondere die mit der Bahn erreichbaren Ausgangs- und Zielpunkte, so etwa mit der Voreifelbahn Bonn–Rheinbach–Euskirchen–Bad Münstereifel oder der Eifelstrecke Köln–Euskirchen–Gerolstein–Trier.
Für Kurzausflüge empfehlen sich die bei den Touren erwähnten Aussichtspunkte, in der Nordeifel vor allem die formellen „Eifelblicke", indes überhaupt Burgruinen sowie dazu eingerichtete Türme, Kanzeln und Plattformen, bis in deren Nähe in der Regel auch gefahren werden kann.

ALLGEMEINE TOURENHINWEISE

SCHWIERIGKEITSGRADE

■ LEICHT

Leichte Wanderungen, die für Familien und Kinder geeignet sind. Die Wege sind gut begehbar und markiert, allerdings können kurze, auch kräftigere Steigungen nicht ausgeschlossen werden. Soweit Kinderwagen mitgeführt werden können, wird dies ausdrücklich erwähnt.

■ MITTEL

Mittelschwere Wanderungen, die etwas Ausdauer und Kondition erfordern. Ausschlaggebend ist weniger die Länge der Wanderstrecke, als der durch Steigungen und Gefälle, Gelände- und Wegbeschaffenheit bestimmte Schwierigkeitsgrad. Hohe Wanderschuhe mit Profilsohlen sind von Vorteil.

■ SCHWER

Anstrengende, anspruchsvolle Wanderungen, vor allem Tageswanderungen mit kräftigem Auf und Ab, die entsprechendes Durchhaltevermögen voraussetzen. Auch als alpin einzustufende Touren. Bei Nebel und Glätte eine andere Wanderung wählen. Nässefeste, hohe Wanderschuhe mit guten Profilsohlen sind ebenso wichtig, wie (Not-)Verpflegung im Rucksack.

EINKEHRMÖGLICHKEITEN

Das Einkehrsymbol bezieht sich auf Einkehrmöglichkeiten unterwegs. Da sich die Öffnungszeiten saisonal und regional sehr unterscheiden, sollten Sie sich vorab über Übernachtungs- und Einkehrmöglichkeiten informieren.

MEINE LIEBLINGSTOUR

Booser Doppelmaar (Tour 45), im Bild der mit Wasser gefüllte Teil, der „Booser Weiher“ (Fischteich), mit Weitblick bis zur Nürburg. Das Trockenmaar befindet sich jenseits der Straße. Beide Maare sind Eruptionsmulden im Osten der quartären Westeifelvulkane. Der leichte Rundweg zeigt einprägsam den Zauber der Hoch- und Vulkaneifel, mehrfach mit Panorama (siehe auch S. 5, rechtes Bild), und in der Grube unter dem Eifelturm (siehe Bild S. 152) sogar eine Lavabombe, auf Tafeln erklärt.

Booser Doppelmaar.

MEINE HIGHLIGHTS

1: Burg Vogelsang über der Urfttalsperre, einst NS-Ordensburg, jetzt Zentrum des Nationalparks Eifel → Tour 15

2: Klosterkirche Steinfeld der ehem. Reichsabtei (ab 920 n.Chr.), Zentrum christlichen Kulturlebens in der Eifel → Tour 19

3: Blankenheim mit Burg und Karstquelle der Ahr, ein Highlight der Kalkeifel → Tour 21, 22

4: **Hoch- und Wacholderheiden, mit Fauna und Flora (Orchideen!) unter Naturschutz. Dazu „Eifelgold", blühender Ginster** → Touren 23, 41, 44, 45

5: **Eifeltalsperren, hier das Staubecken Heimbach mit Wandersteg am Meuchelberg** → Tour 10
Weitere Eifeltalsperren: Touren 3, 5–8, 10–13, 15, 16, 68

RHEINBACHER STADTWALD – TOMBURG

Zum nördlichsten Tertiärvulkan der Eifel

8 km 2:30 h 160 hm 160 hm 820, 758

START | Wanderparkplatz Waldkapelle an der L 492 Rheinbach – Todenfeld.
[GPS: UTM Zone 32 x: 355.110 m y: 5.607.460 m]
CHARAKTER | Geruhsame Waldwanderung auf Pfaden und Wegen. Auf dem Tomberg Weitblicke über den südlichen Naturpark, auf die Kette der Ville, das Siebengebirge und in den Westerwald. Fernglas empfohlen.

Von der Straßenkurve aus gesehen über den **Parkplatz** 01 auf Weg 1: Wenige Schritte vom Parkplatzende vor dem Eulenbach nach rechts (Schild: Alte Weiher) talaufwärts, erst etwa 1,5 km als kurviger Pfad, dann fester Weg; mit letzterem auch zur anderen Talseite, rechts und bald den **Alten Weihern** 02 entlang; am Ende mit dem Fahrweg links hoch zur **Schutzhütte am Wolfsberg** 03. Geradeaus auf dem Waldfahrweg weiter, ab dem Parkplatz 500 m Feldstraße, dann links hinauf zum **Tomberg** und ansteigen zur **Ruine Tomburg** 04, am besten im Rechtsbogen. Vom Aussichtspunkt können Turm und Ruine nach links umgangen werden, danach Abstieg zum unteren Waldrand.

Zurück auf dem **Karl-Kaufmann-Weg** (▶): Rechts um den unteren Waldrand; im Wald ein kleiner Links-Rechts-Knick, später über

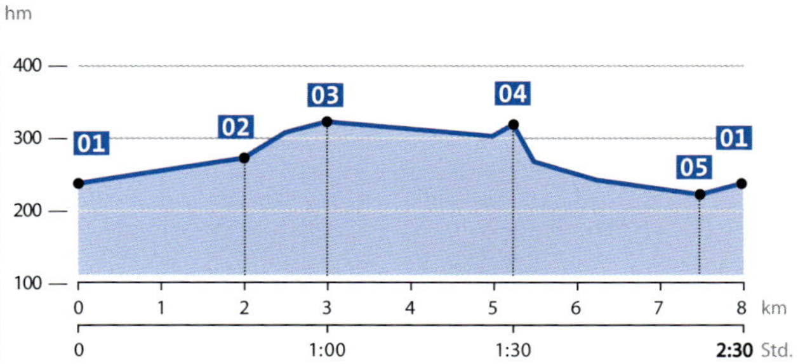

01 Wanderparkplatz Waldkapelle, 235 m; 02 Alte Weiher, 270 m; 03 Schutzhütte am Wolfsberg, 320 m; 04 Ruine Tomburg, 316 m; 05 Pilgerpfadsweiher, 220 m

Sehenswert:

Waldkapelle im Mönchsgarten, ab 1686 Teil eines Franziskanerklosters, Wallfahrtsstätte und Station der Jakobuspilger auf dem „Bonner Weg". Das Kloster wurde 1794 aufgehoben. Nach Ausgrabung (1980) wurde die Kapelle restauriert, neuerdings auch wieder mit einem Glöckchen ausgestattet. **Tomburg** auf dem 316 m hohen **Tomberg**: Nach Keltenanlage und Römerwarte (4. Jh.) ab etwa 900 n. Chr. Burg und Residenz der Ezzonen, Pfalzgrafen bei Rhein (950 – 1090), dann wechselnder Besitz. Am 7.9.1473 von Truppen des Herzogs von Jülich zerstört. Schönster Aussichtspunkt!

Querwege in einen querverlaufenden Waldfahrweg nach rechts; in die lang-gerade **Historische Römerstraße**. Nach etwa 600 m Obacht geben: Links in den Waldweg A 5 wechseln, dessen Richtung vor den **Pilgerpfadsweihern** 05 endet. Nach links auf dem **Bonner Weg der Jakobspilger** (auch Weg 2 und Naturfreundeweg „N“) das Eulenbachtal aufwärts und zurück zum **Ausgangspunkt** 01.

Bergfried der Ruine Tomburg.

ALTENDORFER WALD – UM HILBERATH

Waldpartien zwischen Meckenheim-Altendorf und Rheinbach-Hilberath

11 km | 3:00 h | 290 hm | 290 hm | 820, 758

START | Wanderparkplatz Steinrinne an der L 261, von Altendorf kommend im Tal vor dem Aufstieg nach Hilberath. [GPS: UTM Zone 32 x: 357.280 m y: 5.604.270 m]
CHARAKTER | Schöne und stille Tour durch die Wälder mit vielfältig hochstämmigem Bewuchs.

Start vom **Wanderparkplatz Steinrinne** 01 über den **Altendorfer Bach**, Fahrweg im **Altendorfer Wald** hinauf, nach 750 m ziemlich flach; oben zweimal Linkskurve. Auf dem am Ende querenden Fahrweg rechts hoch, nach Linkskurve zu einer Waldstraße. Auf dieser scharf rechts ansteigen, bald an einer Schutzhütte vorbei; ab der höchsten Stelle geradeaus, auch abwärts und neben einer Wiese (zur Rechten). Ganz unten im **Naturschutzgebiet** über den jungen **Swistbach** 02. Dahinter rechts in Weg 1, der 1,3 km gerade ansteigt. An breitem Querweg links nur noch 10 Schritte auf Weg 1, dann rechts Richtung Hilberath weiter waldaufwärts.

Vom oberen Waldende **vor Hilberath** 03 auf Weg A 1: Rechts durch die Feldflur; Teerweg nach rechts, später verlängert als Feldweg; vor einer Wiese links am Zaun zunehmend bergab ins Tal; links über die L 261, über den Parkplatz Hexenbuche, dahinter Tritte hoch und Steigpfad zu einem Querweg; auf diesem links und an der imposanten **Hexenbuche** 04 vorbei zum Waldrand; nun rechts am Waldrand um **Hilberath**, der A 1

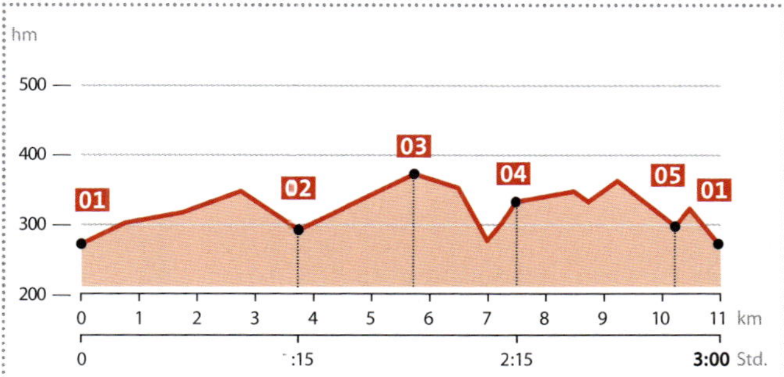

01 Altendorf, WP Steinrinne, 270 m; 02 Swistbach, 290 m; 03 vor Hilberath, 370 m; 04 Hexenbuche, 330 m; 05 Hilberather Bach, 295 m

Naturdenkmal Hexenbuche bei Hilberath.

Hexenbuche

Über 100 Jahre alte Buche, von Geschichten umwobenes Naturdenkmal. Ihre Zweige teilen sich vielfältig, verflechten in der Art, wie ein Hexenbesen aussieht, und wölben sich bereits über den Wanderweg. Die Ursache für diese bestaunenswerte Laune der Natur ist nicht abschließend erforscht.

- Markierung folgend, 900 m bis zur Wegkurve des Hauptwanderweges (▶).

Mit diesem Zeichen rechts ins Tal, um einen Quellgrund kurven, danach in der Feldflur ansteigen. Von der Waldecke auf Teerweg rechts, ganz über die Feldhöhe, stets geradeaus, und auf Weg A 5 im Wald in Etappen 1,[illegible] km abwärts. Ganz unten, bevor der Weg wieder steigt, wo von rechts ein Waldweg mit Wassergraben hinzustößt, nach links auf einen Pfad wechseln. Von diesem Graben auf einem Brückchen über den **Hilberather Bach** 05 und den Waldsteig hoch zur Forststraße im **Ersdorfer Wald**. Diese Straße abwärts, zurück zum **Ausgangspunkt** 01.

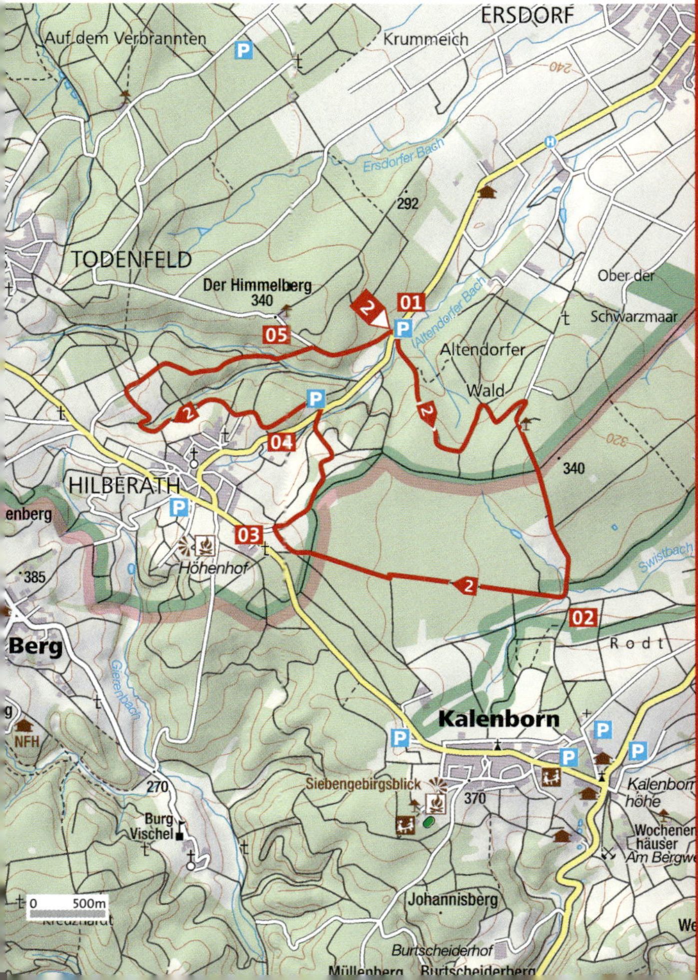

MADBACHTALSPERRE – STEINBACHTALSPERRE

Um und durch den Flamersheimer Wald

13,5 km | 3:30 h | 185 hm | 185 hm | 758

START | Wanderparkplatz Madbachtalsperre bei Rheinbach-Queckenberg. Zufahrt aus der Ortshöhe beschildert. (Möglich auch ab Steinbachtalsperre.)
[GPS: UTM Zone 32 x: 350.500 m y: 5.606.070 m]
CHARAKTER | Rundwanderung auf Wegen und Pfaden, überwiegend im Wald, zu einem stark besuchten Freizeitziel.

Vom **Parkplatz Madbachtalsperre** **01** die Zufahrtsstraße zurück, jedoch hinter dem Gebüsch (Weg A 1, A 3) den steilen Grasweg hinab. Im Tal über Querweg auf den **Krönungsweg** (>, E 8): Erst geteert im **Madbachtal**, nach Anstieg 1,5 Kilometer am Waldrand; hinter einer Kreuzung (mit Baum) links Waldpfad zur **Hahnenber-**

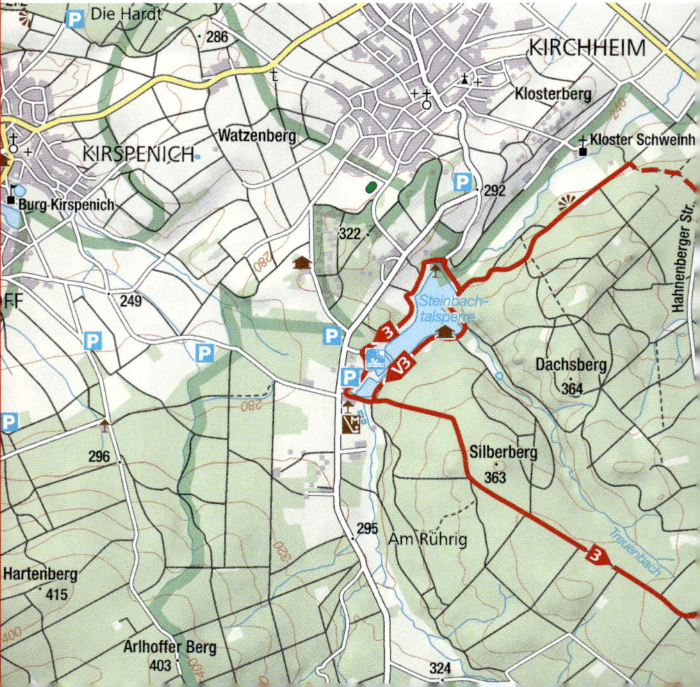

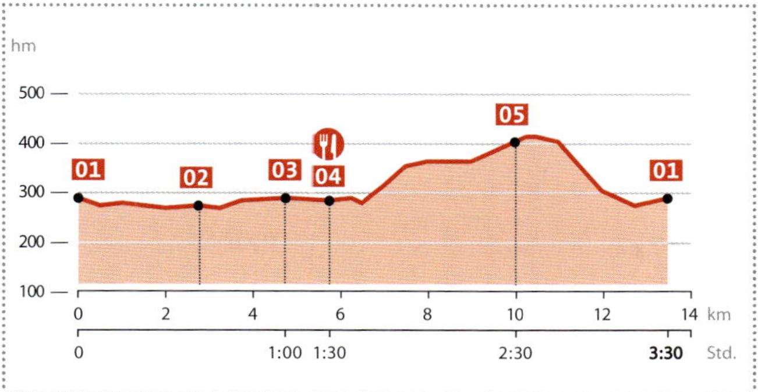

01 Rheinbach-Queckenberg, Wanderparkplatz Madbachtalsperre, 285 m; **02** Parkplatz Hahnenberger Straße, 270 m; **03** Steinbachtalsperre, 285 m; **04** Waldgasthaus, 280 m; **05** Hahnenberger Straße, 400 m

ger Straße; nach rechts und über den **Parkplatz** **02**, Waldwege bis vor das **Steinbachtal**; Querweg links 1,5 Kilometer bis vor die **Steinbachtalsperre** **03**; über die Staumauer (oder alternativ links auf einem Naturkundlichen Lehrpfad) um die Talsperre.

Von **Gaststätte** **04** und Freibad die Zufahrt hinauf, von oben links abwärts, neben dem **Vorbecken** über den Steinbach. Nun rechts auf den linken von zwei Wegen (A 4 und →) und ansteigen: Erst kurvig, danach 2,5 km auf einer Geraden im **Flamersheimer Wald**, bis oben die **Hahnenberger Straße** **05** quert.

Links auf den **Paul-Möhrer-Weg** (Weg 7 und A 3): Nach links die Waldstraße 250 m um den **Hahnenberg**, dann rechts abbiegen, auf der **Hahnentrift** zunächst ziemlich flach, nach 200 m weit bergab. Schon vor der Verteerung nach rechts auf Weg A 1 wechseln: Um die **Madbachtalsperre**; hinter der Bachbrücke links hoch, zurück zum **Ausgangspunkt** **01**.

Steinbachtalsperre mit Freibad und Waldgasthaus.

SATZVEY – BILLIGER WALD – ANTWEILER SENKE – RÖMERKANAL

Zwischen Mechernich und Euskirchen

15,5 km | 4:30 h | 190 hm | 190 hm | 758

START | Bahnhof Satzvey mit Parkmöglichkeit. | Bus/Bahn: Eifel-Bahn Köln–Trier. Bus von Mechernich.
[GPS: UTM Zone 32 x: 338.210 m y: 5.610.380 m]
CHARAKTER | Berg- und Talwanderung mit längeren stillen Waldpartien und weiten Landblicken von den Höhen.

▶ Vom **Bahnhof** **01** mit der „Veybachstraße" nach **Satzvey**, und ab den Bahnschranken auf den **Krönungsweg** (> und Weg 3): Über die Bahngleise, gleich links Straße „Am Billig" ins Gewerbegebiet; hinter der Rechts-Links-Kurve noch über den **Kühlbach**, doch hinter dessen Geländer von der Straße nach rechts, die A 1 unterqueren, und links daneben sanft ansteigen; vom Waldrand in hochstämmigem Eichenwald am **Billigsknipp** kräftig bergauf; oben Waldfahrweg nach links, aber an der folgenden Kreuzung wieder rechts und weiter steigen; erst ab einer Linkskurve an einer mächtigen Eiche leichter aufwärts.

Vor dem Waldrand neben den Wiesen erneut stärker hoch bis zum Rastplatz **Schöne Aussicht** **02** (Panorama über Euskirchen und den Naturpark); nach links vor dem eingezäunten Militärgelände über den **Lauerzberg** (Weitblick in die Ahreifel), sanft abwärts, und im **Billiger Wald** noch etwa 750 m in gleicher Richtung, bis an einem rechts abzweigenden Weg ein Zaun und Gebäude erkennbar ist.

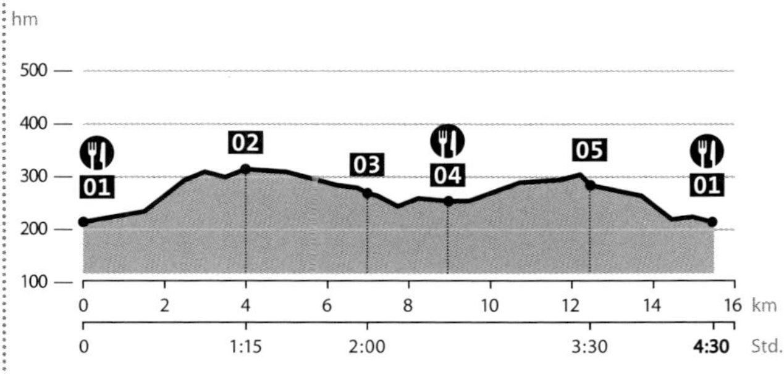

01 Bhf. Satzvey, 210 m; **02** Schöne Aussicht, 300 m; **03** Antweiler, 265 m; **04** Lessenich, 250 m; **05** Abzw. Katzensteine, 280 m

Rastplatz „Schöne Aussicht“ am Billiger Wald.

Hier nach rechts auf den **Römerkanal-Wanderweg** (Symbol: Tunnelröhre) wechseln: An der Schranke und dem **Wasserwerk** vorbei. Vom Wald neben Feldflur abwärts (Blick über die **Antweiler Senke**); unterhalb des Ackers rechts, nach Linksknick nochmals rechts; an einer Kreuzung rechts, gleich wieder links und abwärts; über

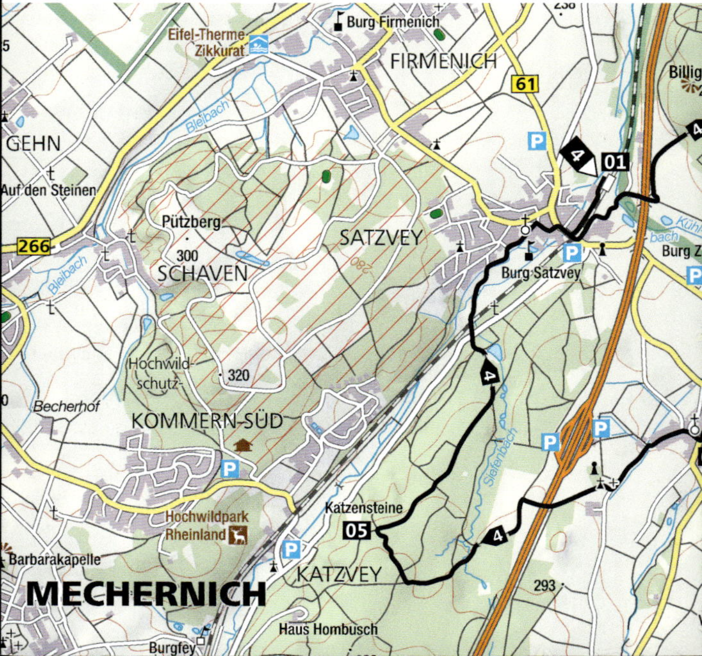

die K 24 nach **Antweiler** **03**: die „Graf-Schall-Straße" abwärts, von der Linkskurve rechts in den „Weißdornweg", an dessen Knick geradeaus und um den Ortsrand; bald über die L 11 („Oberburg") und geradeaus die Feldflur hinauf zum Waldrand; dort nach rechts am Sportplatz links entlang, dahinter rechts, Linkskurve und über den Kühlbach nach **Lessenich** **04**.

Schon am Ortsanfang links durch die Gasse „Grometsbenden" ins Zentrum, „Zieveler Straße" links, „Stephanusstraße" rechts an der Kirche vorbei; ein wenig abwärts, dann steigen, neben „Auf der Birke" links hoch; am Friedhof nach rechts, und kurz hinter **Aufschluss 19** die A 1 unterqueren; an der Abzweigung (Weg 3 verlassen) auf dem Römerkanal-Wanderweg nach links weiter, etwa 900 m in

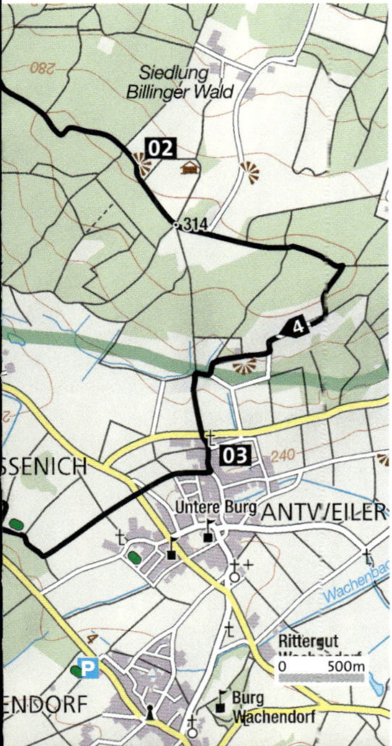

Sehenswert:

Burg Satzvey, ab 14. Jh. „Sitz am Veybach". Die prächtige Burg ist weithin bekannt für ihre Ritterspiele und Darbietungen aus früherer Zeit. Veybach: Name von den römischen Matronen „fachinehae", das sich zu Facha – Veja – Vey verformte.

Antweiler: Obere Burg (16. Jh.) abgerissen. Untere Burg (ab 14. Jh.), schöne Anlage mit Herrenhaus und Vorburg.

Burg Zievel in der Antweiler Senke, römische Vorgeschichte, 1107 zuerst erwähnt, einst Wasserburg. Durch An- und Umbauten stolze Anlage mit Garten und Golfplatz.

Etappen mehrfach aufwärts, danach erst leicht bergab, zuletzt zu einem Querweg unterhalb **Aufschluss 18b** auf den (von hier nicht erkennbaren) **Katzensteinen** **05**.

Nach rechts nun wieder auf den **Krönungsweg** (>): Immer in dieser Richtung gut 1 km fast gleichmäßig abwärts, ab einer mehrteiligen Kreuzung nach links und steiler, neben dem **Siefenbach**, auch über die L 61 und ins **Veytal**; über die Bahn, bald auch über den **Veybach** und Anstieg zum Ortsrand von Satzvey; am Bildstock des Auferstandenen nach rechts, geradeaus, auch am Friedhof entlang, neben der Kirche die Stufen hinab; rechts und vor der **Wasserburg Satzvey** vorbei; nächste Querstraße rechts zum Bahnübergang. Vor den Schranken links „Veybachstraße" zum **Bahnhof** **01**.

WEHEBACHTALSPERRE – MERODER WALD – SCHEVENHÜTTE

Von der Talsperre zur Laufenburg

15,5 km 4:00 h 295 hm 295 hm 757

START | Großparkplatz an der Wehebachtalsperre. | Bus/Bahn: Busse von Aachen, Stolberg und Langerwehe, auch von den Bahnhöfen, jedoch nur bis Ortsmitte Schevenhütte.
[GPS: UTM Zone 32 x: 312.250 m y: 5.626.020 m]
CHARAKTER | Rundwanderung, überwiegend auf festen Wegen. Mehrfaches Auf und Ab, nach dem Aufstieg auf den Staudamm keine steilen Wege mehr.

Diese große Tageswanderung führt von der jüngsten Talsperre der Eifel (1983) durch weite Wälder zur Laufenburg (14. Jh.), am Ende um den bedeutenden Fremdenverkehrsort Stolberg-Schevenhütte.

Sie beginnt an der **Parkplatzeinfahrt** **01** auf Weg 3: Den geteerten „Fußweg zum Staudamm“ ansteigen; oberhalb der Gebäude links direkt hoch und oben über den **Staudamm** **02** der **Wehebachtalsperre**; bergauf in den **Hürtgenwald**, oberhalb der Gebäude am **Burgberg** bald eine Rechtskurve, danach eine rechtwinklige Linkskurve und etwa 250 Meter abwärts. Von der dort erreichten Wegekreuzung rechts und ansteigen, bald mit Rechtskurve und noch einen Kilometer zur Straße **Rennweg** **03**.

Abwärts, über den Parkplatz „Rennweg“ und vorsichtig entlang der L 25. Vor deren Linkskurve

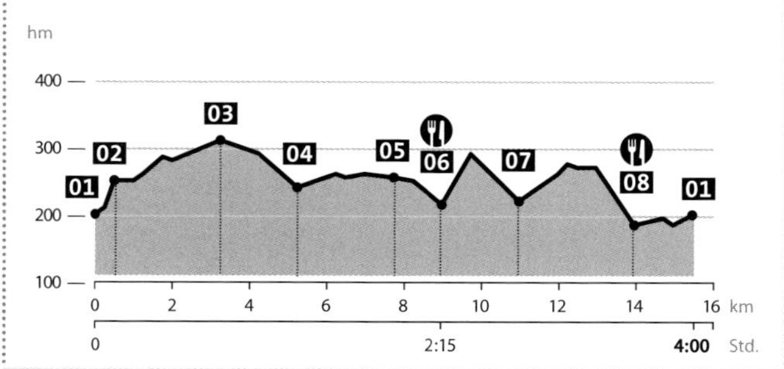

01 Wehebachtalsperre, 200 m; **02** Staudamm, 250 m; **03** Rennweg, 310 m; **04** Alte Eiche, 240 m; **05** Abzw. Steingracht, 255 m; **06** Laufenburg, 215 m; **07** Franzosenkreuz, 220 m; **08** Schevenhütte, 185 m

Wandergruppe im Hürtgenwald.

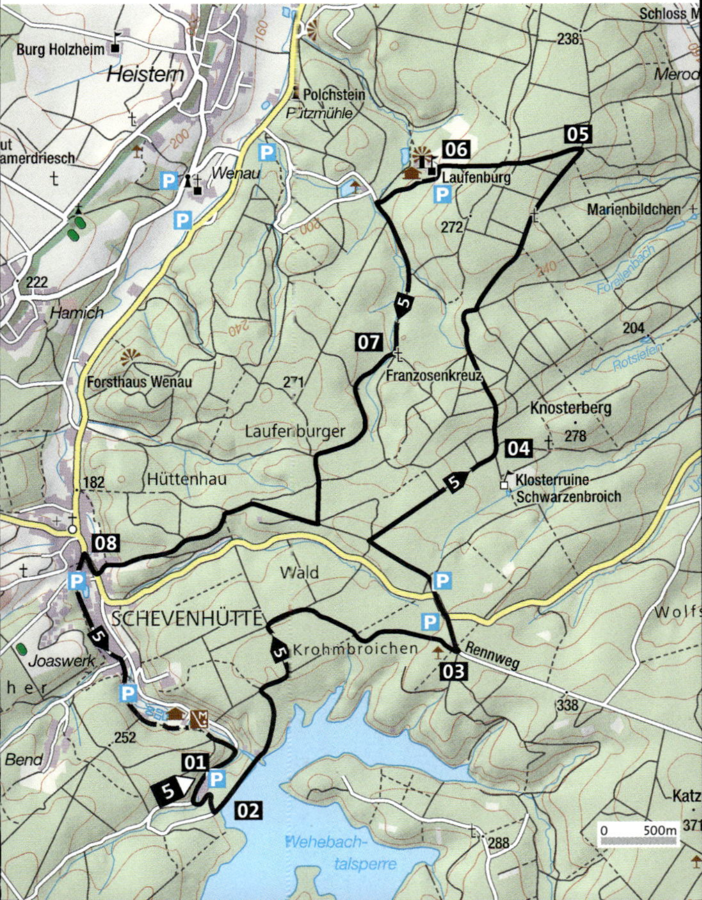

nach rechts und über den Parkplatz „Drei Eichen" in den Wald. Am ersten Knick nach links weiter. Vor der folgenden Fahrwegkurve nach rechts den geraden **Mannsweg** abwärts. Unten vor der **Alten Eiche** **04** nach links und im **Meroder Wald** 1 km in gleicher Richtung ansteigen, am Ende durch die Rechtskurve zu einer Abzweigung (Marienweg). Hier links in den breiteren **Erbsweg**. Nach 1,2 km an einem Schilderstock links abbiegen auf Weg A 9, die **Laufenburger Steingracht** **05** hinunter, unten vom großen Kastanienbaum rechts zur **Laufenburg** **06**.

Nun dem Zeichen ▶ folgen: Von der Burg zurück zur großen Kastanie und die Zufahrt abwärts; an der nächsten Abzweigung links und das **Rotenbruchtal** 1 km aufwärts bis kurz vor dem **Franzosenkreuz** **07**; hier über den Bach und ansteigen; oben an der Fahrwegekreuzung links herum bergauf, über die Höhe zum Querweg. Nach rechts nun mit der Markierung < bis hinab nach **Schevenhütte** **08**, „Am Wittberg"; „Hauptstraße" an der Bachseite ein wenig nach rechts, dann links „Zum Backofen".

Nochmals links „Schevenhütter Mühle", und vom Parkplatz „Am Feuerwehrhaus" auf Weg 4 talaufwärts. Fahrweg zum Schwanenteich, hinter dem Zaun, bald hoch durch den Hang und zur Straße „Lamersiefen"; diese abwärts, jedoch vor der Brücke über den **Wehebach** rechts auf breitem Weg durch den Waldhang bei Helenasruhe zurück zum **Ausgangspunkt** **01**.

Laufenburg.

JÄGERHAUS – HASSELBACH – DREILÄGERBACHTALSPERRE

An den Ursprüngen des Trinkwassers

15,5 km | 4:00 h | 225 hm | 225 hm | 757

START | Wanderparkplatz Jägerhaus, an der höchsten Stelle der B 399 zwischen Vossenack und Lammersdorf.
[GPS: UTM Zone 32 x: 309.060 m y: 5.616.570 m]
CHARAKTER | Große Wald-Rundwanderung auf Forstfahrwegen und verwunschenen Pfaden. Keine steilen Wege.

Die Wanderung beginnt vom **Parkplatz 01** auf dem Weg A 1 (E 8, Weg der deutschen Einheit). Am Waldrand ein wenig auf-, dann abwärts, etwa 2 Kilometer stets in gleicher Richtung bis zu einer Kreuzung; dort nach links: Nach weiteren etwa 1,2 Kilometer, eine Waldstraße überschreiten, 140 m weiter, aber (Achtung!) rechts den unbefestigten Weg hinab, bis der **Hasselbachgraben 02** überschritten ist.

Nun folgen wir dem unteren, aufgeschütteten Grabenrand in Fließrichtung, später auch über das **Hasselbachstauwehr** (Pegelmessstand), danach über Querwege und auch über die **Hahner Straße** (L 12) bis zum Pegel an der (für Kfz. gesperrten) K 24.

Links über diese Straße, dann rechts den Weg abwärts, über den **Kallstollenauslauf** zum **Vorbecken**, das den **Dreilägerbach** auffängt. Hinter dem Überlaufwehr noch um die Linkskurve, dann rechts bergauf bis zum **Schleebachgraben 03**. Auf dem unteren Grabenrand mit dem

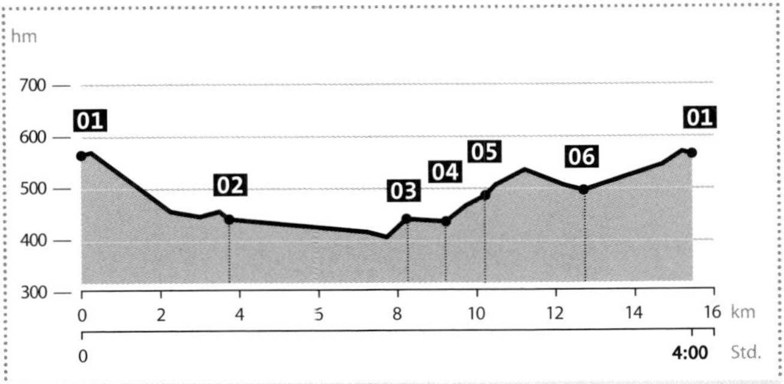

01 Jägerhaus, 560 m; **02** Hasselbachgraben, 435 m; **03** Schleebachgraben, 435 m; **04** Dreilägerbach, 430 m; **05** Roter Weg, 480 m; **06** Hasselbach, 490 m

Am Kallstollen-Luftschacht „Finkenbuer".

Wasserlauf (also nach links) zum Dreilägerbach; hinter dessen Brücke nach rechts und ansteigen. Anschließend dem Zeichen ▶ folgen: Über dem **Dreilägerbach** **04** talaufwärts; auf dem **H.-Talkenberg-Steg** über ein Nebengewässer, dahinter vom Dreilägerbach abweichend ansteigen, bald unter einer Stromleitungsstrecke hindurch; am nächsten Fahrwegetreff den **Hüttenweg** hinauf.

Oben nach links **Roter Weg** **05** hinauf zur Hahner Straße. Diese 50 Meter abwärts, dann rechts abbiegen und (Schranke) bis zur nächsten Wegekreuzung ansteigen. Dort links abwärts, am Querweg in bisheriger Richtung

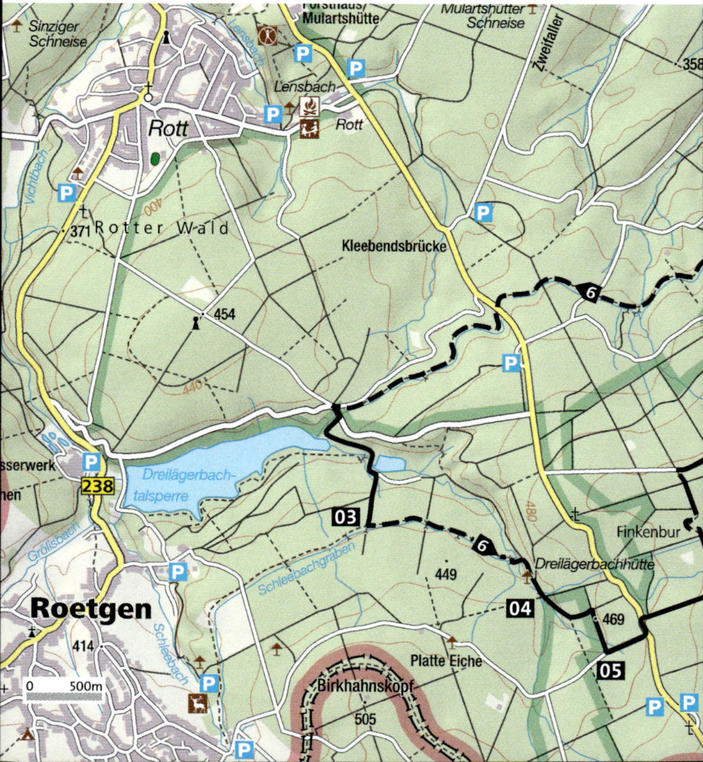

Dreilägerbachtalsperre

Die im Jahre 1911 fertiggestellte Dreilägerbachtalsperre (4,3 Millionen Kubikmeter) gehört zum Aachen–Stolberger Trinkwasserversorgungssystem. Außer den Überleitungen liefern Wasser der Dreilägerbach sowie die künstlich aufgeworfenen Hanggräben, der Schleebachgraben (3,2 km) und der Hasselbachgraben (7,9 km). Unterhalb der Staumauer die Filteranlage für ein Gebiet von 430 Quadratkilometer.

Besichtigung nach Anmeldung möglich (Roetgen-Touristik).

in eine Schlängelkurve – hinter der zur Rechten der **Entlüftungsschacht des Kallstollens** namens Finkenbuer sichtbar wird – und weiter (ohne links abzubiegen) zu einer Waldstraße. Auf dieser nach rechts für ungefähr 2,8 Kilometer, später ansteigend und über die **Quellgänge des Hasselbaches 06** bis zum Hinweg. Rechts am Waldrand hoch und zurück zum **Ausgangspunkt 01**.

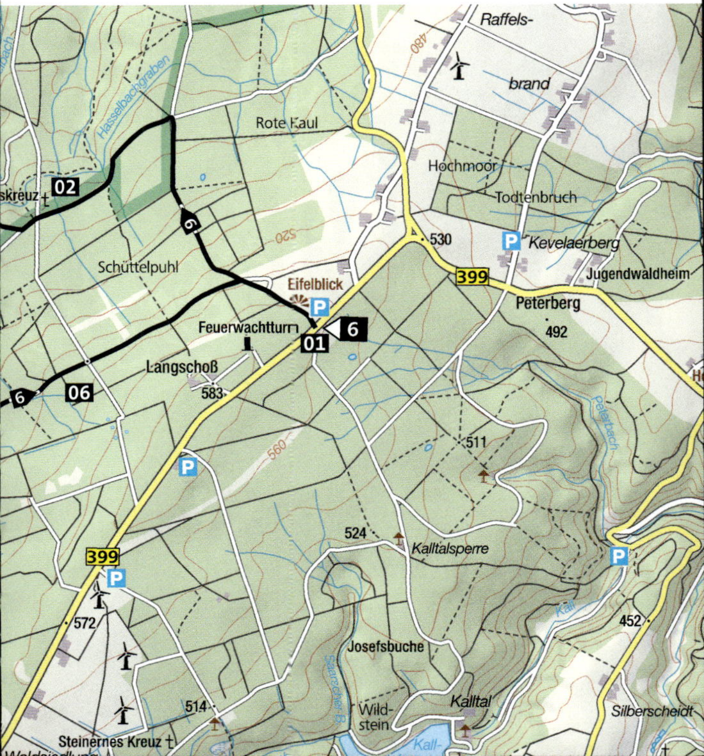

SIMONSKALL – KALLTALSPERRE

Durch und um das Kalltal

17 km | 4:30 h | 310 hm | 310 hm | 757

START | Simonskall, Parkplatz im oberen Ortsteil.
[GPS: UTM Zone 32 x: 313.080 m y: 5.616.170 m]
CHARAKTER | Lange, jedoch nicht schwierige Tour auf zumeist festen Wegen. Steiler Abstieg am Ende nach Simonskall.

Vom **Parkplatz** **01** nach links, über die abknickende Vorfahrt bis vor das „Haus des Gastes". Dort nach links über die **Kall** auf Weg 3, um die **Burg** und ansteigen.

Nach 150 m (Bank, Eiche) rechts auf den **Krönungsweg** (Markierung >) für gut 2 Stunden: An dieser Hangseite des **Buhlert** und des Kalltales, später über **Klafterbach** und **Tiefenbach**; am Ende über die Kall, mit der L 160 links über die Brücke, rechts durch den **Wanderparkplatz Kallbrück** **02** und talaufwärts zur **Kalltalsperre** **03**; über den Staudamm und nach links, aber an der Abzweigung rechts bergauf bis etwa 400 m oberhalb der **Schutzhütte Kalltalsperre** **04**.

Dort in den Fahrweg nach rechts, kurvig auch über Quellgründe des **Petersbaches** und bis 150 m vor dem Waldaustritt (Tor). Hier rechts auf Weg 26: Im **Vossen-acker Wald** ins obere Petersbachtal, dann ansteigend bis vor die Feldflur; am Zaun etwas aufwärts, erneut rechts durch den Wald; vom **Soldatengrab** zur **L 160** e; diese überqueren, über den **Parkplatz Ochsenkopf** und durch den Steilhang. Nach etwa 10 Minuten über einen Querweg gerade hinweg und so auf Weg 36; kaum 10 Minuten später, an einer Bank, scharf rechts abbiegen, steil hinab nach **Simonskall** und zum **Ausgangspunkt** **01**.

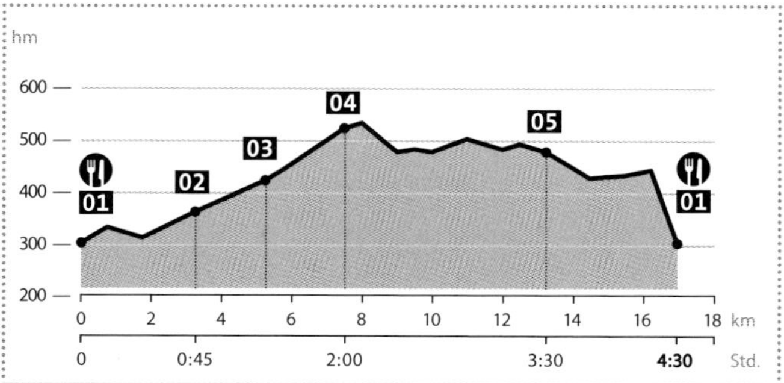

01 Simonskall, 300 m; **02** WP Kallbrück, 360 m; **03** Kalltalsperre, 420 m; **04** Schutzhütte Kalltalsperre, 520 m; **05** L 160, 475 m

Simonskall; Friedensdenkmal an der Kallbrücke.

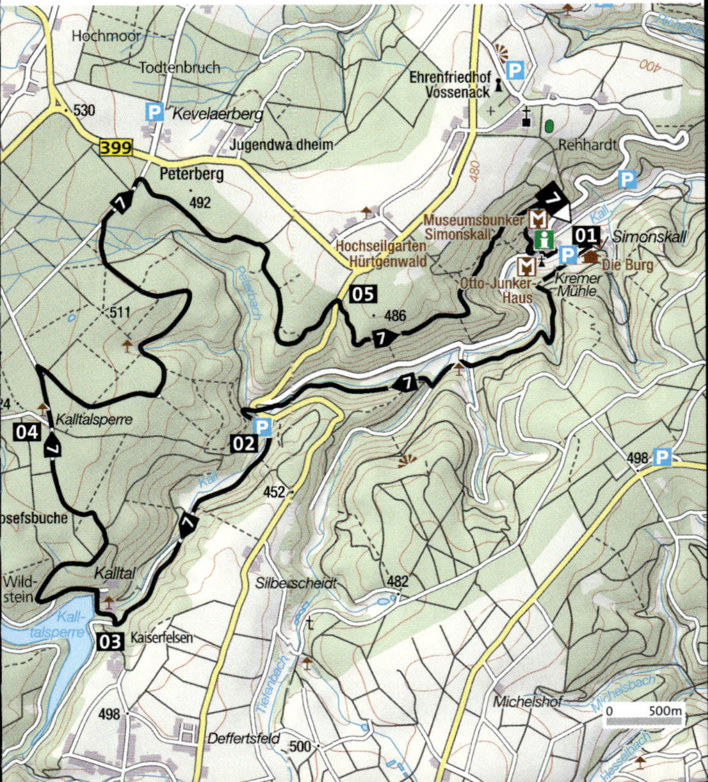

OBERMAUBACH – UM DAS STAUBECKEN

Beschilderter Rundweg „Stausee“

6,5 km | 2:00 h | 90 hm | 90 hm | 757

START | Parkplätze an der Ortsseite oder Bahnhof. | Bus/Bahn: Rurtalbahn Düren–Heimbach; in Düren Anschlüsse nach Aachen, Köln und Jülich–Linnich.
[GPS: UTM Zone 32 x: 319.700 m y: 5.621.450 m]
CHARAKTER | Rundwanderung, an der Ostseite leicht zu begehen, an der Westseite auch steile Bergpfade und Treppen. Rutschfeste Schuhe anziehen!

▶ Die See-Umrundung beginnt aus dem Ort **Obermaubach** 01 über den **Staudamm** auf Weg 3 und „Ku“. An der Ostseite rechts vor dem Bahnhof vorbei, wenig dahinter links, vom Rur-Ufer-Radweg abweichend den **Waldlehrpfad** ansteigen; unterhalb des Waldkinderspielplatzes geradeaus; dem oberen Feldrand entlang, an einer Gabelung rechts; zuletzt ein paar Schritte in den Wald, dann rechts abwärts in die **Rurauen**. Im Tal rechts, dann links über die Bahn, und auf der **Grünen Brücke** 02 über die Rur. Dahinter rechts in den Hangpfad, bald auf Stufen bergauf. Oben weiter auf Weg „K“ nach rechts; 10 Min. später in den Pfad nach rechts und abwärts; in eine Seitenschlucht ansteigen, bald (steil) oder weiter oben auf ihre andere Seite, und auf einem Weg rechts hinab nach Obermaubach. Mit der Markierung ▶ durch „Bergsteiner Straße“ und „Seestraße“ zurück zum Ausgangspunkt.

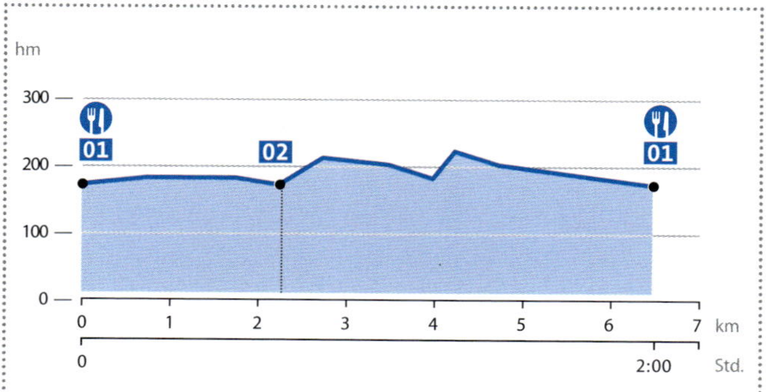

01 Obermaubach, 170 m; 02 Grüne Brücke, 170 m

Obermaubach

Der Ortsname stammt von der einstigen Grafschaft „Molbach“. Das zur Gemeinde Kreuzau gehörende Gebiet ist ein Fremdenverkehrsmagnet und Freizeitparadies, vor allem durch das Gebrauchswasser-Ausgleichsbecken (1,7 Mio. m³), das neben der Industrie dem Bootssport dient. Das Staubecken ist zugleich ein Eldorado für viele Wasservögel. Die Waldberge ringsum mit ihren Buntsandsteinfelsen, dazu an der Ostseite des Sees ein urwaldartiger Baumbewuchs, bilden eine romantisch-attraktive Kulisse für den Wanderer.

Am Stausee Obermaubach.

NIDEGGEN – ABENDEN – BRÜCK

Felsenwelt und Rurtal um Nideggen

12 km | 3:30 h | 380 hm | 380 hm | 757

START | Am Zülpicher Tor. | Bus/Bahn: Bus von Düren und Heimbach. Rurtalbahn bis Nideggen-Brück.
[GPS: UTM Zone 32 x: 322.300 m y: 5.618.180 m]
CHARAKTER | Bergwanderung, auch mit steilen Abschnitten. Wunderbare Landblicke. Fotomotive. Bergschuhe anziehen!

Vom **Parkplatz** **01** am Zülpicher Tor hinter dem Kiosk von den Tafeln den Wanderweg hinab, Trittstufen und unterhalb einer Wiese. Vom Schilderstock Richtung Abenden auf die **Buntsandstein-Route**. An der einzelnen Eiche links, bald unterhalb Effels- und der **Kletterfelsen** **02**; am Naturschutzschild rechts abwärts, erst Pfad, dann Weg ins **Rurtal** **03**; geteerter „Schüdderfelder Weg“ nach links, am folgenden Schild links weit bergauf bis vor **Haus Ostara** **04**; Teerweg links, gleich wieder rechts und halbwegs um den Berg; am Schild links hinab zum Aussichtspunkt, links (!) weiter und im **Kuhlenbusch** nur bergab, im Tal die Straße „Im Hag“ nach **Abenden** **05**.

Die „Palanderstraße“ hinab über die Rurbrücke und rechts durch das Freizeitgelände. Ist die Bahn überschritten, vom „Commweg“ rechts durch die Feldflur (Weg 3) und durch den Waldhang. Auf dem Querweg (1) abwärts, am **Forsthaus Hetzingen** **06** vorbei und auf dem Teerweg bleiben bis zur L 246. Auf deren Fußweg hinab nach **Brück** **07**, durch die „Talstraße“und über die Rurbrücke. Dahinter rechts und sofort den Bergsteig hoch. Ober-

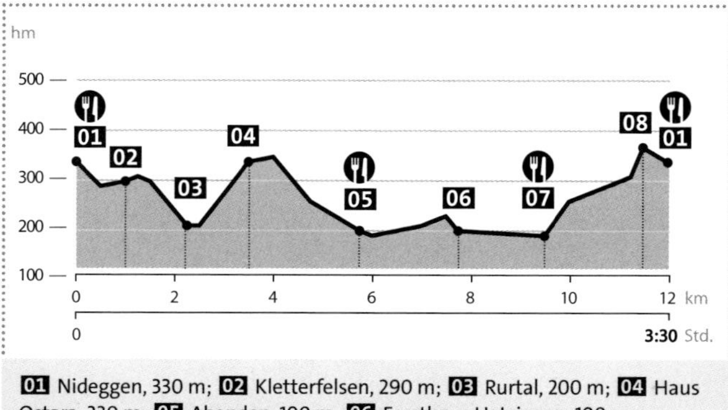

01 Nideggen, 330 m; **02** Kletterfelsen, 290 m; **03** Rurtal, 200 m; **04** Haus Ostara, 330 m; **05** Abenden, 190 m; **06** Forsthaus Hetzingen, 190 m; **07** Brück, 180 m; **08** Burg Nideggen, 360 m

Burg Nideggen auf hohem Fels.

halb der Kehren, am Naturschutzschild, nur wenige Schritte nach links, um rechts weiter anzusteigen. Vor den Felstürmen nach links erneut auf die Buntsandstein-Route (auch Weg 4). Von der Aussichtsbank auf den linken, unteren Weg; vom Kletterfelsen zum **Heimersteiner Brunnen** und noch etwas aufwärts. Über den Querweg direkt „Zur Burg" hochsteigen. Oben auf Weg 3 nach rechts und über die Wiese hoch ins Burggelände; rechts die **Burg** **08** mit **Burgenmuseum** und Gastronomie.

Nach links zur Kirche, die „Kirchgasse" hinab zum Markt. Vor dem Rathaus rechts mit der „Zülpicher Straße" zurück.

HEIMBACH – MARIAWALD – STAUBECKEN

Durch den Kermeter und um das Staubecken

11,5 km | 3:00 h | 320 hm | 320 hm | 757

START | Bhf. Heimbach oder – links davon, neben der Rurbrücke – Großparkplatz Laag (geringe Parkgebühr). | Bus/Bahn: Rurtalbahn von Düren. Bus von Schleiden und Düren.
[GPS: UTM Zone 32 x: 321.340 m y: 5.612.390 m]
CHARAKTER | Ziemlich steiler Aufstieg zur Abtei Mariawald, steil bergab im Herbstbachtal, anschließend weitläufig durch den Waldhang. Zuletzt uriger Pfad am Staubecken. Bergschuhe werden empfohlen!

Ziele dieser abwechslungsreichen Rundwanderung sind die einzige Trappistenabtei Deutschlands sowie ein bedeutendes Technikdenkmal.

Vom **Bahnhof** **01** links zum Parkplatz und an das Ufer der **Rur** gehen. Am Flussufer gegen die Fließrichtung an der Stadtseite weitergehen bis vor das

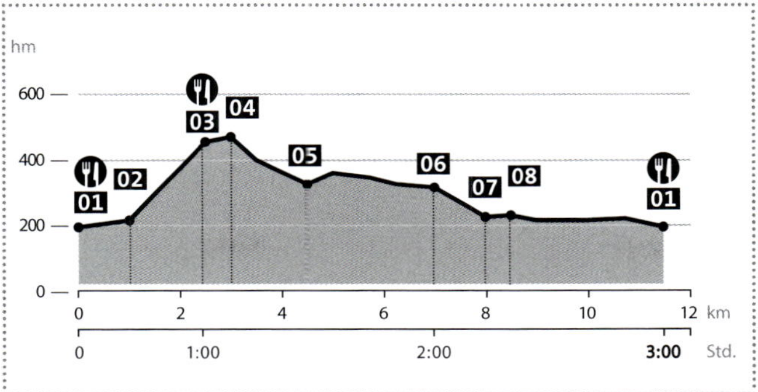

01 Heimbach, 190 m; **02** Stauwehr, 210 m; **03** Abtei Mariawald, 450 m; **04** Ehrenfriedhof, 465 m; **05** Querweg am Herbstbach, 320 m; **06** L 15 oberhalb Schwammenauel, 310 m; **07** Kraftwerk, 220 m; **08** Hasenfeld, 225 m

Haus am **Stauwehr 02** des **Staubeckens Heimbach**. Von dort links auf Weg 8 das **Ruppental** hoch, jenseits der Landstraße auf dem **Stationenweg** zur **Abtei Mariawald 03**.

Weiter auf Weg 8 den Parkplatz hinauf, am Waldrand rechts aufwärts zum **Ehrenfriedhof 04**; vom oberen Friedhofsausgang rechts den Waldweg hinab, weiter unten das **Herbstbach-**

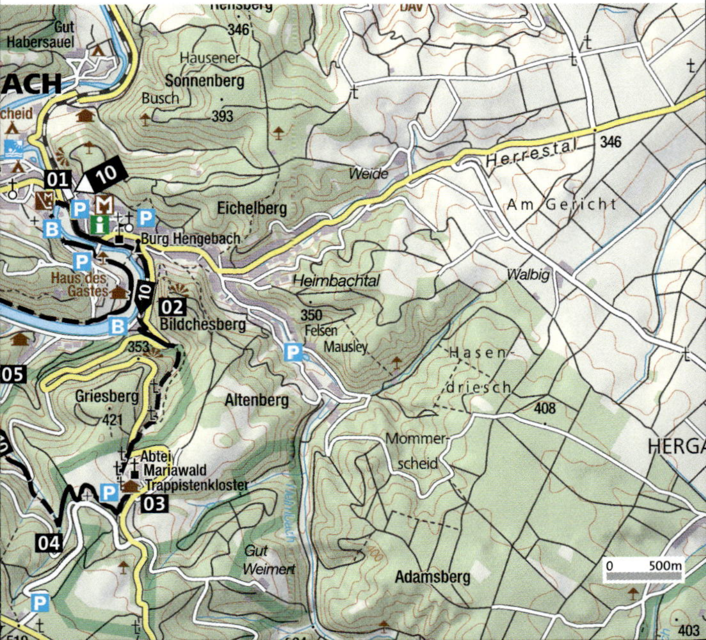

Wissenswert

Staubecken Heimbach Rückhaltebecken (1,25 Mio. m^3).

Jugendstil-Kraftwerk – RWE-Industriemuseum 1904 zwecks Elektrifizierung der Nordeifel in Betrieb genommen und heute noch in Betrieb; tägliche Führungen. RWE Industriemuseum, 52396 Heimbach-Hasenfeld, Tel. (02446) 9504320

Abtei Mariawald Kloster der Trappisten (schweigende Mönche). Bedeutendes Prozessions-, Wander- und Ausflugsziel mit Gaststätte, Buch- und Kunsthandlung; eigener Klosterlikör.

tal (Bach bleibt rechts) steil abwärts, auch über einen **Querweg** **05**. In den tiefer erreichten Querweg (9) nach links, streckenweise wieder ansteigend, auch um das **Steinbachtal** und bis zur **Landstraße oberhalb Schwammenauel** **06**. Am Straßenrand nur 50 m abwärts, dann rechts abbiegen und dem Zeichen < folgen. Neben dem **Berghof** die Straße hinab in die Rurauen zum Staubecken und zum imposanten **Kraftwerk** **07**; über die Brücke und nach **Hasenfeld** **08** ansteigen, aber vor dem **Ave-Maria-Denkmal** scharf rechts „Im Sangert" wieder abwärts und am Fuß des **Meuchelberges** dem Staubecken entlang; vor dem Bootsplatz ansteigen. Den Teerweg etwas hinab, an der Verzweigung aber links abbiegen, auf dem **Lehrpfad** zum **Haus des Gastes**, dann wieder abwärts. Unten nicht über die Fahrbrücke, vielmehr über den Parkplatz, dann die Fußgängerbrücke über die Rur nehmen und zurück zum **Ausgangspunkt** **01**.

Abtei Mariawald.

SCHWAMMENAUEL – URFTTALSPERRE

Zweimal über den Kermeter

18 km | 4:30 h | 375 hm | 375 hm | 757

START | Wanderparkplatz Büdenbach, an der L 15 südlich des Staudammes Schwammenauel. | Bus/Bahn: Linie 231 an Wochenenden ab Ende März bis Mitte Oktober von Schwammenauel bis Urftseemauer, so dass die Wanderstrecke dann auch halbiert werden kann. Bus von Düren und Schleiden.
[GPS: UTM Zone 32 x: 319.240 m y: 5.612.040 m]
CHARAKTER | Bergige Wanderung, fast nur durch Wald, mit langen An- und Abstiegen. Bergschuhe werden empfohlen.

Von der **Parkplatzzufahrt** 01 die L 15 überschreiten und etwas ansteigen. Links abgehen und den Schildern Richtung Mariawald folgen, 1,5 km durch den steilen Waldhang, dann rechts (auch **Buntsandstein-Route**) den **Kermeter** hoch, nur anfangs steil. Wo – schon weit oben – der Weg nach **Mariawald** 02 links abzweigt, geradeaus Richtung Parkplatz Alte Buchen weiter bergauf gehen. Die **L 15** 03 überqueren und vom Parkplatz stets Richtung Staumauer

Urfttalsperre

45,5 Mill. m³, älteste Talsperre Deutschlands, 1900–1905 erbaut, um die Nordeifel zu elektrifizieren, mit 54 m hoher Schwergewichtsmauer. Sie windet sich ab Gemünd 11 km durch das felsenreiche Waldtal und bietet am Anfang eine Hängebrücke zur Burg Vogelsang.

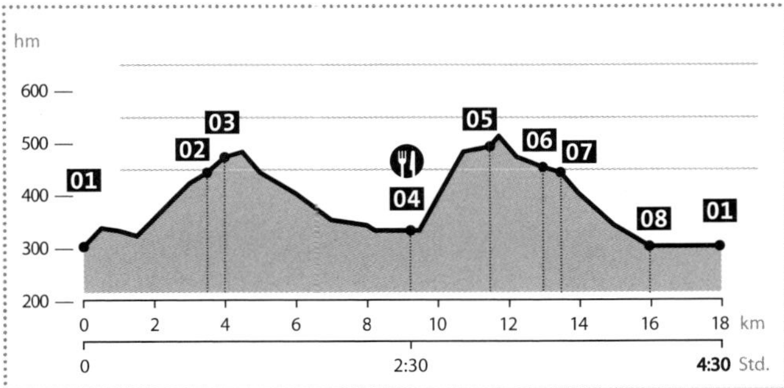

01 Büdenbach, 300 m; 02 Abzw. Mariawald, 440 m; 03 L 15, 470 m; 04 Urftseemauer, 330 m; 05 Schwarzes Kreuz, 490 m; 06 Paulushof, 450 m; 07 Hirschley, 440 m; 08 Rurtalsperre, 300 m

halten. Die nach etwa 4 km erreichte Busstraße abwärts, rechts der Urfttalsperre entlang zur **Urftseestaumauer 04**.

Der Rückweg beginnt Richtung Schiffsanlegestelle. Gegenüber dem Abgang dorthin nach rechts Richtung Kermeter auf die Bachtäler-Höhenroute, also den Bergpfad ansteigen, nach der Linkskurve beständig gerade bergauf. Ganz oben rechts zur Wegekreuzung **Schwarzes Kreuz 05**; Richtung Hirschley in die erste Straße nach links. 50 m weiter aber links auf den Waldweg und über den **Wildbretshügel** und dahinter wieder geteert bis **Paulushof 06** (Rastplatz mit Schutzhütte) gehen. Danach rechts 500 m zur **Hirschley 07** (Aussichtskanzel, kleiner Abstecher nach links) und weiter zu einem ansteigenden Querweg, der überschritten wird. Nun den Schildern „Schwammenauel/Büdenbach" folgen, nach einer Rechtskurve bald links auf den Pfad und 2 km talwärts bis vor die **Rurtalsperre 08** Schwammenauel wandern. Danach rechts auf dem breiten Uferweg zurück zum Ausgangspunkt.

Urftseestaumauer, Urfttalsperre, Obersee und der Kermeter.

EINRUHR – OBERSEE – URFTTALSPERRE

Durch Bootsfahrt abkürzbarer Talsperrenrundgang

14,5 km | 3:30 h | 120 hm | 120 hm | 757

START | Einruhr, Parkplätze an der B 266 neben der Oberseebrücke. Weitere Parkflächen: Rurstraße (gebührenpflichtig) und an der Heilsteinstraße (nahe B 266). Busverbindungen von Aachen, Simmerath, Monschau und Schleiden. Bootsverbindungen: Rurseeschifffahrt, April bis Oktober.
[GPS: UTM Zone 32 x: 314.470 m y: 5.606.600 m]
CHARAKTER | Leichte Rundwanderung, fast nur auf festen Wegen und mit nur sehr kurzen steileren Abschnitten; Abkürzungen mit dem Boot: vom Fuß der Urftseestaumauer oder vom Staudamm Paulushof nach Einruhr.

Ein beschaulicher Rundgang, zumeist hoch über den Talsperren und mit schönen Landblicken.

▶ Von der B 266 beginnen wir den **Oberseerandweg** auf der „Rurstraße“ durch **Einruhr** 01, in der Fortsetzung „Jägersweiler Straße“. Der Weg steigt ab einer Hütte waldfrei an, senkt sich aber wieder und kurvt weiter um den **Obersee**. Zuletzt etwa 100 m stark ansteigen, scharf links noch 50 m zu einem Aussichtsplatz, dann über die imposante **Urftseemauer** 02, mit Blick auf Burg Vogelsang.

Von der Gaststätte in Richtung Schiffsanlegestelle gehen, auf dem breiten Weg der **Wasserland-Route** (▶) bergab und um den Obersee zum **Staudamm Paulushof** 03, der Obersee und Rurtalsperre trennt. Hinter dem Damm noch über den Parkplatz, dann dem Zeichen < (auch Wege 6 und 20) folgen. So-

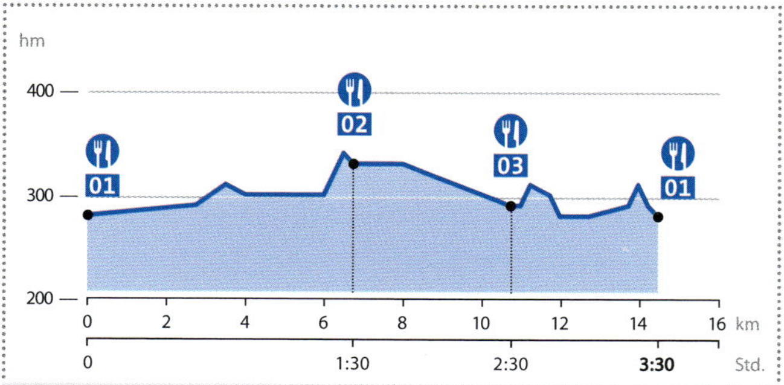

01 Parkplatz Einruhr, 280 m; 02 Urftseemauer, 330 m;
03 Staudamm Paulushof, 290 m

Obersee, vor dem Staudamm Paulushof.

fort links neben der Hecke bergauf; von oben mit der Straße wieder abwärts, jedoch aus einer Linkskehre geradeaus in den Waldweg; bald in Kehren absteigen und dem See folgen; 2 km weiter nochmals kurz ansteigen, ab einer Schutzhütte aber wieder nach unten.

Obersee

Der Obersee (17,9 Mio. m³), gespeist von den Flüssen Rur und Urft, dient vor allem als Trinkwasserreservoir und bietet mit Elektrobooten schöne Ausflugsmöglichkeiten nach Rurberg – Staudamm Paulushof sowie bis vor die Staumauer der Urfttalsperre.

Rursee-Schifffahrt GmbH, Schwammenauel, 52396 Heimbach, Tel. (02446) 479, info@rursee-schifffahrt.de

Zuletzt vom Ufer über die Straßenbrücke zurück zum Ausgangspunkt in **Einruhr** 01 wandern.

MONSCHAU – PERLENBACHTALSPERRE

Über Felsen und Höhen in urige Bachtäler

12 km | 4:00 h | 215 hm | 215 hm | 757

START | Großparkplatz Burgau (oder St.-Vither-Straße), gebührenpflichtig. | Bus/Bahn: Busverkehr von allen Richtungen, auch von den Bahnhöfen in Aachen und Eupen (Belgien).
[GPS: UTM Zone 32 x: 304.350 m y: 5.603.750 m]
CHARAKTER | Berg- und Talwanderung, auch mit steinigen und steilen Abschnitten, die entsprechendes Schuhwerk erfordern. Lauschige Partie um die Talsperre.

Die Tour beginnt an der Zufahrt zum **Parkplatz Burgau** **01**, unterhalb der Toiletten, am Hang auf dem Richtung Perlenau beschilderten Monschauer Nationalpark-Wanderweg, zugleich **Eifelsteig**.

Ein paar Schritte den Fahrweg hinauf, links die Trittstufen hoch und den Bergpfad ansteigen; oben am Felsen **Teufelsley** vorbei zur **Engelsley** (Talblick); nach links in den zweiten, unteren Weg, der mit Auf und Ab am Steilhang etwa 800 m beibehalten wird; an einem Schilderstock (100) rechts auf den Bergpfad wechseln, der sich hinter Felsgraten senkt und gegenüber der Brücke zum Hotel **Perlenau** **02** das **Perlenbachtal** erreicht; nach links dem Fluss entgegen, bald auch unter der Bundesstraßenbrücke hindurch zur Querstraße am **Wasserwerk**; nach links ein paar Schritte hoch, dann rechts ansteigen, auf dem rechten Weg zur **Perlenbachtalsperre**.

Dieser entlang bis zum Einlauf des **Perlenbachs**. Nun auf die **Klosterroute**: Über die **Brücke** **03**, rechts erst über der Talsperre, danach im

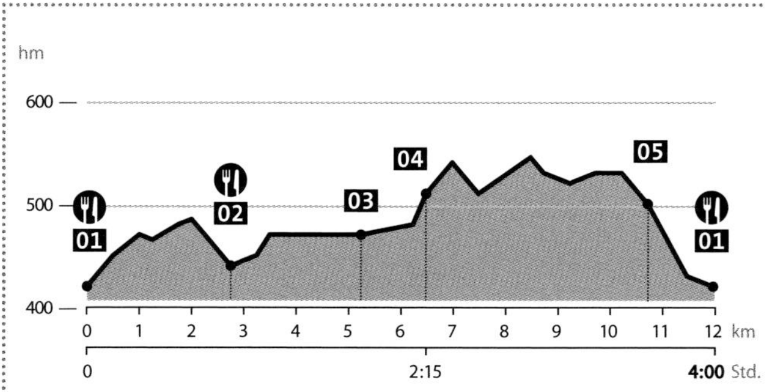

01 Monschau, Parkplatz Burgau 420 m; **02** Perlenau, 440 m; **03** Brücke, 470 m; **04** B 399, 510 m; **05** Hasselbachtal, 500 m

Römerbachtal aufwärts; schon weit oben (Achtung!) rechts einen Steilpfad hoch und über die **B 399** **04**; vom Parkplatz den Wiesensteig hinauf und zwischen Zäunen zu einem Teerweg; nach rechts bis vor die Hecken, rechts wieder abwärts.

Im Wald sogleich links den Pfad hinab, geradeaus und bald weitläufig leicht steigen, zuletzt flacher Fahrweg zu einer Straßenkurve; rechts in den abfallenden Weg und gerade hinunter, von unten zwischen Wiesen wieder hoch; rechts steiniger Weg zum Wald; dort links und auf diesem Fahrweg 1 km bleiben bis zum Anfang der Verteerung; nach rechts am Waldrand stärker bergab bis unten im Wald.

Achtung! Dort von der Klosterroute abweichend nach rechts auf Weg 55 das steile **Hasselbachtal** **05** hinunter ins **Rurtal** nach **Dreistegen**.
Auf Fußwegen der Bundesstraßen über die Brücke zur Stadt, die „St.-Vither-Straße" hinab zum Ausgangspunkt.

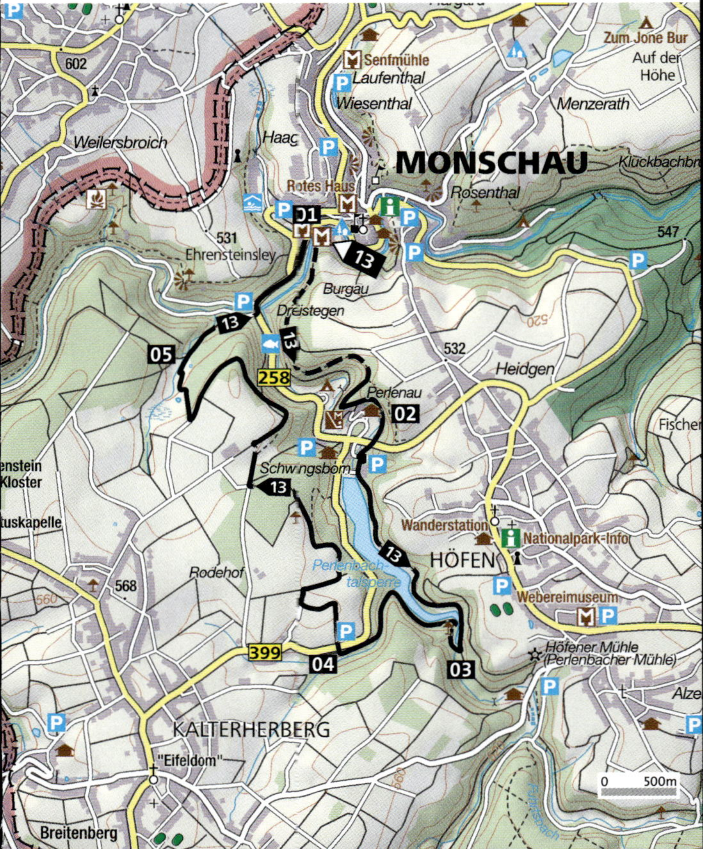

Perlenbachtalsperre

Erbaut 1953–1955 mit einem Steinschüttdamm, 800.000 m³ Trinkwasser, Kraftwerk und Wasserausgleich. Hauptzufluss ist der Perlenbach; die Perlenfischerei stand ab 1435 den Grafen von Jülich als Hoheitsrecht zu. Die einstige Bedeutung des „Tuch-Dreiecks" Aachen-Eupen-Monschau beruhte auf den kalkfreien Wassern des Hohen Venn, die allein das natürliche Einfärben ermöglichten.

Rurbrücke und Rotes Haus in Monschau.

HÖFENER MÜHLE – FUHRTSBACH UND PERLENBACH

Wildnarzissen-Wanderwege

11 km | 3:00 h | 120 hm | 120 hm | 757

START | Wanderparkplatz Höfener Mühle, an der Straße „Mühlenweg“ von Monschau-Höfen nach Kalterherberg im Perlenbachtal. [GPS: UTM Zone 32 x: 305.550m y: 5.600.790 m]
CHARAKTER | Rundwanderung durch Venn- und Tallandschaften, die ab etwa Mitte April durch weite Flächen blühender Wildnarzissen bezaubern. Langgedehnte Anstiege (fast 2 Std.), aber keine schwierige Wanderung.

Abwechslungsreiche Rundwanderung durch die naturgeschützten Talauen im deutsch-belgischen Grenzgebiet.

▶ Am Wanderparkplatz **Höfener Mühle** 01 der Markierung < folgen; vor der Straßenbrücke links in den Wald und dem **Perlenbach** entgegen; den **Fuhrtsbach** überqueren und nach links sein Tal etwa 3 km aufwärts bis zur Teerstraße an einem **Lagerhaus** 02. Nach rechts auf der **Narzissen-Route** den Fahrweg ansteigen, an der Abzweigung oben nach links bis über die höchste Stelle. Beim Abstieg auf diesem Fahrweg bleiben, das **Jägersieftal** hinab.

Unten lohnt sich zur Zeit der Narzissenblüte ein Abstecher; nach links – wenn nicht gesperrt (Schild unbedingt beachten!) – über den Jägersief ins belgische **Schwalmtal**, auch bis zum Steilfelsen **Bielei**.

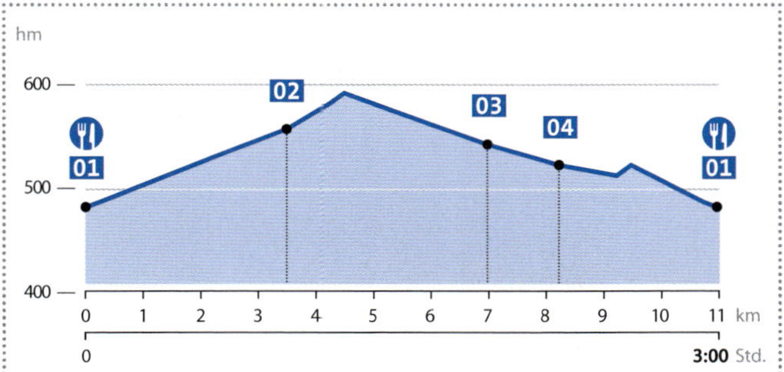

01 Höfener Mühle, 480 m; 02 Lagerhaus, 555 m; 03 Narzissenhütte, 540 m; 04 Untere Brücke, 520 m

Narzissenblüte

Der Naturschutz in diesem deutsch-belgischen Grenzgebiet dient den in ihrer Art einmaligen Tal- und Vennlandschaften, die alljährlich gegen Ende April bis Anfang Mai – je nach Witterung – durch tausende blühender Wildnarzissen verzaubert werden.

Die Blumen dürfen weder gepflückt noch ausgegraben werden! Die kleine, aber intensiv gelb blühende Wildnarzisse (botanisch: Narcissus pseudonarcissus) liebt feuchte und sumpfige, waldfreie Böden. Nach Süden hat sie sich um den Perlenbach ausgebreitet, östlich bis weit in den Nationalpark Eifel. Insgesamt handelt es sich um die größten Wildnarzissengebiete Mitteleuropas.

Wildnarzissen im Perlenbachtal.

Von dort wieder zurück und auf dem Fahrweg links zur **Narzissenhütte** **03** im Perlenbachtal. An dieser rechten Bachseite nun stets talwärts wandern. Etwa einen Kilometer noch Fahrweg; neben der **Unteren Brücke** **04** (Pfaffensteger Brücke) vom Teerweg links auf dem Talweg weiter, der später kurz nochmals ansteigt, sich dann wieder senkt.

Am Ende auf den Hinweg, also den Fuhrtsbach überqueren und links (!) auf dem Waldweg neben dem Perlenbach geht es dann wieder zum **Ausgangspunkt** **01** zurück.

15

VOGELSANG – UM DIE URFTTALSPERRE

Mitten im Nationalpark

14,5 km | 4:00 h | 250 hm | 250 hm | 757

START | Walberhof, Bushaltestelle und Parkplatz an der B 266 (Schleiden–Einruhr), gegenüber der Einfahrt nach Vogelsang. Bus/Bahn: Verbindungen von Köln/Hauptbhf. sowie von den Bahnhöfen Kall und Heimbach, ferner von Simmerath (Aachen, Monschau), Schleiden, Gemünd und Hellenthal.
[GPS: UTM Zone 32 x: 318.480 m y: 5.605.000 m]
CHARAKTER | Leichte Wege über die Hochflächen und entlang der Talsperre. Steiler Abstieg ins Urfttal; starke Steigungen ab Urftseemauer. Sehr schöne Landblicke!

Von **Walberhof** 01 führt links neben der Zufahrtsstraße nach **Vogelsang** 02 abseits des Straßenverkehrs ein Fußweg dorthin. Hinter dem Torbogen über den Besucherparkplatz und der Beschilderung zum **Forum** folgen, auch zum **Adlerhof**, und durch die Wandelhalle zum **Urftseeblick**. Nach rechts absteigen; die Fahrstraße vor dem **Fackelträger** hinab, anschließend zu den **Sportanlagen** und, von dort bergab, das **Urfttal** 03 überbrücken. Nach links nun auf dem **Urftseerandweg** (auch Radweg!) für eine Stunde den Mäandern der Talsperre entlang. Über die **Urftseemauer** 04 (mit Blick über den **Obersee** und auch auf Vogelsang). Dahinter etwas steigen, dann Bergpfad hinab zum **Eifelsteig**, dem nun gefolgt wird. Stark bergauf; vor einem Betonweg rechts und über den **Kellenberg**; mit der Beschilderung in die **Wüstung Wollseifen** 05.

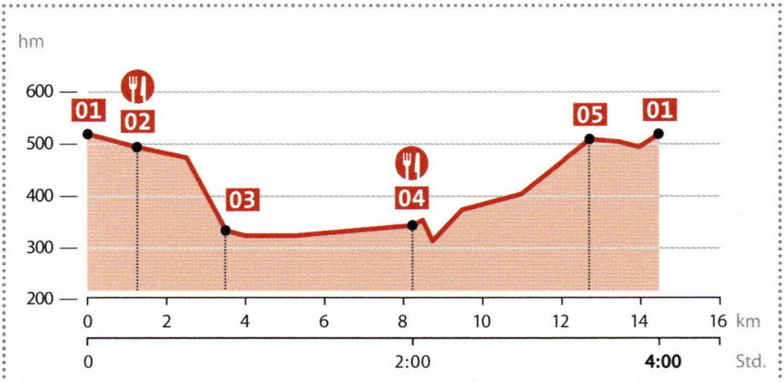

01 Walberhof, 515 m; 02 Vogelsang, 490 m; 03 Urfttal, 330 m; 04 Urftseemauer, 340 m; 05 Wollseifen, 505 m

Oberhalb der Kirche nach inks und durch Gebüsch, Richtung Herhahn lang gerade über die Höhe. Vor der B 266 links ansteigen, oben über die Kreuzung zum **Ausgangspunkt** **01**.

Wanderer auf der Staumauer der Urfttalsperre.

Urfttalbrücke, die schönste Hängebrücke der Eifel.

HELLENTHAL: OLEFTALSPERRE – WILDGEHEGE

Zu Hellenthals nächsten Attraktionen

7,5 km | 2:30 h | 190 hm | 190 hm | 836

START | Großparkplatz am Fuß der Staumauer | Bus: Linie 829 vom Bahnhof Kall über Schleiden.
Verbindung von den Nationalparklinien.
[GPS: UTM Zone 32 x: 317.200m y:5.596.720 m]
CHARAKTER | Gemütliche Rundwanderung auf überwiegend festen Wegen, mit ein paar längeren allerdings unschwierigen Auf- und Abstiegen.

Vom **Parkplatz** 01 an der Seite des Kraftwerkes auf dem **Geo-Pfad** (G) die Treppen hoch, vom Restaurant steiler Weg bis oben. Über die **Pfeilerzellenmauer** 02, dahinter links ungefähr 20 Minuten über der **Oleftalsperre** entlang. Hinter einem tiefen Bachgrund mit Teich nach rechts (Weg 2) talaufwärts.

Oben auf die **Rur-Olef-Route** 03 (auch **Matthiasweg** ▶): Von der obersten Waldspitze scharf rechts den Feldfahrweg hoch; hinter dem Wald **Herrensheck** 04 rechts am Waldrand wieder abwärts; unten links und zum **Wildgehege** 05.

Nach dem Besuch von der Gaststätte geradeaus mit der Ausfahrt weiter, hinter dem Talgrund aber rechts bergab nach **Hellenthal**.

Neben der L 159 ganz hinunter und über die **Olef**. Rechts in die „Oleftalstraße"; 50 m hinter der nächsten **Flussbrücke** 06 rechts „An der

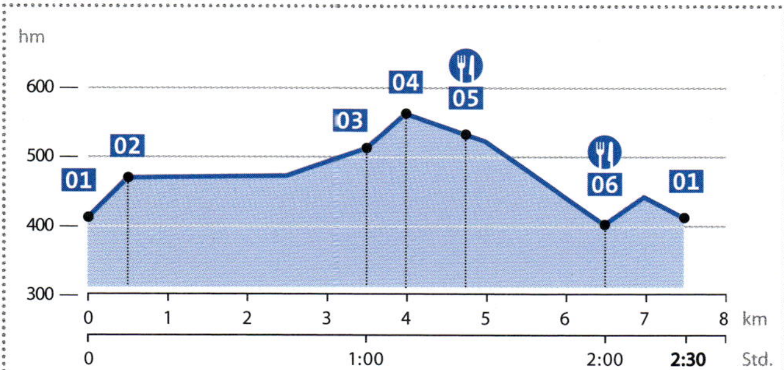

01 Hellenthal, 410 m; 02 Mauerkrone, 467 m; 03 Rur-Olef-Route, 510 m; 04 Herrensheck, 560 m; 05 Wildgehege, 530 m; 06 Olefbrücke, 400 m

Lichtenhardt" ansteigen. An deren Rechtskurve nach links und einen Fußweg hoch. Oben vor der Straße links (Schild zur Talsperre) in den Anliegerweg und auf einem Fußweg unterhalb Haus Lichtenhardt zur Talsperrenstraße.

Zurück zum **Ausgangspunkt** 01 geht es auf dieser Straße links abwärts; wahlweise kann aber auch nach rechts und noch einmal über die Talsperren-Mauerkrone gegangen werden.

Oleftalsperre; Blick über die Pfeilerzellenmauer.

Wissenswert:

Wildgehege Hellenthal mit vor allem heimischen Wildarten und einer Greifvogelstation mit täglichen Freiflug- und Fütterungsvorführungen. Ganzjährig geöffnet, Tel. (02482)2292, Fax (02482)2212.

Oleftalsperre mit bis zu 20 Mio. m^3 Trinkwasser, gespeist vom Fluss Olef, der sich im belgischen Dreiherrenwald aus etlichen Quelladern bildet.

Hellenthal, große Fremdenverkehrsgemeinde mit Burgorten, einem Besucherbergwerk, einem Geologisch-montanhistorischen Lehr- und Wanderpfad sowie dem Wintersportgebiet Weißer Stein.

EFFELSBERG – MICHELSBERG

Wanderziele im Bad Münstereifeler Wald

18 km | 5:00 h | 381 hm | 381 hm | 836, 758

START | Wanderparkplatz Radioteleskop bei Effelsberg.
[GPS: UTM Zone 32 x: 349.380 m y: 5.598.400 m]
CHARAKTER | Auf und Ab, auch nicht markierte Wege. Anstrengend nur am Michelsberg.

Vom **Parkplatz** **01** in den zum Radioteleskop beschilderten Weg, unterhalb Kiosk die Straße „Planetenweg“ abwärts. Neben dem Informationspavillon zur Aussichtsplattform über dem **Radioteleskop** absteigen, danach am unteren Rand rechts ins Tal. Dort nach rechts. Am Schild „Max-Planck-Weg“ links über den **Effelsberger Bach** und nach links, bald ansteigen. Aus der scharfen Rechtskurve dieses Waldweges nach links, hinter das Radioteleskop, und an dieser Talseite ganz (2,4 km) aufwärts zu **L 113** **02**. Deren Kurve nach rechts nur überschreiten und geteert **Kempensiefen** hinauf, oben nach links zum **Gedenkkreuz** (1995). Nochmals links auf den **Ahr-Venn-Weg** (>): 800 m geradeaus; im Wald an einer Linkskurve rechts in den Waldpfad, und in dessen Richtung bald über einen Querweg

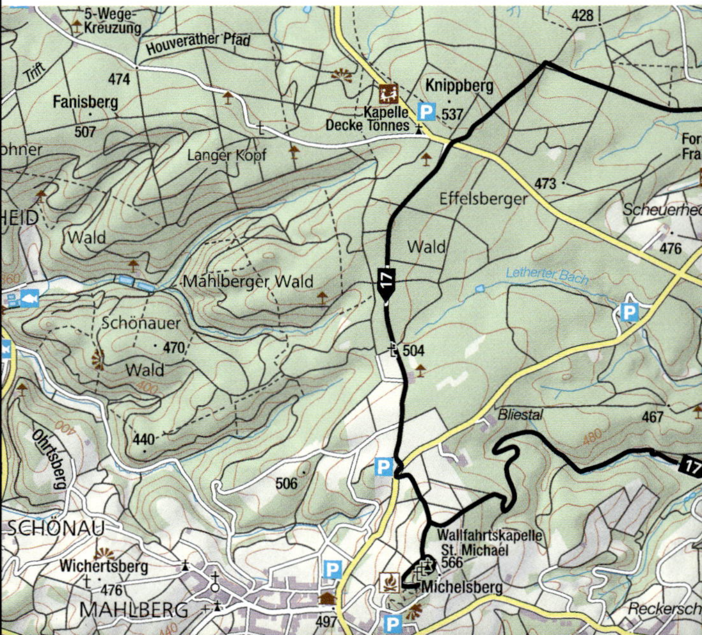

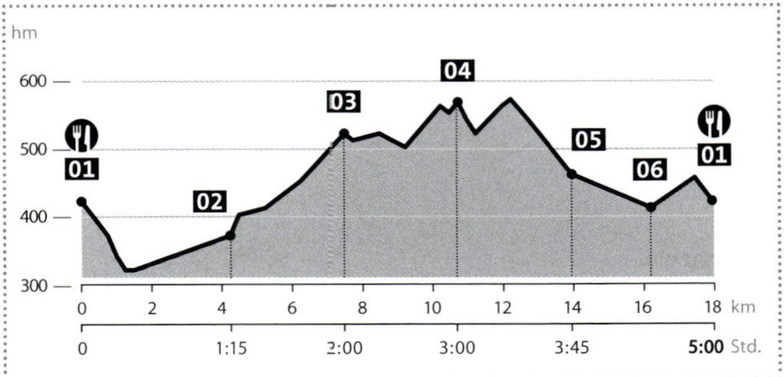

01 Effelsberg, 420 m; **02** L 113, 370 m; **03** Knippberg, 520 m; **04** Michelsberg-Kapelle, 566 m; **05** Bliestal, 460 m; **06** Bliestalbrücke, 410 m

und eine Forststraße; schneisenartig 1 km weiter, auch über eine breite Fahrwegkreuzung hinweg und in ein Tälchen; dort aus einer Rechtskurve nach links ansteigen, nach 40 m nochmals links (auch Weg 7) und auf leicht übersehbarem Pfad um die linke Hangseite des **Knippberges 03** steigen.

Die erreichte L 234 nach rechts nur überqueren und in den **Erft-Lieser-Weg** (▶): 2 km Fahrweg im **Effelsberger Wald**, dann hoch zur **Schutzhütte Bleielsnück**; Teerweg zum Wanderparkplatz gleichen Namens; rechts in die Kurve der L

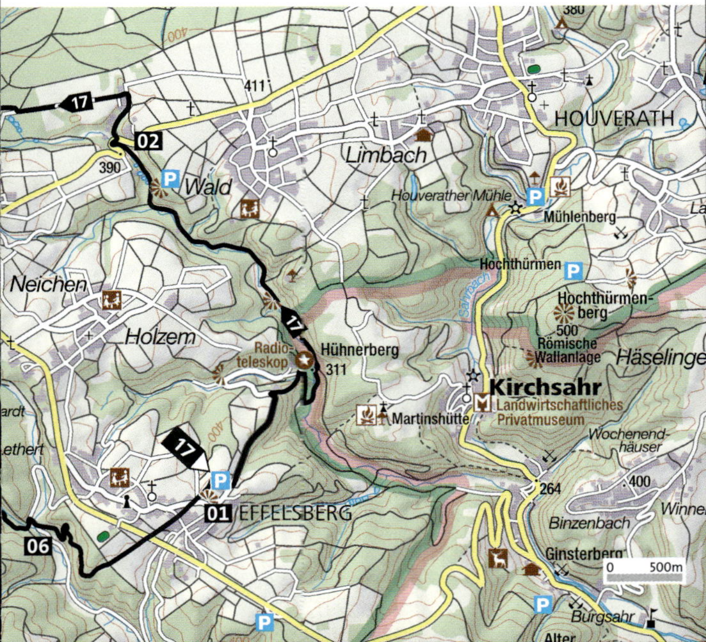

Sehenswert:

Radioteleskop, Einrichtung des Max-Planck-Instituts für Radioastronomie Bonn, auf 154 Betonpfeilern, 3200 Tonnen schwer, **Parabolspiegel** mit 100 m Durchmesser. Empfangen werden Signale aus bis zu 15 Milliarden Lichtjahren Entfernung. Besucherpavillon, Informationsvorträge. Tel. (02257) 301101 (vormittags).

Michelsberg, germanische Richtstätte, römischer Wachtturm, ab 9. Jh. Kultstätte des hl. Michael, Kapelle um 1500. Heute beliebte Hochzeitskirche.

113, hier links den **Michelsberg** ansteigen, zunächst bis zum Rastplatz am Waldkranz.

Ab hier ein Rundgang: Am Waldrand mit Fernsicht wieder etwas abwärts, dann die Querstraße ansteigen; auf der Höhe rechts in Stufen hinauf zur **Wallfahrtskapelle St. Michael 04**. Dahinter auf Treppe und Weg halbwegs bergab, dann links ein Abstecher hoch zum **Eifelblick**. Von dort wieder absteigen, jetzt bis zur Schranke. Scharf rechts den Teerweg am Waldrand hoch, und auf dieser Panoramastrecke oben auch wieder zum genannten Rastplatz zurück. Nun gegen die Pfeilrichtung (←) rechts um den Wald steigen; hinter der höchsten Stelle links die Wiese hinab, am Zaun in und durch den Wald. Breiterer Querweg nach rechts; den erreichten Fahrweg links, kurvig hinab ins **Bliestal 05**, und ab dem Waldtor noch 2,2 km talwärts, nach Einfluss des **Ohlertsiefen** rechte Talseite, am Ende Straße, zuletzt über die **Brücke 06**. Nach rechts auch über den **Letherter Bach**, dahinter aber sogleich links den Waldweg hinauf. Auf diesem Weg auch oben durch die Feldflur, und über die L 234 neben ihrer Brücke nach **Effelsberg** (Burgweg). Gegenüber der Bushaltestelle durch die „Hartgesgasse“ und hinab zum **Ausgangspunkt 01**.

Bad Münstereifel, Radioteleskop Effelsberg.

ZWISCHEN BAD MÜNSTEREIFEL UND NETTERSHEIM

Zum Römertempel und um Pesch

12 km | 3:00 h | 315 hm | 315 hm | 758

START | Parkplatz Hornbachtal zwischen Nöthen und Pesch. Bus: Linie 821 von Nettersheim und Bad Münstereifel. [GPS: UTM Zone 32 x: 337.110 m y: 5.600.970 m]
CHARAKTER | Wald- und Feldwanderung, die zwar etwas Kondition erfordert, aber mit sehr schönen Landblicken und Kultur belohnt.

Über den **Wespelbach** starten, gleich rechts über den **Hornbach** 01 und links sein Tal 270 m aufwärts. Ab einer Waldecke auf den **Eifeler Kräuterpfad**: Rechts bergauf zum **Römischen Tempel** 02 auf dem **Addig**; dahinter steil und ins Wespeltal.

Den Teerweg hinauf, nahe **Pesch** die K 34 nach links überschreiten und ungefähr 800 m geradeaus weiter; dann zweimal rechts, über den Bachgrund.

In Pesch „Auf dem Stucks" scharf links (auch Weg 24) ansteigen, links um den Lickenberg; im Zingsheimer Wald bis zur **Schutzhütte Fuchshecke** 03.

Rechts abbiegen und den Fahrweg kurvig abwärts. Nächste Abzweigung rechts, die folgende links und bald 700 m um den Waldrand. Zuletzt den steinigen Fahrweg hinab zur **L 206** 04. Andere Straßenseite nach rechts, aber noch vor dem Parkplatz – am Wiesenende

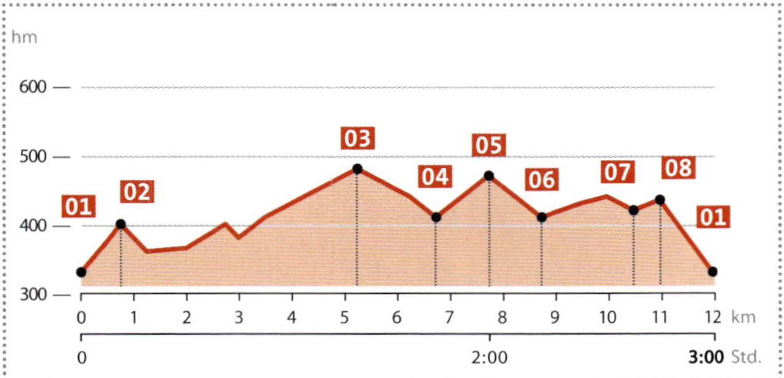

01 Hornbachtal, 330 m; 02 Römertempel, 400 m; 03 Schutzhütte Fuchshecke, 480 m; 04 L 206, 410 m; 05 Paulsgraben, 470 m; 06 Pesch-Friedhof, 410 m; 07 K 34, 420 m; 08 Jakob-Kneip-Berg, 435 m

Sehenswert:

Römischer Tempelbezirk auf dem Addig, im Volksmund auch „Heidentempel“ genannt, mit den Weihesteinen für die sog. Aufanischen Matronen (vgl. auch den Römertempel bei Nettersheim, Tour 20). Die drei Göttinnen wurden von den Römern sehr verehrt. Geschichtstafel am Ort.

Der **Eifeler Kräuterpfad**, ein Partnerweg des Eifelsteigs, verläuft von Bad Münstereifel nach Nettersheim (21 km).

– links den **Paulsgraben** 05 hinauf.

Von oben den Querfahrweg rechts hinab nach Pesch. Unterhalb des **Friedhofs** 06 links „Auf der Jücht“ (>), nach der Rechtskurve wieder ansteigen, oben dann die Querstraße links hoch, Richtung Weyer bis zum oberen Waldrand. Dort geht es rechts in den geraden Feldfahrweg.

Auf der Höhe nach rechts, vom Gebüsch links hinab zur **K 34** 07. Diese ansteigen, ab der Baumgruppe (mit Kreuz von 1728) aber links auf den **Jakob-Kneip-Berg** 08.

Oben nach rechts, vom Sendemast bergab Richtung Hochleitung bis Mitte der unteren Feldflur. Nach links durch die Felder; an der folgenden Abzweigung rechts hinunter zum **Ausgangspunkt** 01.

Wanderpause am Römischen Tempelbezirk auf dem Addig.

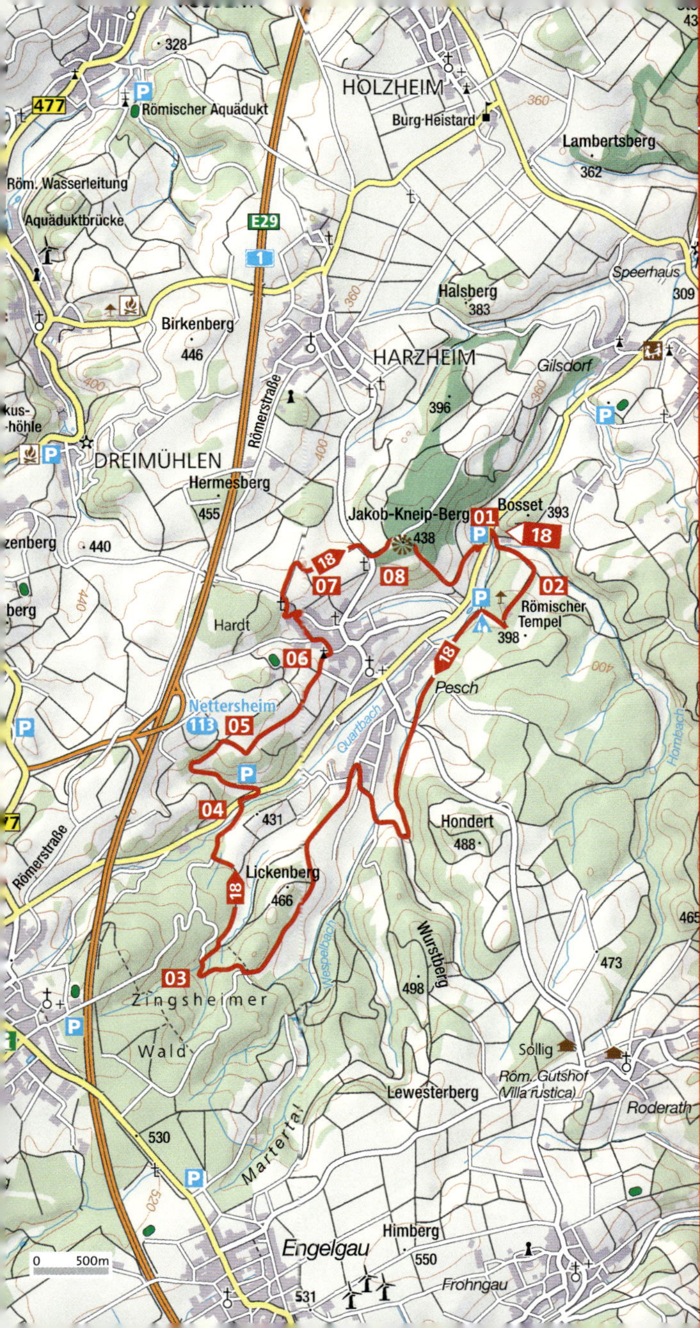

HOLZHEIM
Burg Heistard
Lambertsberg
362
Römischer Aquädukt
328
477
Röm. Wasserleitung
Aquäduktbrücke
E29
1
Halsberg
383
Speerhaus
309
Birkenberg
446
HARZHEIM
Gilsdorf
396
Römerstraße
DREIMÜHLEN
Hermesberg
455
Jakob-Kneip-Berg
438
Bosset
393
01
18
02
07
08
440
Hardt
Römischer Tempel
398
06
Pesch
Nettersheim
113
05
Quarbach
04
431
Hondert
488
Lickenberg
466
Römerstraße
03
Zingsheimer Wald
Wurstberg
498
473
465
Sollig
Röm. Gutshof (Villa rustica)
Roderath
Lewesterberg
530
Martertal
Engelgau
Himberg
550
531
Frohngau
0 500m

VON KALL NACH STEINFELD

Um die Sötenicher Kalkmulde

19,5 km | 5:30 h | 437 hm | 437 hm | 836

START | Bahnhof Kall. | Bus/Bahn: Eifelstrecke Köln–Trier. [GPS: UTM Zone 32 x: 326.850 m y: 5.601.350 m]
CHARAKTER | Tageswanderung mit Auf und Ab, zunächst auf dem Römerkanal-Wanderweg nach Urft, ab Steinfeld auf dem Eifelsteig, zuletzt von Rinnen über die Höhen zurück.

Vom **Bahnhof** **01** nach rechts, die Gleisanlagen unterqueren und vom Parkplatz rechts mit der „Trierer Straße" (L 204) etwa 200 m zum Ortsende. Vor Haus Nr. 35 auf Weg 3: Links ansteigen, vom Teerweg den Waldpfad hoch; oben Querweg nach rechts, bald an **Tafel 9** **02** der **Römischen Eifelwasserleitung** vorbei; an einer Abzweigung links hoch (Schutzhütte). Nach dem Waldaustritt auf den **Römerkanal-Wanderweg**. Rechts bergab; in **Sötenich** **03** vor den Sportanlagen links (Wachtberg), dann links die Anliegerstraße hoch (Richtung Keldenich), auch über eine Querstraße; aus dem nächsten Talgrund nach rechts erneut aufsteigen; von der Gabelung hinter einem Jagdhausgelände nach links wieder aufwärts, ab der Zufahrt zum Hof Hühnerschlad als Feldweg; oben 80 m nach rechts (Kalkbodenflora mit Orchideen!), dann links durch den Wald, und bald bergab zu den Resten der **Stolzenburg** **04** (Aussichtspunkte rechts vom Weg); Richtung Urft nach kurzem Anstieg zunehmend bergab, von Tafel 7 mit **Römerkanal-Ausschlüssen** (links vom Weg) steil hinab zur L

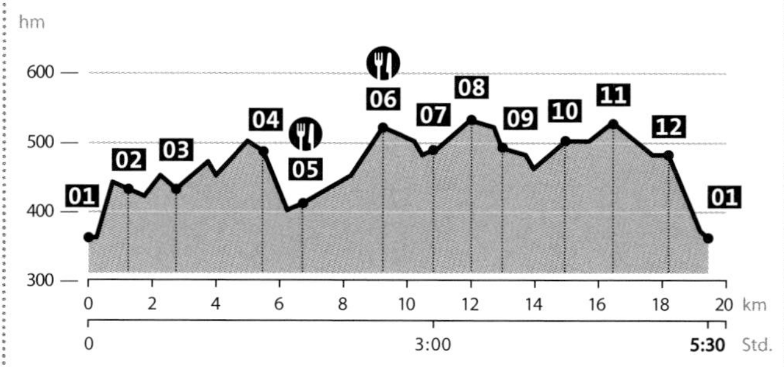

01 Kall Bahnhof, 360 m; **02** Tafel 9, 430 m; **03** Sötenich, 430 m; **04** Stolzenburg, 485 m; **05** Urft, 410 m; **06** Steinfeld, 520 m; **07** Kuttenbachtal, 480 m; **08** Steinfelderheistert, 530 m; **09** L 203, 490 m; **10** Rinnen, 500 m; **11** Pferdekopf, 527 m; **12** Loshardt, 480 m

204; über die Landstraße und links bis vor **Burg Dalbenden**. Rechts abbiegen, über die **Urft** **05** und die Bahn. Neben der Alten Mühle (zur Rechten) nach links auf den Weg „Mühlengraben“, im Ort Urft „Auf den Steinen“. Im Ortsinneren rechts die „Urfttalstraße“ hinauf bis zur Bushaltestelle. Dort links „Zum Eichtal“ über den **Gillesbach**, gleich rechts „Am Gillesbach“ talaufwärts, zuletzt geteert zur L 204. Rechts über die Brücke, links über den Parkplatz, vor dem Wald links ansteigen, vor dem **Forsthaus Steinfeld** rechts kräftig hoch nach **Steinfeld** **06** (im Klosterbereich mit **Eifelbasilika**).

Weiter für ca. 1 Stunde auf dem **Eifelsteig**: oberhalb um die Klostermauern in den „Benediktus-

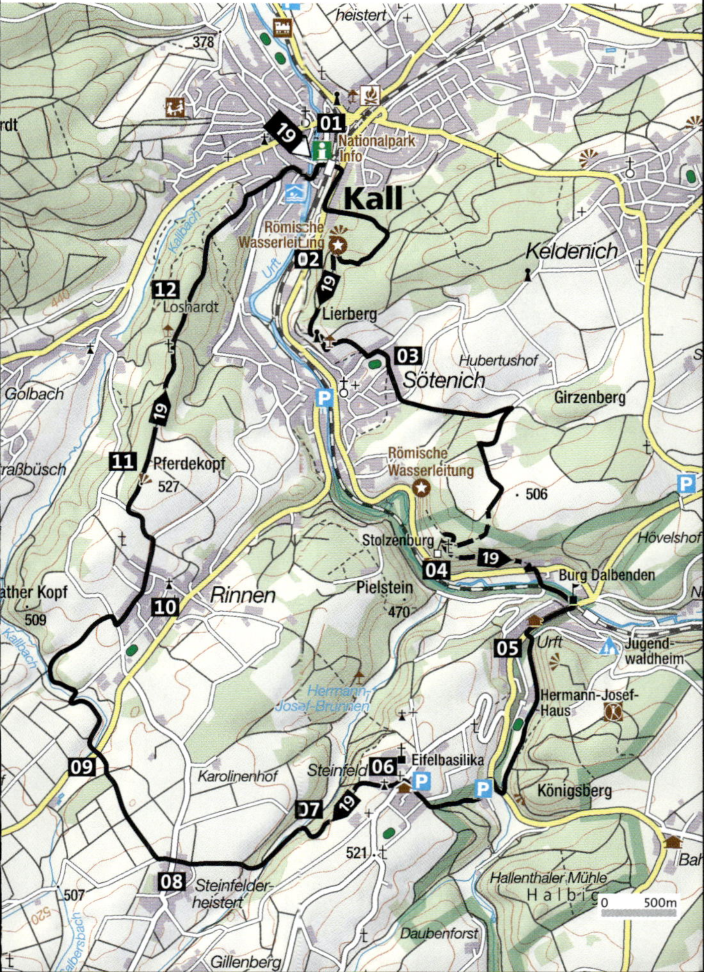

Kloster Steinfeld

Fast vollständig erhaltene mittelalterliche Reichsabtei, Erstgründung um 920 n. Chr., heute Salvatorianerkloster mit Gewölbekirche (Pfeilerbasilika, ab 1142). Zusammen mit dem Benediktinerinnenkloster Maria Heimsuchung ein Zentrum christlichen Kulturlebens in der Eifel. Am Eifelsteig gelegen und bedeutender Ausgangs- wie auch Zielpunkt für Wanderungen.

weg", am **Kloster Maria Heimsuchung** der Benediktinerinnen vorbei und der Mauer folgen; links durch den Waldhang, zuletzt ins **Kuttenbachtal** **07**; talaufwärts, bald den Bach überqueren und hinauf nach **Steinfelderheistert** **08**; oben rechts über die Querstraße, links „Pappelweg" bis Ortsende, rechts weit durch die Feldflur; rechts um einen Wald, dahinter rechts und mit Linksschleife das Tal hinunter; unten über die **Kohlstraße** (**L 203** **09**), vor Gebüsch rechts durch das Salbersbachtal, am Ende kleiner Linksschlenker, rechts dann über diesen Bach; links sein Tal abwärts bis zu einer Wegekreuzung vor dem Kallbach. Rechts hoch nach **Rinnen** **10**; Querstraße rechts, links „Sistaler Straße" durch den oberen Ortsrand und in dieser Richtung auch aus dem Ort.

An der Feldstraßenkreuzung links hoch, oben rechts über den **Pferdekopf** **11** (Schutzhütte) und diese Richtung nun beibehalten: im Wald an alten Pingen (Erzschürfstellen) vorbei; ab der folgenden Schutzhütte Richtung Kall über die **Loshardt** **12**; zuletzt in **Kall** die Straße „Loshardt" ganz hinab. Rechts „Hindenburgstraße" über den Kallbach, dann links durch die „Bahnhofstraße" zurück zum **Ausgangspunkt** **01**.

Kloster Steinfeld.

NETTERSHEIM – RÖMERQUELLE – MARMAGEN – RÖMERTEMPEL

Vom Naturerlebnisdorf durch das Quellendreieck

19,5 km | 5:30 h | 336 hm | 336 hm | 836

START | Bahnhof Nettersheim, 2 Parkplätze. | Bus/Bahn: Eifelstrecke Köln–Trier. Taxibus von Kall, Schleiden und Bad Münstereifel. [GPS: UTM Zone 32 x: 331.940m y: 5.596.140 m]
CHARAKTER | Berg- und Tal-Tageswanderung zu bedeutenden Kulturdenkmalen, durch weite Wälder und zu herrlichen Aussichtspunkten. Zumeist feste Wege, nur kurze Steilstrecken. Fernglas, Fotomotive!

Vom oberen **Parkplatz 01** über die Bahn und die **Urft**, hinter deren Brücke sofort rechts auf den **Eifelsteig** und den **Eifeler Quellenpfad**. Von der „Steinfelder Straße" rechts in die „Talstraße", auch unter der Straßenbrücke hindurch zu einer Querstraße mit Talbrücke; nach links ein paar Schritte, dann rechts den Hang hoch, rechts um die Leitplanke der **Ahrley** entlang, bald links-rechts und am Waldrand entlang; hinter einem alten Steinbruch im Wald bergab, kurvig und als Hohlweg bis ins Urfttal; nach rechts, hinter dem Fachwerkhaus „Gronrechtsmühle" scharf links absteigen und im Talgrund am **Grünen Pütz** vorbei, **Hangsickerquelle der einstigen römischen Wasserleitung 02**, nach Köln; dahinter wieder auf den Fahrweg oberhalb und weiter bis zu einem Schilderstock; hier links das **Eichtertal** 1 km aufwärts; fast oben rechts hoch, links zum Fahrweg; auf diesem rechts über die Feldhöhe; am Rand des nächsten Waldes zur Linken

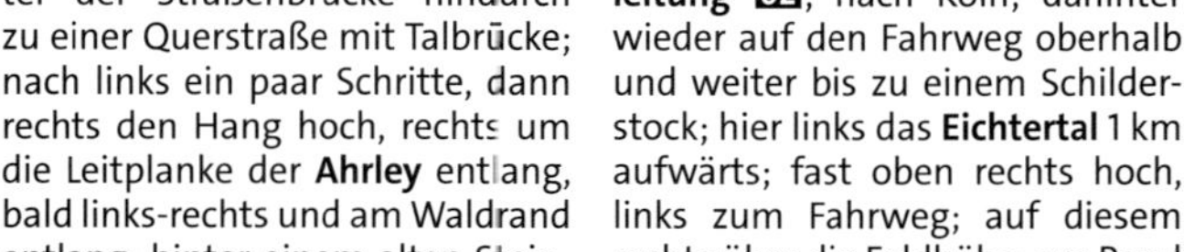

01 Nettersheim, 450 m; **02** Römerquelle, 420 m; **03** Königsberg, 500 m; **04** Mühlenberg, 546 m; **05** Marmagen, 520 m; **06** Görresburg, 500 m

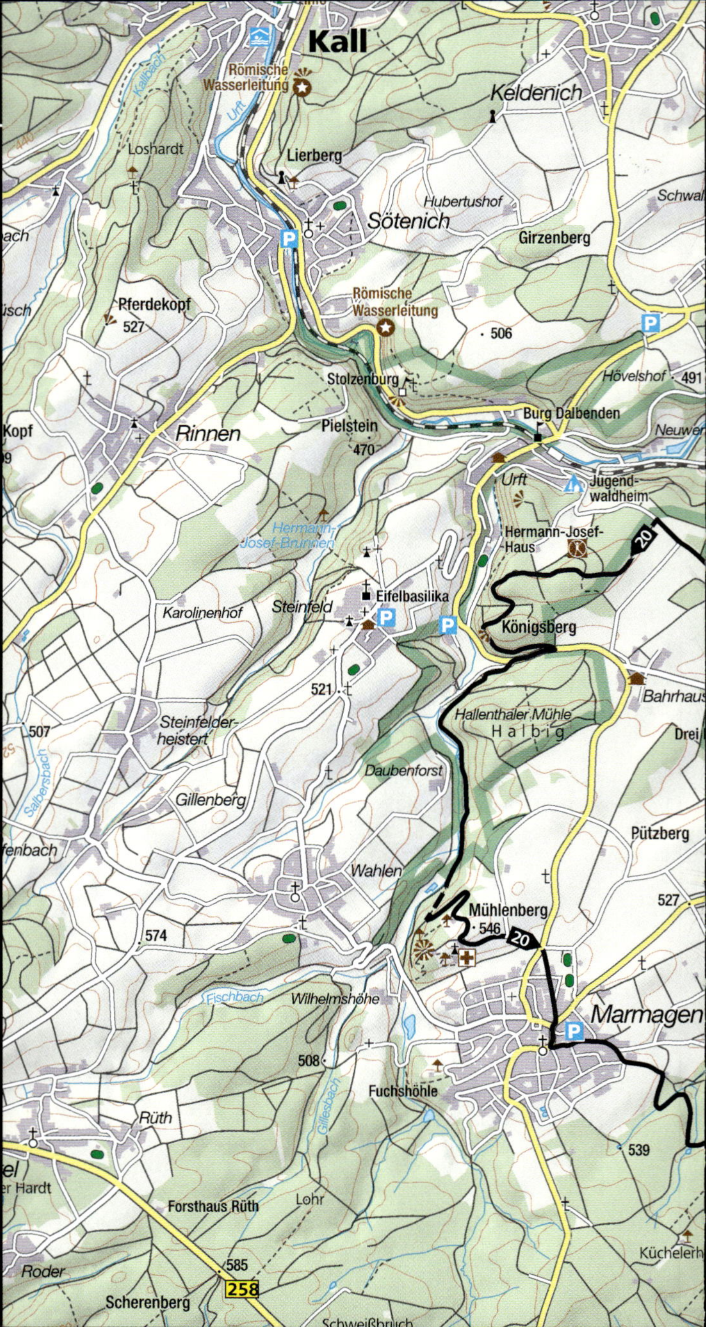
Kall
Römische Wasserleitung
Kallbach
Urft
Loshardt
Lierberg
Keldenich
Hubertushof
Sötenich
Girzenberg
Schwal
Pferdekopf
527
Römische Wasserleitung
506
Stolzenburg
Hövelshof
491
Rinnen
Pielstein
470
Burg Dalbenden
Neuwer
Kopf
Urft
Jugendwaldheim
Hermann-Josef-Brunnen
Hermann-Josef-Haus
20
Eifelbasilika
Steinfeld
Karolinenhof
Königsberg
521
Bahrhaus
Hallenthaler Mühle
Halbig
507
Steinfelderheistert
Drei
Salbersbach
Daubenforst
Gillenberg
Pützberg
Wahlen
527
Mühlenberg
546
20
574
Fischbach
Wilhelmshöhe
Marmagen
508
Fuchshöhle
Gillesbach
Rüth
539
Forsthaus Rüth
Lohr
Roder
585
258
Scherenberg
Küchelerh
Schweißbruch

Katzenberg
440
Königsfelder
Weyerer
Wald
Brehberg
525
Pützberg
480
An der
Donnermaar
467
Hermesberg
518
Kreuzweg
Margaretenhof
477
Römerstraße
500
Kartsteinhöhe
Mannenberg
Petershof
Röm. Wasserleitung
"Grüner Pütz"
Rosental
Conrechtsmühle
Willenberg
544
520
02
Eichtertal
Urft
481
Zingsheim
Ahrley
522
Achelberg
Hirschberg
Mannenberg-
höhlen
500
Ackerpetersberg
450
20
Sitert
Nettersheim
01
Vogelsang
Kalkofen
Genfbach
Ahekapelle
Enzenberg
06
Wellerberg
519
518
Horrido
542
Röm. Werkplatz
"Steinrütsch"
533
Engelgauer
Jammerbach
Wald
560
Frohngauer Wald
0
500m
543

ansteigen; 80 m bevor sich der Weg wieder senkt, rechts in den Wald, nach 50 Schritten links und erneut rechts durch diesen Wald, dessen Boden mit Maiglöckchen bedeckt ist, erst steigend, dann abwärts zu einem Fahrweg; links weiter, nach 400 m links steil hoch auf den **Königsberg** **03** mit **Eifel-Blick** auf Steinfeld und die Eifelbasilika; nach Abstieg den Fahrweg abwärts, vor der Schranke links zum Parkplatz, unterhalb die L 204 überqueren und rechts daneben den parallelen Pfad abwärts, bis unterhalb eines Querweges.

Hier verlassen wir den Eifelsteig, folgen aber weiter dem **Eifeler Quellenpfad** (auch ▶): Nach links durch den Hang, danach dem Fahrweg nach links folgen, im Wald über dem **Gillesbach** oberhalb der **Hallenthaler Mühle** vorbei und noch 1 km; hinter einer Schranke links bergauf, an der nächsten Abzweigung wiederum nach links, hinter einer Rechtskurve bis zum oberen Waldende, zu einer Schutzhütte am **Mühlenberg** **04**; nach links am Platz „Kalkmagerrasen“ und den Stele-Skulpturen vorbei auf dem festen Weg um die Rechtskurve, dann links hoch zum Turm mit **Eifel-Blick**, auch wieder auf Steinfeld. Daneben die **Eifelhöhenklinik**.

Hinter dem Turm den Pfad am Wiesenzaun hinunter gehen, auch dem Parkplatz und der Klinikzufahrt entlang abwärts. Über die L 205, gleich rechts durch den „Steinfelder Weg“ nach **Marmagen** **05**. Neben dem Verkehrskreisel über den Zebrastreifen, ansteigen zur Bushaltestelle, dort links und Treppen hoch, über den „Eiffelplatz“, links in den „Keltenring“ und auf Weg 3. Den „Heideweg“ ansteigen und vollständig durchgehen, erst am „Finkenweg“ (nicht vorher!) links aus dem Ort und abwärts; am Waldrand nach rechts und durch ein Quelltal des **Schleifbaches**; von der folgenden Abzweigung rechts ein anderes Quelltal wieder aufwärts; an

Römischer Tempelbezirk „Görresburg“.

Sehenswert:

Nettersheim, Naturerlebnisdorf, Naturschutzzentrum der Eifel und Sitz des Vereins Naturpark Nordeifel. Vielfältige Ausstellungen und Darbietungen zu Archäologie, Erdgeschichte und Natur der Eifel. Tourist-Information Nettersheim, Urftstr. 2-4, 53947 Nettersheim, Tel. (02486) 1246, naturzentrum@nettersheim.de

Römerkanal, Fernwasserleitung zur Versorgung Kölns, der römischen Provinzhauptstadt Niedergermaniens COLONIA CLAUDIA ARA AGRIPPINENSIUM, erbaut im 1.–3. Jh. n. Chr., zumeist in Form einer aus Grauwackequadern gemauerten Röhre. Sie beginnt an der Hangsickerquelle „Grüner Pütz" im Urfttal unterhalb Nettersheim, ist 95,4 km lang, liefert täglich 20.000 m³ Trinkwasser und stellt die gewaltigste Ingenieurleistung der Römer auf deutschem Boden dar. Mit dem Abzug der römischen Verwaltung beginnt der Verfall (5. Jh.). Im Mittelalter werden viele Quader herausgebrochen und in Burgen und Kirchen verbaut, die im Kanal abgelagerten Kalksinter für Grabplatten und Säulen als sog. „Eifelmarmor" verwendet. Die damalige Bevölkerung nannte die Röhre abergläubisch „Teufelsader". Es gibt einen eigenen „Römerkanal-Wanderweg" von Nettersheim nach Köln, beschildert und mit nummerierten Tafeln.

Marmagen, entstanden aus dem Römerkastell MARCOMAGNUM an der Römerstraße nach Köln. Der „Eiffelplatz" erinnert an den Enkel der 1710 von Marmagen nach Frankreich ausgewanderten Familie Bönickhausen (die sich in der Fremde „Eifel" nannte), jenen Alexandre Gustave Eiffel, der 1899 zur Weltausstellung den 300 m hohen Pariser Eiffelturm erbaute.

Görresburg wird ein gallo-römischer Matronentempel mit den Göttinnen der Fruchtbarkeit genannt.

der nächsten Abzweigung links (Teich) über das Rinnsal; oberhalb einer Waldwiese sofort (!) nach rechts hoch; 300 m weiter senkt sich der Weg und er wird vom Waldaustritt an für 1,8 km stets geradeaus – mit Weitblick über das Urfttal – beibehalten, bald geteert.

Zum **Römischen Tempelbezirk Görresburg** **06** einbiegen (Rastplatz). Hinter der Anlage und den **Matronenbildnissen** den steilen Hang hinunter. Unten nach rechts, über den Parkplatz, absteigend auch über die Bahn, sogleich links Treppen hinab, auch die Urft überqueren. Dahinter links wieder auf den **Eifelsteig**: Zurück nach **Nettersheim** vorbei am **Römerweiher**, am **Eifelhaus**, an den **Werkhäusern** und am **Kalkbrennofen**; dahinter links über die Bahngleise; vor der Urftbrücke rechts, auf dem Uferweg zum **Naturschutzzentrum Eifel** und am Flussufer bis zum **Ausgangspunkt** **01**.

BLANKENHEIM-WALD – BLANKENHEIM

Vom Wacholderweg zur Ahrquelle

19 km | 5:00 h | 309 hm | 309 hm | 836

START | Bahnhof Blankenheim-Wald | Bus/Bahn: Eifelstrecke Köln–Trier. Busverbindungen: Zumeist Taxibus; Vorbestellung unter Tel. (01804) 151515.
[GPS: UTM Zone 32 x: 329.130m y: 5.590.590 m]
CHARAKTER | Feld- und Waldwanderung zur Ahrquelle und somit durch das Zentrum der Fremdenverkehrsgemeinde, die mit der größten Vielfalt an Wacholder- und Naturschutzgebieten und entsprechenden Landschaftsbildern der Kalkeifel aufwartet.

Vor dem **Bahnhof Blankenheim-Wald** 01 nach links auf den **Wacholderweg** (W; anfangs streckenweise auch andere Markierungen). Nach 800 m nicht über die Bahnbrücke, erst 600 m danach links (Rufschranke) über die Gleise; nach links durch ein Quellgebiet am ehemaligen **Zehnbachhaus** 02 und im Wald ansteigen.

Auf dem **Dinkelberg** den Fahrweg rechts hoch, um **Gut Altenburg** bis vor die B 51; einige Schritte links, nach links in die Flur, nächste Abzweigung rechts, durch eine Senke und wieder bis zur B 51, die jetzt unterquert wird; vor dem Wald **Olbrück** rechts hoch zur K 70; links etwa 200 m Straße, in der Rechtskurve aber rechts auf dem Feldweg das **Naturschutzgebiet Seidenbachtal** hinab.

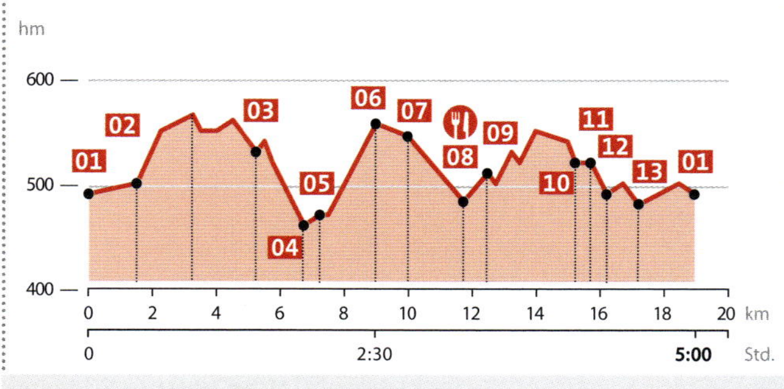

01 Bhf. Blankenheim-Wald, 490 m; 02 Zehnbachhaus, 500 m; 03 Pumpwerk, 530 m; 04 Nonnenbachtal, 460 m; 05 Schlemmershof, 470 m; 06 Russenkreuz, 557 m; 07 Gehöft, 545 m; 08 Ahrquelle, 483 m; 09 Kapelle Hülchrath, 510 m; 10 Haubach, 520 m; 11 Stahlbuschseifen, 520 m; 12 Haubachbrücke, 490 m; 13 Urfttal, 480 m

Vor dem **Pumpwerk** 03 scharf links über den Talgrund und im Wald ansteigen zur K 69; diese 150 m abwärts, dann rechts hoch und zunächst dem Waldrand entlang, später im Wald nahe seinem Rand; von der untersten Waldecke hinunter ins **Nonnenbachtal** 04; auf der Feldstraße links nach **Schlemmershof** 05; die K 69 abwärts bis vor (!) die Brücke über den Nonnenbach.

Nach links nun auf den **Pilgerweg** (auch Weg 7). Hinter einer kleinen Brücke links den Fahrweg hinauf, auch durch die Rechtskurve und bis zur Schutzhütte. Den geteerten Querweg überschreiten und auf Weg 8 am **Russenkreuz** 06 (auf einem vorzeitlichen Hügelgrab) vorbei durch eine Senke und von einem **Gehöft** 07 die Straße „Nonnenbacher Weg" hinab nach **Blankenheim**. Rechts über die „Ahrstraße", am Rathaus (Information) vorbei, links dahinter der jungen **Ahr** entgegen zum Kreismuseum und zur **Ahrquelle** 08 in ihrer Brunnenstube.

Wenige Schritte zurück, links die Steintreppe hoch. Oben (rechts die Kirche) nach links durch das **Hirtentor** (1404), geradeaus und durch das **Georgstor** (1670). Hinter dem Kreisverkehr 80 m in die „Aachener Straße", dann rechts die **Sieben Fußfälle** hoch zur **Rokoko-Kapelle Hülchrath** 09 (1764). Nach links auf der Zufahrt weiter. Unten rechts „In den Alzen" ansteigen, links „Dörfer Weg", und ab der Schule dem Gebüschbiotop über dem **Graben der einstigen Ahrtalbahn** folgen. Weiter ansteigen, am Panoramaweg durch die Senke und erneut hoch; zwischen Brücke und Hof Schossen über die Querstraße bis zur nächsten Teerstraße. Nach rechts diesen Weg 13 über die Hochfläche stets geradeaus; am Ende der Richtung rechts, die B 51 überqueren und ins **Haubachtal** 10; links Feldweg, an einem imposanten Steinbruch vorbei, und Rechtskurve bis über den **Stahlbuschseifen** 11.

Weiter auf dem **Eifeler Quellenpfad**, zugleich **Sonnenweg** (▶). Den Fahrweg abwärts, über die nächste **Brücke** 12, nach wenigen Schritten rechts **Im Simonsseifen** durch das Naturschutzgebiet; mit dem folgenden Weg ins **Urfttal** 13, über den Bach und die Bahn; Querweg links 1,8 km talaufwärts zur B 258; diese 150 m links abwärts, vor der Brücke rechts zum **Bahnhof** 01.

Blankenheim, Ahrquelle.

Fuchshöhle
539
Lohr
585
258
Küchelerheck
543
Schweißbruch
Mamagener Bach
Habesheck
Laufbach
13
572
Etzberg
Milzenhäuschen
21
Silber
Runderstein
Treisbach
542
531
Küchenberg
258
01
Blankenheim-Wald
Lentges Mühle
21
Wisselbach
Wisselbach
548
Recher-
busch
Forsthaus Altenburg
537
21
Dinkelberg
Gut Altenburg
Motte Zehnbachhaus
02
Dänenbach
556
Wolwert
561
Klärteiche
51
03
Freuenhof
Schmidtheim
546
Nonnenbach
516
577
Wachheckelchen
Archetsbach
517
569
Römerstraße
543
0 500m

Röm. Werkplatz "Steinrütsch"
533
Engelgauer
Jammerbach
Wald
Netterschei
Gemeindew
Koepe
542
560
Frohngauer Wald
Mürel
Gerfbach
527
Wolfsseifen
Römerstraße
590
525
Mülheimer Haus
11
10
555
51
560
Mülheim
Blankenheim
258
Kirchenberg
526
568
21
Ahrquelle
550
08
09
Blanken-
heimerdorf
Finkenhof
Binzen-
holz
510
Eifelmuseum
B
P
07
Forellen-
hof
514
Ahr
Nußheck-
hof
Schillertsberg
527
roschberg
06
Russenkreuz
565
258
429
Farm Auel
Geis-
häuschen
Schlemmershof
480
04
460
05
St.Brigida-
Kapelle
Nonnenbach
Am
Brotpfad
Heidbusch
Reetzer Mühle
476
Mettemicher Hof
469
Café Maus
Ahrha
Russischer H
Hirzberg
538
Uterberg
Bellenberg
440

BLANKENHEIM – BROTPFAD – OBERAHRECK – AHRBERGE

Vom Eifelsteig auf den Ahrsteig

15 km | 4:00 h | 300 hm | 300 hm | 836

START | Rathaus, Bushaltestelle und Parkplätze (gebührenpflichtig) | Bus/Bahn: Vom Bahnhof Blankenheim-Wald (Eifelstrecke Köln–Trier) mit Taxibus; Vorbestellung unter Tel. (01804) 151515. [GPS: UTM Zone 32 x: 333.230 m y: 5.589.790 m]
CHARAKTER | Klassische Blankenheimer Rundwanderung durch die Bergwelt um die junge Ahr, mit Rucksack und Bergschuhen.

In **Blankenheim** **01** oberhalb vom Rathaus über die „Ahrstraße" und nach links (Hotels) den „Nonnenbacher Weg" hinauf bis vor das Ortsende-Schild. Ab hier links auf den **Eifelsteig**. Durch eine Senke, am Waldrand von einer Abzweigung auf den **Schillertsberg**; über die Feldstraße und im Wald bergab, anfangs Pfad, dann Weg ins **Wallbachtal**; ganz unten rechts über diesen Bach, gleich links über den **Nonnenbach**. Nun rechts über die K 70 und im **Salchenbusch** auf dem **Brotpfad** kräftig bergauf zur **Schutzhütte am Brotpfad** **02**; rechts davon wieder abwärts, bald durch ein Quelltal bis zu den Teichen im **Dreisbachtal** **03** (Tafel).

Links dieses Tal abwärts ins **Schafbachtal** **04**, links auch durch dieses Tal bis zur K 43. Auf Weg 6 rechts über den Bach, scharf links durch sein Tal. Nach Anstieg über die **Ahrbrücke** **05** (auch **Ahrradweg**), vor **Birkenhof** rechts den Talgrund hinauf.

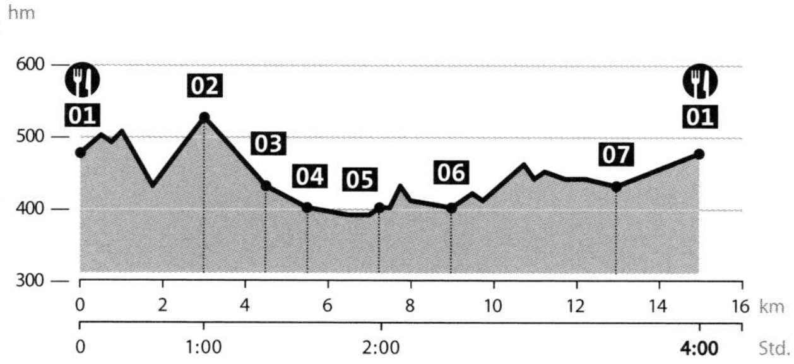

01 Blankenheim, 475 m; **02** Schutzhütte Am Brotpfad, 525 m; **03** Dreisbach, 430 m; **04** Schafbach, 400 m; **05** Ahrtalbrücke, 400 m; **06** Reetzer Mühle, 400 m; **07** Mülheimer Bach, 430 m

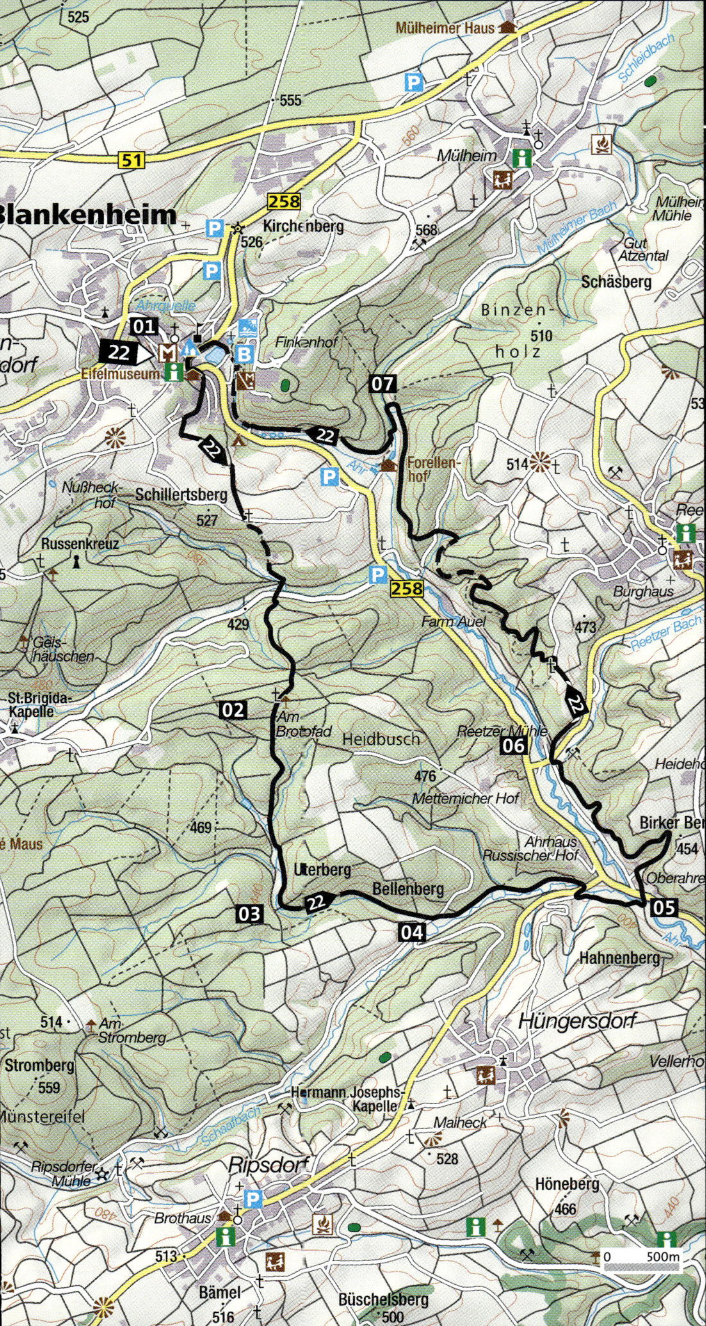

Mülheimer Haus
Schleidbach
555
525
51
258
Mülheim
560
Blankenheim
Kirchenberg
526
568
Mülheimer Bach
Mülheimer Mühle
Gut Atzental
Schäsberg
Ahrquelle
01
22
Eifelmuseum
Finkenhof
Binzenholz
510
07
22
Forellenhof
Ahr
514
Nußheckhof
Schillertsberg
527
Russenkreuz
480
Reetz
258
Burghaus
Farm Auel
473
429
Geishäuschen
Reetzer Bach
St.Brigida-Kapelle
02
Am Brotpfad
Heidbusch
Reetzer Mühle
06
476
Mettemicher Hof
469
Birker Berg
454
Ahrhaus Russischer Hof
Oberahre
Uterberg
Bellenberg
03
22
04
05
Hahnenberg
Hüngersdorf
514
Am Stromberg
Stromberg
559
Münstereifel
Hermann Josephs-Kapelle
Vellerhof
Schaafbach
Maiheck
528
Ripsdorfer Mühle
Ripsdorf
Höneberg
466
Brothaus
513
Bämel
516
Büschelsberg
500
0
500m

Blick über Blankenheim.

Lauschiges Schafbachtal.

Blankenheim

Das vor allem durch die Ahrquelle, seine Burg, seinen historischen Ortskern und die großen Freizeiteinrichtungen bekannte Fremdenverkehrsstädtchen, heute Sitz einer ausgedehnten Landgemeinde, liegt in einem Gebiet ursprünglich keltischer Besiedlung. Der Name der Ahr, die als eine der stärksten Eifelquellen („Steinpütz" genannt) in einer im Jahre 1726 in einer Scheune angelegten „Brunnenstube" zutage tritt, stammt von keltisch „ara" = Wasserlauf. Es handelt sich um eine Karstquelle der Kalkeifel mit einer Schüttung von ungefähr 12 l/sec.

Die Herkunft des Namens Blankenheim ist ungesichert. Die Römer legten an ihrer Heerstraße von Trier nach Köln und Bonn (die nördlich verlief) Gutshöfe an, so auch beim heutigen Blankenheimerdorf eine „villa urbana" mit 75 Räumen. Später errichteten die Franken dort einen Königshof, der durch Schenkung vom 23. Juni 721 als „blancio" nachgewiesen ist. Um 898 soll ein Albinus (Blanke) hoch über der Ahrquelle – am Standort eines ehemaligen Römerkastells – ein festes Heim errichtet haben; er stammte aus dem Geschlecht von Are, dem ältesten Grafengeschlecht der Eifel. Als Gerhard I. von Blankenheim, Gerhardstein (Gerolstein) und Casselburg (bei Pelm) auf dem Felssporn 1115 hoch über der Ahrquelle eine Burg errichtete, entstand zu deren Füßen im „Thal" das heutige Blankenheim. Die Blankenheimer wurden bald zum mächtigsten Grafengeschlecht der Eifel und zu einem der einflussreichsten der ganzen Rheinlande.

Schon im 13. Jh. entstanden durch Heirat Verbindungen mit dem Erzbistum Trier, dem deutschen Kaisertum und dem Königreich Böhmen, und bereits im 16. Jh. entstand das Blankenheimer Museum. 1794 floh Augusta, die letzte Gräfin, vor den anrückenden Revolutionstruppen nach Böhmen; sie nahm das umfangreiche gräfliche Archiv mit, das sich noch heute in Prag befindet und als Geschichtszeugnis von unschätzbarem Wert gilt.

Von oben auf dem **Ahrsteig** zurück: links abwärts und um den Waldhang; bei **Reetzer Mühle** **06** über die K 41, erst den Teerweg hoch, dann geradeaus im Wald, oben durch die Feldflur. Vom nächsten Waldrand (Kreuz) links wieder abwärts in ein Tal, gleich aber rechts erneut bergan.

Ab einer Bank links Trittstufen und durch die **Ahrberge**; die nächste Schlucht überqueren, um den Hang, Fahrweg abwärts, die Forststraße überqueren; nach 400 m (mit Ahrradweg, auch >) abwärts, durch den Bahnviadukt.

Links den **Mülheimer Bach** **07** überqueren und vom Forellenhof talaufwärts; oberhalb Kläranlage Weg und Pfad im Waldhang neben der jungen **Ahr**, über Parkflächen zum **Schwanenweiher** und **Ausgangspunkt** **01**.

23

RIPSDORF – LAMPERTSBACH – ALENDORF

In die Alendorfer Kalktriften

9 km | 2:30 h | 194 hm | 194 hm | 836

START | Parkplatz gegenüber Kirche in Ripsdorf. Bus/Bahn: Linie 833, Blankenheim – Waldorf; Taxibus nach Vorbestellung unter Tel. (01804) 151515.
[GPS: UTM Zone 32 x: 333.340 m y: 5.584.130 m]
CHARAKTER | Landschaftlich reizvolle Rundwanderung durch ausgedehnte Naturschutzgebiete. Starker Anstieg am Kalvarienberg.

Wissenswert:

Die Alendorfer Kalktriften und das in der Dollendorfer Kalkmulde gelegene Lampertstal sind Teile des Naturschutzgebietes Lampertstal in der Gemeinde Blankenheim, das mit 650 ha zu den größten Naturschutzgebieten des Landes Nordrhein-Westfalen zählt. Die Landschaft bezaubert vor allem durch ihre Wacholdersäulen, die 100 Jahre alt und bis zu 10 m hoch werden können, ferner durch 31 seltene Orchideen- und Enzianarten. Auffällig die sog. Verlierbäche mit zeit- und streckenweise unterirdischer Wasserführung durch Versickerungsstellen (Bachschwinde), Einsturzstellen und Schlucklöcher (Dolinen).

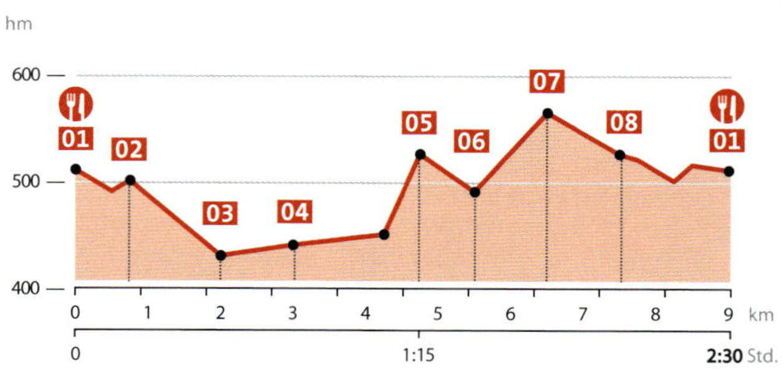

01 Ripsdorf, 510 m; 02 Kreuz, 500 m; 03 Lampertsbach, 430 m; 04 Brücke, 440 m; 05 Kalvarienberg, 525 m; 06 K 43, 490 m; 07 Griesheuel, 564 m; 08 K 43, 525 m

Alendorf, Eifelsteig am Kalvarienberg.

▶ Vom **Parkplatz** **01** nach rechts durch die „Hauptstraße“ auf Weg 35: nach 180 m links die „Halfenstraße“ abwärts aus dem Ort; an der ersten Abzweigung rechts Richtung Lampertstal; vor dem **Kreuz** **02** **Auf Bämel** (Bank) links abwärts, auch durch das **Reipstal** ins **Lampertsbachtal** **03**. Nach rechts nun etwa 750 m talaufwärts gehen. In einem Abstecher zur anderen Talseite, aber nur bis auf die **Bachbrücke** **04**, von deren Mauer ein **Schluckloch** zu erkennen ist: Lampertsbach und Wammesbach verschwinden in den Karstboden.

Wieder zurück zur nördlichen Talseite und jetzt nach links auf den **Eifelsteig**. 1,2 km im Lampertstal aufwärts; am Schild rechts (Rastplatz) steil hoch auf den **Kalvarienberg** **05** mit **Eifel-Blick**; Abstieg auf dem **Stationenweg**; vom Teerweg leicht rechts, mit Gebüsch zur **K 43** **06**; über den Parkplatz ansteigen und neben der alten **Wallfahrtskirche St. Agatha** in den **Ehrenfriedhof**; rechts auf den Weg und bergauf bis zum Teerweg im **Naturschutzgebiet Griesheuel** **07**; rechts und bergab zur **K 43** **08**, die nach links überquert wird, um rechts in einen Feldweg zu wechseln; vor Gebüsch links hinab, am Hofgebäude rechts, dann links hoch nach **Ripsdorf**; von der „Weierstraße“ gleich links „Auf der Reusch“, oben „Hauptstraße“ rechts zurück zum **Ausgangspunkt** **01**.

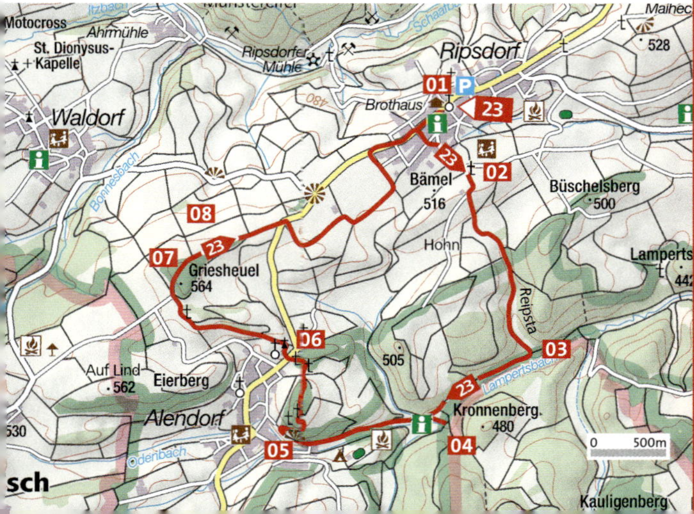

KRONENBURG – TAUBKYLLTAL – KRONENBURGER SEE

Vom Burgort zu Tal und über den Steinert

15 km | 4:00 h | 310 hm ↗ | 310 hm ↘ | 836

START | Parkflächen vor dem Stadttor. | Bus vom Bhf. Dahlem und von Blankenheim. [GPS: UTM Zone 32x: 320.550 m y: 5.582.240 m]
CHARAKTER | Tal-/Höhenwanderung. Am Burgort steile Abschnitte.

In **Kronenburg** 01 durch das Stadttor in den **Burgbering**. Vor dem Mitteltor rechts hoch zur **Burgruine** 02 mit **Eifelblick**. Wieder absteigen, neben der sehenswerten Kapelle die „Wilhelm-Tell-Gasse“ hinab zur „Burgstraße“. Diese auf dem **Eifeler Quellenpfad** absteigen, unterhalb Haus Nr. 25 rechts in den Pfad, steil bergab nach **Kronenburgerhütte** 03; an der Bushaltestelle über die B 421 und den „Mühlenweg“ hinab; vor der **St.-Birgida-Kapelle** links über die **Kyll** 04. Rechts auf den **Schneifel-Pfad**: Von „In der Hüll“ rechts, über „Neuer Weg“, an der Gabelung (ab hier auch Mark. ▶) die „Steinertstraße“ hoch; hinter der Überführung rechts und bergauf; nach 300 m rechts, dann links hoch, und an einer Gabelung vor der Höhe des **Steinert** 05 nach links; zuletzt vom Querweg links hinab ins Tal der **Taubkyll** 06.

An dieser rechten Bachseite dem **Matthiasweg** (▶) folgen, zumeist talwärts, zuletzt nach einem Anstieg durch die Unterführung hinab nach **Hallschlag** 07. Unten im Rechtsbogen über die Taubkyll und auch den **Fangbach**, und neben der Taubkyll mit ihren **Kaskaden** 1 km bis zu den **Westwallhöckern**. Rechts über den Bach, und neben dem Freizeitpark über dem **Kronenburger See** weiter.

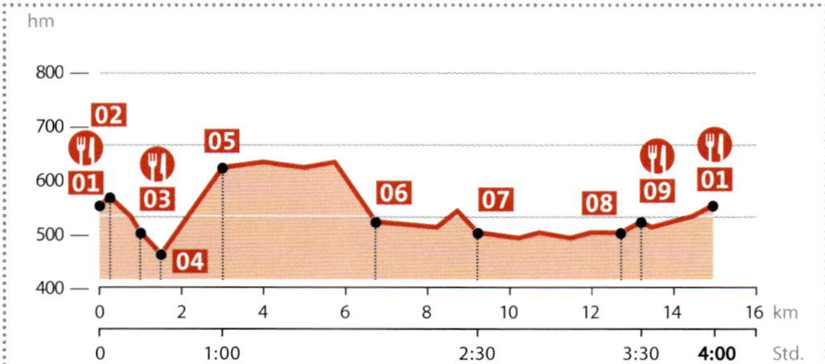

01 Kronenburg, 550 m; 02 Burgruine, 565 m; 03 Kronenburgerhütte, 500 m; 04 Kyll, 460 m; 05 am Steinert, 620 m; 06 Taubkyll, 520 m; 07 Hallschlag, 500 m; 08 Staudamm, 500 m; 09 Ferienpark, 520 m

Bergnest Kronenburg.

Über die **Vorsperre mit Fischtreppe** und rechts dem See entlang bis vor den **Staudamm** 08. Auf der Brücke über die B 421 und hoch zum **Ferienpark** 09. Nach rechts die Straße „Kleebusch“ vor der Gaststätte vorbei und abwärts bis zur Rechtskurve, von dort wieder 250 m ansteigen, dann rechts zur Grillhütte, aber gleich rechts durch das Tal des **Klingensiefen** und den steilen Pfad hoch. Auf dem nächsten Querweg links herum zum **Ausgangspunkt** 01.

Kronenburg (Dahlem)

Malerisches Bergnest mit Toren und Burgbering. Von der Burgruine fantastischer Rundumblick. Kirche mit Zentralsäule und einer berühmten Pietà. Bedeutender Wander- und Fremdenverkehrsort.
Kronenburgerhütte, einst Eisenhütte (Takenplatten).
Kronenburger See (1,9 Mio. m³), Stauung der Kyll und Taubkyll.

ORMONT – SCHNEIFELHÖHE

Durch Venngebiete der Schneifel

14 km | 3:30 h | 240 hm | 240 hm | 836

START | Parkplätze an der Kirche. Weitere Parkmöglichkeiten am Bürgerhaus. | Bus/Bahn: Buslinie Prüm–Bahnhof Jünkerath (Köln–Trier); nur wenige Verbindungen.
[GPS: UTM Zone 32 x: 318.050 m y: 5.578.140 m]

CHARAKTER | Einsame, nicht schwierige Wald-Rundtour auf Wegen und Pfaden. Bei Nässe sind entsprechend hohe Schuhe unerlässlich.

In **Ormont** 01 vom „Kirchweg" abwärts zur Verkehrsstraße wird zunächst Weg 4 verfolgt: Links (Gaststätte) ansteigen und auch am **Bürgerhaus** vorbei; in die K 64 Richtung Neuendorf, gleich links die „Waldstraße" hinauf, aber am Ortsende in den Weg nach rechts; von der Abzweigung im Wald nach links am **Steinberg** steiler hoch; die querende Waldstraße nach rechts vollständig durchgehen, bis vor einem Wasserbauwerk wieder die K 64 erreicht ist.

Auf dieser Straße nach rechts um die Kurve abwärts, am Rastplatz (zur Linken) sofort links talwärts gehen. Auf der markierten **Moor-Route** rechts halten, durch eine Senke, dahinter rechts abbiegend (Tafel) durch das **Bragphenn** 02, aus dem der **Rupbach** quillt. Am Hochwaldrand nach rechts gehen, auf dem Querweg aber nach links ansteigen. In den nächsten Fahrweg nach links abbiegen und diesen fast 2 km durchgehen, im bewaldeten **Glockenvenn** über einen Querweg und bis zur L 20.

Von der anderen Straßenseite nach links auf Weg 19 zum **Forst-**

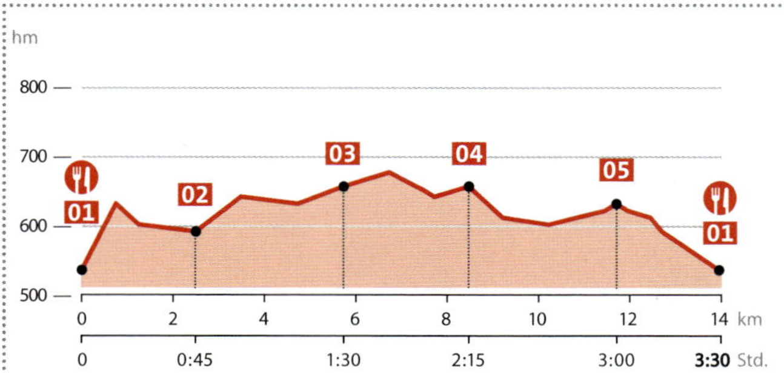

01 Ormont, 535 m; 02 Bragphenn, 590 m; 03 Forsthaus Schneifel, 655 m; 04 Aussichtsplattform, Naturschutzgebiet Rohrvenn, 655 m; 05 L 20, 630 m

Schneifel

Der ungefähr 15 Kilometer lange, zwischen Ormont und Brandscheid von Nordost nach Südwest verlaufende Höhenzug der Schneifel (bis 697,3 Meter hoch) bildet für die von Westen kommenden gesättigten Meerwinde eine natürliche Barriere und ist aus diesem Grunde entsprechend reich an Niederschlägen.

An allen Hangseiten entspringen Bäche, und es entstehen Hochmoore, sog. Venne.

haus Schneifel 03, vorsichtig über die B 265 und ansteigen, erst ab Parkplatzende rechts der **Schneifelhöhenstraße**.

Auf diesem Waldpfad bis zum zweiten Querweg bleiben, dann mit der **Moor-Route** nach rechts und bergab. Unten rechts und so auf den **Schneifel-Pfad** (auch ▶) für den ganzen Rückweg:

Vor Erreichen der B 265 ein Abstecher nach links zur **Aussichtsplattform** mit Blick über das **Naturschutzgebiet Rohrvenn** 04, dann wieder zurück, auf dem Schneifel-Pfad nach links

Moor-Route in der Schneifel.

und auch über die B 265; bald Linkskurve um einen Teich im **Quellmoor des Lambachs**; vom Rettungspunkt für 2 km nach rechts, dann von der Wegekreuzung rechts hoch, über die **L 20 05**, weitere 200 m vom Waldrand nach links und abwärts.

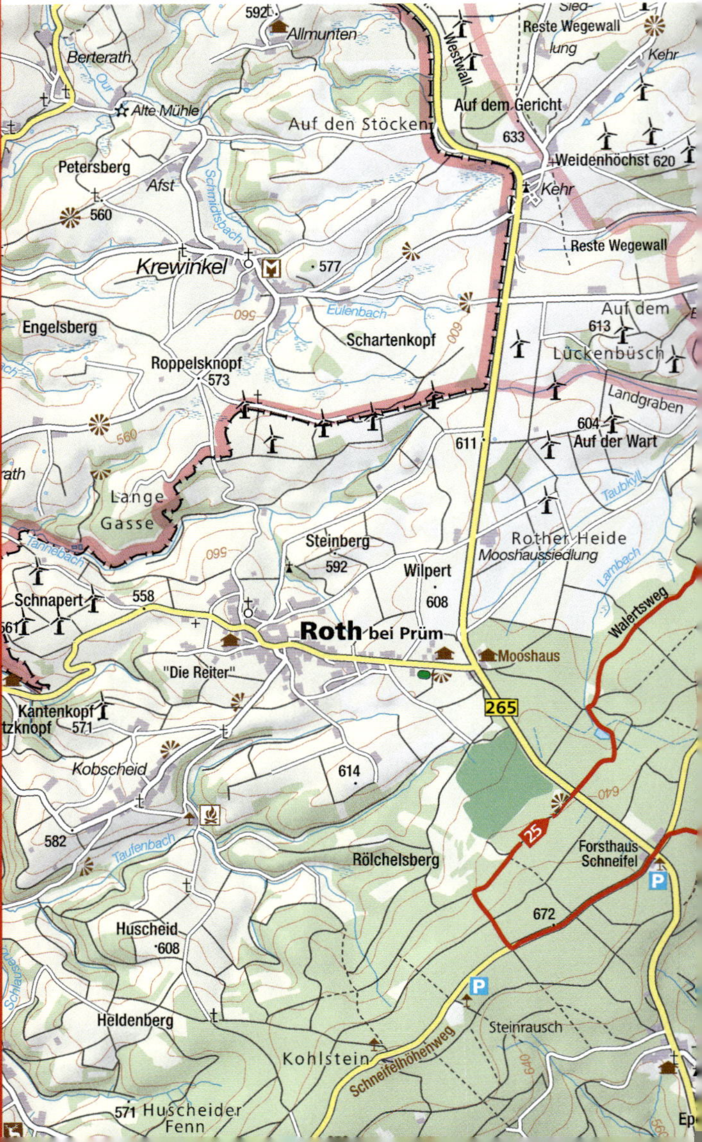

Vor der L 20 rechts bergab, die nächste Abzweigung wieder links, abwärts auch an dem Wäldchen mit alten **Westwall-Panzersperren** entlang; zuletzt die „Schneifelstraße“ hinab nach **Ormont** und zum **Ausgangspunkt 01**.

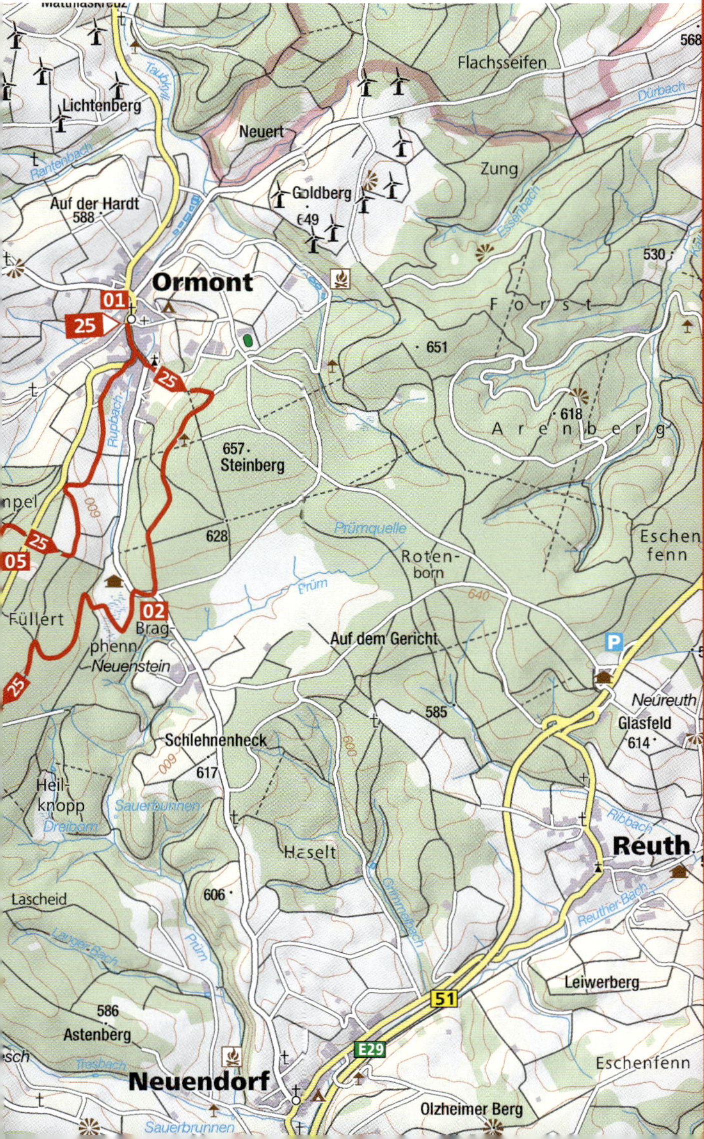

BLEIALF – ALFTAL – BUCHET

Bergwerks-, Tal- und Höhenwege

7,5 km | 2:00 h | 177 hm | 177 hm | 836

START | Bleialf, Parkflächen an der Kirche. | Bus/Bahn: Von Prüm. [GPS: UTM Zone 32 x: 306.530 m y: 5.568.820 m]
CHARAKTER | Rundtour, teils auf urigen Pfaden, teils auf festen Wegen, Naturerlebnis und Bergwerksgeschichte inbegriffen. Um Buchet deutliche Anstiege, zum Üchenbach ein kurzer Steilabstieg.

In **Bleialf** 01 unterhalb der Kirche auf Weg 20 Richtung Prüm starten, am Hotel Waldblick in die „Oberbergstraße" abbiegen und diese ganz abwärts ins **Alftal** gehen. Jenseits der „Bergwerkstraße" auf den **Naturerlebnispfad** (3): Dieses sog. „Bähnchen" der einstigen Bergleute gerät oberhalb der Halden der **Grube Neu-Berthaschacht** an den Wiesenrand, wo wir die Talseite wechseln.

Hinter der Alfbrücke nach rechts ansteigen, den breiten Weg nach links hinauf zur Grillhütte (mit Skulpturenweg) und zur **K 105** 02. Diese abwärts. Auf dem **Steinbach** 03 scharf rechts in die Talstraße. Am letzten Haus rechts über den Bach und hoch nach **Buchet**. Vom Stromverteiler links die Straße „In der Jennenbach" ansteigen. Oben rechts „Schneifelweg", doch sofort erneut rechts und die Feldstraße hinauf.

Auf der Höhe rechts die querende **Feldstraße** 04 mit Panoramablick abwärts, bei **Weidinger** über die K 105, danach auch über die L 17 und noch 250 m weiter. Dann links auf den **Bergbaupfad** (4). In der nächsten Waldecke (Abstecher) die **Dick-Heck-Schächte** 05; am Waldrand noch

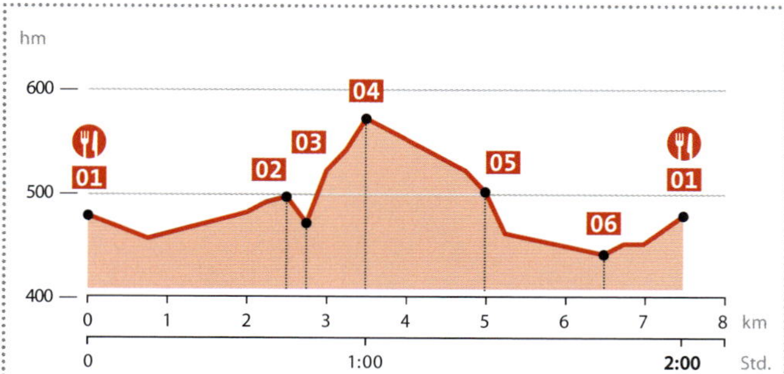

01 Bleialf, 477 m; 02 K 105, 495 m; 03 Steinbach, 470 m; 04 Feldstraße, 570 m; 05 Dick-Heck-Schächte, 500 m; 06 Besucherbergwerk, 440 m

Bleialf

Der bedeutende Fremdenverkehrsort im Prümer Land, 893 als „Alve“ zuerst erwähnt, war zumindest seit dem 11. Jh. ein Bergwerksort; der Betrieb wurde erst 1954 endgültig eingestellt. Erste Kirche 1187, Bistum Lüttich. Im 15. Jh. dreischiffige spätgotische Hallenkirche, in der ein in Europa einmaliger Gemäldezyklus – die 10 Gebote Gottes stehen den 10 Plagen unter Pharao gegenüber – freigelegt wurde. In den späteren Hallenanbau nach Süden sind die alten Schnitzaltäre und die Kanzel eingeordnet und das Ensemble verdient die Bezeichnung „Mariendom der Eifel“. Führung durch die Kirche wie auch durch das Besucherbergwerk „Mühlenberger Stollen“ nach Anmeldung möglich.

Fremdenverkehrsverein Bleialf-Schneifel, Auf Kellerpesch 4, 54608 Bleialf Tel. (06555) 302.
Auch Eifelverein-Ortsgruppe Bleialf (www.eifelverein-bleialf.de).

ein wenig abwärts, dann in den Wald und bald rechts auf urigem Pfad um alte **Pingen** (Einsturzkuhlen), sorgfältig auf die Markierung achtend und zuletzt steil bergab ins **Üchenbachtal**. Von der Schutzhütte rechts auf Weg 5 durch den Wald, später am **Aspend-Schacht** vorbei und im Ortsteil **Hamburg** an der **Grube Neue Hoffnung** mit dem **Besucherbergwerk** 06 „**Mühlenberger Stollen**" vorbei. Auf dem Fußweg neben der Landstraße über die Bäche und ansteigen nach **Bleialf**. „Im Brühl" nach rechts (Schule), nächster Weg hoch ins Zentrum zum **Ausgangspunkt** 01.

Besucherbergwerk „Mühlenberger Stollen" in Bleialf.

DURCH DIE SCHÖNECKER SCHWEIZ

Zur Burg und in das Naturschutzgebiet

10,5 km | 3:00 h | 195 hm | 195 hm | 836

START | Schönecken, Wanderparkplatz am Schalkenbach. Dazu an der Ortsseite neben der Nimsbrücke einbiegen. | Bus: Von Prüm, Bitburg, Kyllburg und Trier (Hbf.), Haltestelle Lindenstraße. [GPS: UTM Zone 32 x: 318.740 m y: 5.560.034 m]
CHARAKTER | Rundwanderung auf Wegen und Pfaden. Viele Treppen zur Burgruine, von dort ins Tal ein steiler Pfad. Kurzer Steilaufstieg auch zum Ichter Berg. Zweite Hälfte der Strecke nur noch talwärts. – Am Weg eine reichhaltige, bezaubernde Kalkbodenflora. Viele Fotomotive.

Eine Wanderung durch den interessantesten Teil der Prümer Kalkmulde.

▶ Mit dem Zeichen ▶ starten: vom **Parkplatz** 01 abwärts, rechts über die Nims und links „Iltgesdell" etwa 150 m ansteigen, dann links durch den Talhang, auch mit Blick auf die Burgruine. Vom Feuerwehrhaus erneut über die **Nims** („Vollbach"). Schräg rechts über die Hauptstraße und Treppen hinauf (Alter Markt), links „Von-Hersel-Straße". Gegenüber Haus Nr. 13 die Tritte hoch und an der **Burgkapelle** vorbei. Auf Weg 1 nach rechts, dann links hoch. Von der Tafel und Bank über den Bergkamm zur **Burgruine** 02, 78 m über der Nims.

Über den Kamm zurück, vor der genannten Bank auf Weg 1 links abwärts, nach 25 m rechts und hinab ins **Altburger Bachtal**. Über die Brücke und das Tal an dieser Nordseite fast zwei Kilometer

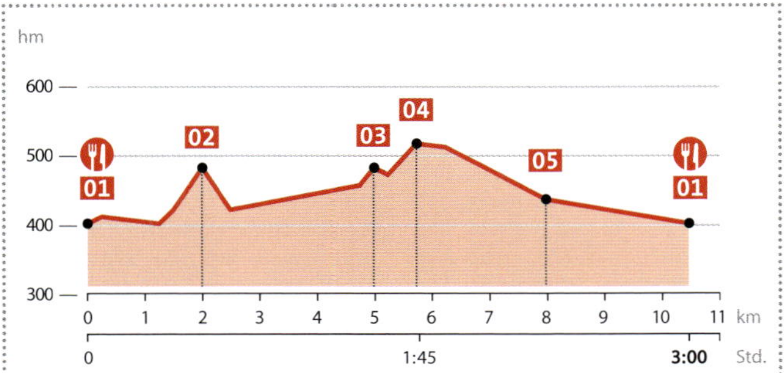

01 Schönecken, 400 m; 02 Burgruine, 480 m; 03 am Keltenring, 480 m; 04 Ichter Berg, 515 m; 05 Meyersruh, 435 m

Burgruine Schönecken.

aufwärts, erst ein Fahrweg, zuletzt ein Pfad bis vor (!) eine kleine Wanderbrücke. Nun auf Weg 1 links kräftig bergauf zum **Keltenring** 03 und oberhalb zu einem Querweg. Auf diesem nach rechts, bald als Weg 2 etwas abwärts, anschließend kurvig hoch auf den **Ichter Berg** 04.

Auf dem Teerweg nach rechts bis zur Kreuzung. Dort links dem Zeichen > folgen, nach 50 m rechts und etwa 2 km den Talgrund des **Schalkenbaches** hinunter bis **Meyersruh** 05, Querweg am **Matthiaskreuz** vor dem **Kupferbach**. Links auf diesem Querweg mit der Markierung ▶ das Schalkenbachtal weiter abwärts bis zum **Ausgangspunkt** 01.

Schönecker Schweiz

Die Schönecker Schweiz gehört zur größten Eifeler Kalkmulde, nämlich der durch ihren Fossilienreichtum und die Eifeler Kalkflora bekannte Prümer Mulde (240 km²). Die Kalke lagerten sich im subtropischen Eifelmeer des Devon (vor 320–380 Millionen Jahren) ab.

Keltische Fliehburg, etwa 55 v. Chr. Schönecken wurde erstmals 993 n. Chr. erwähnt. Das im 13. Jahrhundert errichtete Schloss Bellecoste (clara costa), ab 1370 luxemburgisch, dann trierisch und Wohnsitz des Kurfürsten, verbrannte 1802. Verblieben ist die romantische Ruine über der Nims.

ANTWEILER – AREMBERG

Über den höchsten Berg des Ahrgebirges

13,5 km | 4:00 h | 383 hm | 383 hm | 836

START | Ortszentrum Antweiler. Parkplatz neben der Abzweigung nach Aremberg, am Huhnenbach. | Bus: Von Adenau. [GPS: UTM Zone 32 x: 345.820 m y: 5.585.760 m]
CHARAKTER | Bergwanderung mit wunderbaren Landblicken und Fotomotiven. Im langen Aufstieg nur ein kurzer erschwerter Abschnitt, sonst fast nur feste Wege.

Von der **Parkplatzzufahrt** 01 nach rechts in die „Ahrtalstraße“, gleich wieder rechts die Straße hinauf. Nach 750 m Anstieg von der Gabelung nach rechts und 1,2 km über den **Birkenberg**. Im Anblick der **Heidehöfe** links kurven; hinter einer Heckenreihe rechts in den Teerweg, zwischen den Höfen zur **K 5** 02. Mit der Straße rechts, nach 180 m links am Waldrand weiter, und nach 1,1 km noch über den jungen **Huhnenbach** 03. Dort aber gleich links den steilen Waldweg hoch, oben gerade durch die Flur zum nächsten Waldrand. Links den Weg bis in den Waldwinkel, hier rechts wieder in den Wald und erneut steigen: Kurz etwas kurvig, auf dem Querweg einige Schritte links, dann rechts einen grasbewachsenen und furchigen Waldweg ganz hoch bis zu einem Waldfahrweg. Auf diesem nach rechts, zur **Schutzengelkapelle** 04, und auf dem „Kapellenweg“ nach **Aremberg** 05.

Die „Burgstraße“ hinauf, auch an der sehenswerten Kapelle vorbei und vollständig hoch. Vom ehemaligen Burgwächterhaus rechts

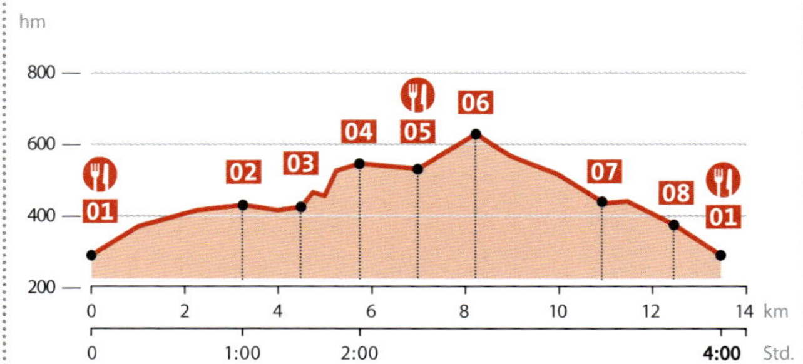

01 Antweiler, 285 m; 02 K 5, 425 m; 03 Hühnenbach, 420 m; 04 Schutzengelkapelle, 540 m; 05 Aremberg, 525 m; 06 Aremberg-Turm, 623 m; 07 Eichenbacher Weg; 08 Jakobus-Bildstock, 370 m

Schutzengelkapelle am Aremberg.

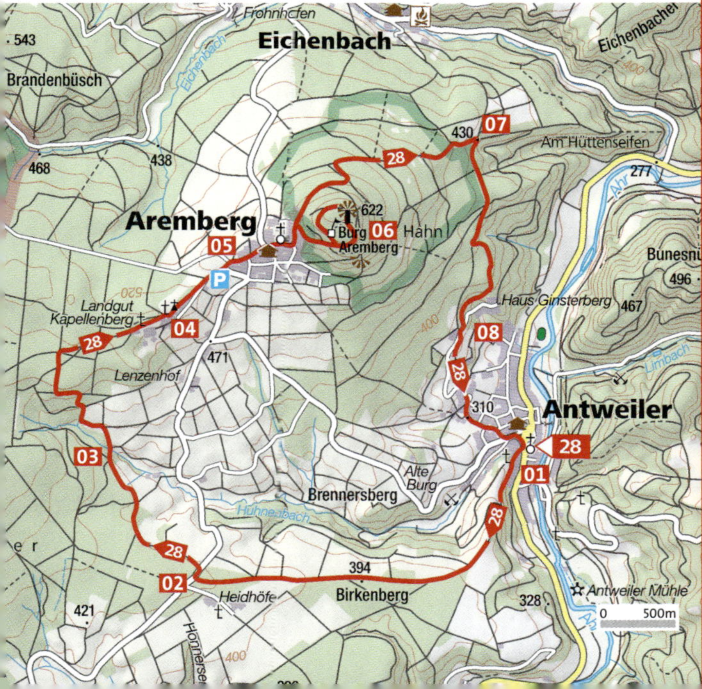

Sehenswert:

Bei **Antweiler** führte bereits vor der Zeitenwende eine alte „Straße“ von Mayen kommend über die Ahr. Cäsar benutzte sie 53 v. Chr. für seinen Vernichtungsschlag gegen die keltischen Eburonen. Der Ort entstand um 700 n. Chr. und wird 975 n. Chr. als „ametvilere“ erstmals erwähnt.

Der 623 m hohe **Aremberg** ist ein 30 Mio. Jahre alter Tertiärvulkan und weithin sichtbar. Von 1136 bis 1794 war die Basaltkuppe das Stammland der Grafen, Fürsten und Herzöge von Arenberg; die Herrschaft endete mit dem Einmarsch der Truppen Napoleons.

die mit Basalt gestückte einstige Schlossauffahrt im Naturschutzgebiet ansteigen, an der Tafel Festung Aremberg vorbei bis zum Rastplatz mit bis zu 300 Jahre alten Blutbuchen neben dem **Turm** **06**, Rest des einstigen Schlosses.

Zum Abstieg zurück, am Turm vorbei, dahinter links auf den Rundweg (Pfad) und im Linksbogen um den Schlossberg, zuletzt die Schlossauffahrt wieder hinab. Unten nach rechts auf Weg 1 abwärts, nach 500 m Linkskehre, wenig danach Rechtskurve. Von der Gabelung am Rettungspunkt links bergab, 650 m bis zum querenden **Eichenbacher Weg** **07**, der rechts nach **Antweiler** zurückführt: Im Wald um das Naturschutzgebiet und bergab; nach 1,2 km ein **Jakobus-Bildstock** **08**, danach in den unteren Weg; unterhalb der Schule nach rechts. Am Ende „Aremberger Straße“ hinab, vor der Kreuzung rechts zum **Ausgangspunkt** **01**.

Aremberg, Blick vom Birkenberg.

SCHULD – WINNERATH – SCHULDER HARDT

Steilhänge und Felswälder

7,5 km | 2:30 h | 250 hm | 250 hm | 836

START | Wanderparkplatz an der Hardt. Zufahrt: Von der Straße Richtung Reifferscheid oberhalb Kirche und Friedhof scharf rechts bergauf, am Waldrand. | Bus: Linie 864 Müsch–Adenau. Von der Haltestelle zunächst Richtung Reifferscheid hoch wandern. [GPS: UTM Zone 32 x: 350.150 m y: 5.590.350 m]
CHARAKTER | Rundtour, anfangs in Steilkehren bergauf, dann Wald- und Feldwege, zuletzt ein Bergpfad im Steilhang. Nicht bei Glätte gehen! Schöne Landblicke.

Vom oberen **Parkplatzende** 01 auf dem Hauptwanderweg (▶) in Richtung des Schildes „Zu den Türmen" in den Wald steigen, sogleich wieder links und in Steilkehren bergauf, unterwegs an zwei Aussichtspavillons vorbei. Am oberen Waldrand nach links, auf dem Rundweg vom Fernsehumsetzer zum **Ahrblick**, Schutzhütte und Rastplatz. Geradeaus die Zufahrtsstraße abwärts zur Kreisstraße (K 16). An der anderen Straßenseite fast 100 Meter ansteigen, dann links zwischen Gebüsch in ein Tal, anschließend talaufwärts nach **Winnerath** 02. Schon an der Friedhofskapelle nach rechts, über die Querstraße und ab dem Ave-Maria-Bildstock noch 50 Schritte geradeaus.

Durch die Straßenkurve nach links geht es zum nahen Gasthof; die Wanderung setzt sich indes nach rechts fort, auf der Feldstraße bis

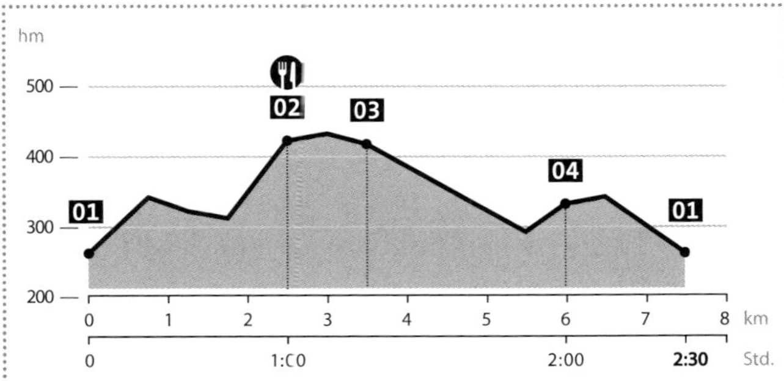

01 Schuld, 260 m; 02 Winnerath, 420 m; 03 Feldkreuz, 415 m; 04 Schulder Hardt, Jägerpfad, 330 m

Bergsteig in der Wand der Spicher Ley.

vor ein grün umwachsenes **Feldkreuz** **03**. Nach links auf Weg 3, mit Freiblick bis zum Aremberg und bergab. Bevor dieser Weg die bisher zur Linken verlaufende Stromleitungsstrecke unterqueren kann, rechts abwärts, und am unteren Ende einer Waldwiese erneut rechts herum bergab, bis zu einem Treff von fünf Wegen.

Wiederum nach rechts nun auf den **Ahrtalweg**, Markierung „A“: Erst durch Wald; dahinter die Wiesen der **Wölfsau** halbwegs abwärts, an der Abzweigung jedoch scharf rechts auf den **Jägerpfad** **04**, der sich durch die Steilwand der **Schulder Hardt** schlängelt; am Waldrand rechts, fast nur abwärts, anschließend im Wald bleiben, bis zum Wanderparkplatz am **Ausgangspunkt** **01**.

Schuld

Der beliebte Fremdenverkehrsort ist von malerischen, steilen und bewaldeten Felswäldern umgeben. Sein Zentrum, das schöne Fachwerkbauten zieren, befindet sich auf einem Umlaufberg der Ahr. Bekannt ist der Ort auch durch seine Freilichtbühne und insbesondere durch die schon vor 1700 errichtete Wallfahrtskapelle Auf Schorren, kurz Schornkapelle genannt.

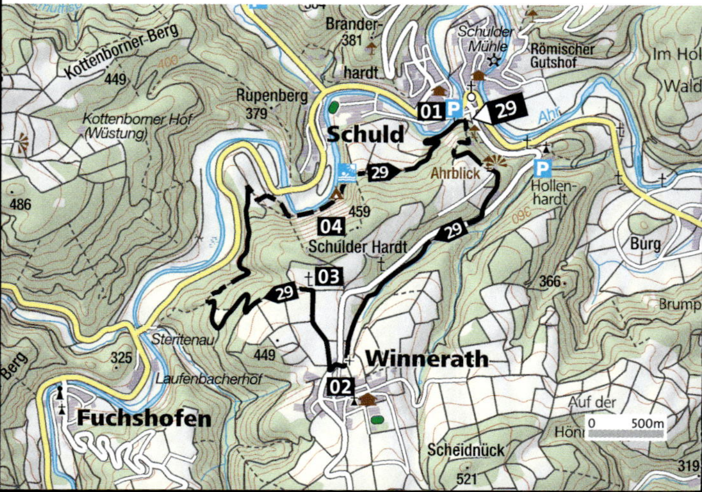

AHRBRÜCK – ALTENAHR

Große Ahrgebirgswanderung

9 km | 3:00 h | 315 hm | 335 hm | 820

START | Bahnhof Ahrbrück. Bus/Bahn: Ahrtalbahn (Bonn–Remagen–Altenahr–Ahrbrück) und Busverbindung.
[GPS: UTM Zone 32 x: 356.140 m y: 5.594.930 m]
CHARAKTER | Streckenwanderung, auch mit alpinen Abschnitten, zu allerschönsten Ahrtalblicken. Erforderlich sind etwas Trittsicherheit und Bergschuhe.

▶ Vom Bahnhof **Ahrbrück** **01** auf die Ortsmitte zu, auf einem Zebrastreifen zur anderen Seite der B 257 und rechts bis hinter Haus Nr. 41. Dort links den „Kapellenweg" hinauf, auch an der Kapelle vorbei, als Bergpfad über den **Mühlenberg** **02** und die felsigen Grate zur **Silvesterhütte** **03**. Vor der Hütte ansteigen und auf einer Waldstraße über den **Auschsbachberg** **04**, dahinter noch rund 400 m über dem Talgrund weiter. Nächste Abzweigung nach links auf Weg 1: Etwa 1600 m im Hang bergab, bis zu einem querenden Waldfahrweg **über dem Ahrbogen** **05**; nach rechts weitläufig erneut bergauf, am **Ursling** **05** wieder mit Ahrtalblick, und bis zu einem Treff von vier Waldwegen.

Nun auf den Hauptwanderweg (▶): Nach links abbiegen und so in das **NSG Ahrschleife**, die sog. **Altenahrer Schweiz**; von diesem Weg in einer Rechtskurve erneut nach links auf einen schmaleren Weg, der sich zunächst senkt; von einem links abzweigenden Weg geradeaus mit dem Bergpfad auf den Felsen des **Hornberg** **07**

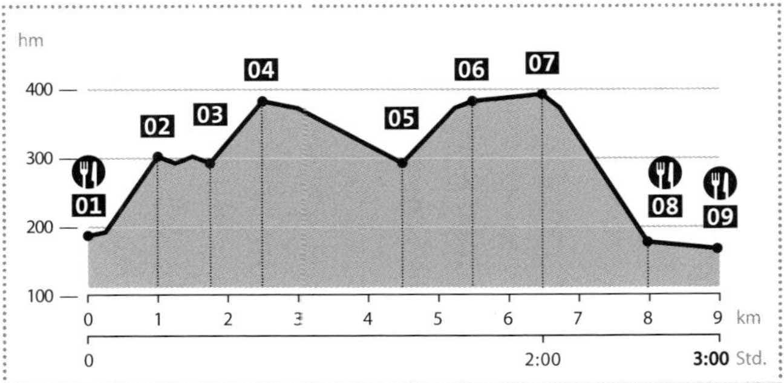

01 Ahrbrück, 185 m; **02** Mühlenberg, 300 m; **03** Silvesterhütte, 290 m; **04** Auschsbachberg, 380 m; **05** über dem Ahrbogen, 290 m; **06** Ursling, 380 m; **07** Hornberg, 388 m; **08** Altenburg, 175 m; **09** Bhf. Altenahr, 165 m

Kapellenweg über Ahrbrück, Blick ins Ahrtal.

steigen (Ausblick bis zum Siebengebirge) und ein paar Schritte abwärts zur **Hornberghütte** (Blick über die Ahrschleife); den Bergpfad absteigen und noch etwas Weg, bis sich dieser teilt.

Jetzt nach links (!) auf Weg 8 bergab, unter dem Wald neben alten Weinbergmauern; auf dem erreichten Fahrweg auch über eine Kreuzung geradeaus, in **Altenburg** **08** die „Dorfstraße" hinab. Über die Ahr, und von der Kapelle nach rechts auf dem **Ahrtalweg** (A, ▶) nach **Altenahr**, durch die „Seilbahnstraße" zum **Bahnhof Altenahr** **09**.

Felsensteig über dem Ahrtal.

Altenahr

Altenahr in seiner zerklüfteten Felsenlandschaft ist eine der bedeutendsten Fremdenverkehrsattraktionen an der Ahr. „Are" wird schon 893 im Prümer Urbar (Güterverzeichnis) genannt. Um 1100 lässt Graf Theoderich I. die Burg Are errichten, danach entsteht der Ort. Der letzte Burggraf, Konrad von Hochstaden (Erbauer des Kölner Doms), schenkt die Grafschaft dem Erzbistum Köln.

Nach wechselnder Geschichte wird die Burg 1714 als Raubnest zerstört. Die Ruinen ragen 103 m über dem Tal mit unvergleichlichen Blicken in die „Altenahrer Schweiz".

ALTENAHR – RECH – SCHROCK

Um Rebhänge und in die Altenahrer Schweiz

17 km | 5:00 h | 382 hm | 382 hm | 820

START | Bahnhof Altenahr mit Parkplätzen. | Bus/Bahn: Ahrtalbahn Bonn–Remagen–Ahrbrück. Bus von Remagen, Sinzig, Rheinbach und Adenau.
[GPS: UTM Zone 32 x: 357.390 m y: 5.597.890 m]
CHARAKTER | Rundtour auf Felsenpfaden, Weinberg- und Waldwegen. Steile Anstiege an der Burg Are und an der Saffenburg; deshalb sind Bergschuhe von Vorteil.

Unterhalb des **Bahnhofs Altenahr** 01 beginnt die Wanderung über die Ahrbrücke; von den Großparkplätzen beginnt sie zurück durch die „Seilbahnstraße", dann über die Ahr. Mit der engen „Brückenstraße" durch den Ort, an der Kreuzung links (via Bonn) die Straße „Roßberg" hoch. Vor Haus Nr. 58 rechts mit der Markierung „rote Taube" den **Rotweinwanderweg** ansteigen: Kräftig bergauf; auf halber Höhe rechts durch den Torbogen zu den Ruinen der Burg

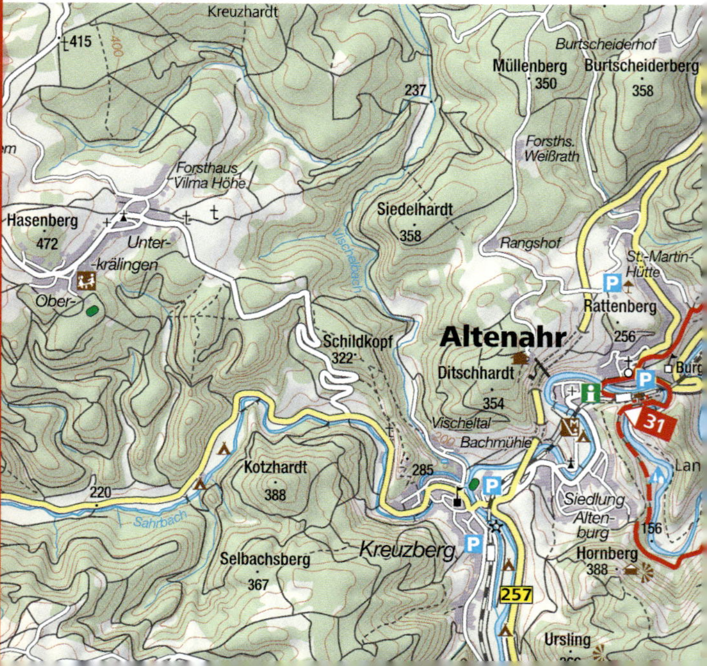

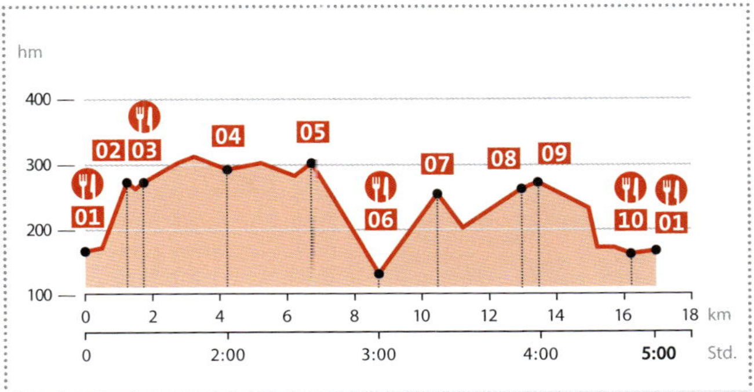

01 Bhf. Altenahr, 165 m; 02 Burgruine Are, 270 m; 03 Altenahrer Eck, 270 m; 04 Mönchsberg, 290 m; 05 Michaelskapelle, 300 m; 06 Rech, 130 m; 07 Ruine Saffenburg, 252 m; 08 Teufelslei, 260 m; 09 am Schrock, 270 m; 10 Altenahr, 160 m

Are 02 hoch, von dort auch wieder zurück auf den Rotweinwanderweg, der nun weiter angestiegen wird, am Haus Bergfried vorbei bis zum Querweg am **Altenahrer Eck** 03; nach rechts mit schönem Ahrtalblick durch die Rebgärten oberhalb Reimerzhoven; später

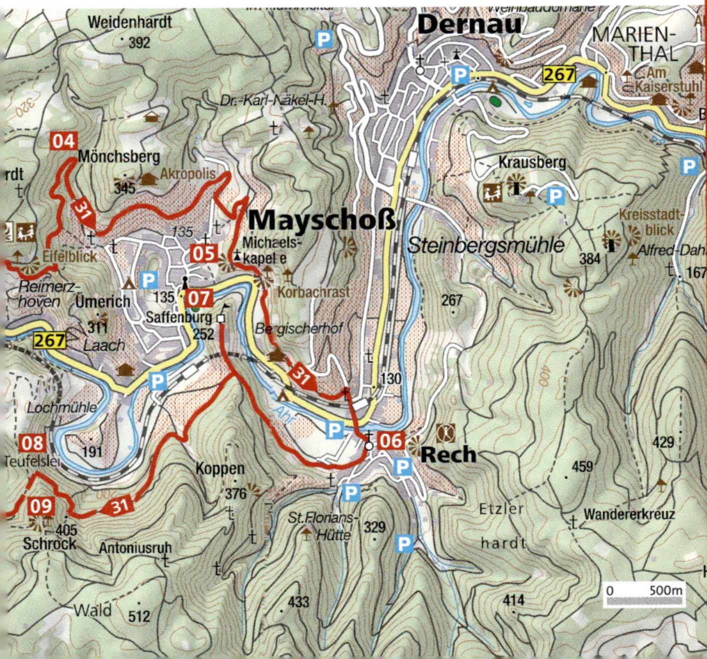

Alter Weg zur Saffenburg.

Saffenburg

Sie gilt als die älteste Burg an der Ahr und wird bereits 1074 als Besitz eines Adalbert de Saffenberg genannt. Nach dem 12. Jh. kam sie durch Heirat an die Grafen von der Mark. 1704, im Spanischen Erbfolgekrieg, wird sie auf Wunsch der Bevölkerung von Mayschoß zerstört. 1784 gerät der Besitz, wiederum durch Heirat, an das Herzoghaus von Arenberg. Die Ruine ist gesichert und kann bestiegen werden. Der Blick von dort, vor allem über Mayschoß, ist bezaubernd.

im Wald um die **Bockshardt** und in ein Waldtal; aus diesem von unten nach links **am Mönchsberg** 04 wieder ansteigen und durch die Weinlagen oberhalb **Mayschoß**; die erreichte Weinbergstraße nur wenig abwärts, dann links um den Steilhang der **Sunghardt**, vorbei an der **Michaelskapelle** 05 und bis zu einer von Rech aufsteigenden Weinbergstraße. Hier verlassen wir den Rotweinwanderweg und steigen über die Bahnbrücke nach **Rech** 06 (Am Herrenberg) ab.

Über die B 267 und die **Ahrbrücke**, mit der „Brückenstraße" ins Ortsinnere, an der Kirche vorbei in die „Bärenbachstraße", doch am **Bärendenkmal** rechts in den „Dellenweg" und auf dem **Ahrtalweg** (A, auch Weg 2) hinauf zum **Saffenburger Sattel**, von dem, in einem Abstecher nach rechts, die **Ruine Saffenburg** 07 erstiegen werden sollte. Von dort wieder zurück, nur wenige Schritte abwärts gehen, dann links auf Weg 1. Dem oberen Weinbergweg entlang; hinter der Waldschlucht etwas abwärts, dann links um den Hang und im **Mayschoßer Wald** Richtung Schrock bergauf halten, auch an der nächsten Abzweigung. Ab der folgenden Linkskurve auf Weg 2 rechts in bisheriger Richtung; im Steilhang des **Schrock** ansteigen, unterhalb des Rastplatzes **Marienruh** vorbei zum Kamm der **Teufelslei** 08. Den Kammweg überschreiten und sofort nach links auf Weg 6, im **Naturschutzgebiet Ahrschleife** durch den Steilhang des **Schrock** 09 zu einem Fahrweg. Nun dem Wanderzeichen (>) folgen: Den Fahrweg abwärts zum **Altenburger Sattel**; nach rechts ins Ahrtal absteigen und bald an der **Naturschutz-Jugendherberge** vorbei; auf deren Zufahrt bis hinter die Bahnunterführung; links über den Parkplatz und dem Ahrufer entlang zurück nach **Altenahr** 10.

RECH – STEINERBERG – MAYSCHOSSER WALD

Zu Aussichtsbergen südlich der Ahr

11 km | 3:00 h | 438 hm | 438 hm | 820

START | Bahnhof Rech. Parkplätze am Sportplatz (hinter der Ahrbrücke). | Bus/Bahn: Ahrtalbahn Bonn–Remagen–Ahrbrück. Busverbindungen von Remagen, Sinzig und Altenahr.
[GPS: UTM Zone 32 x: 360.785 m y: 5.597.760 m]
CHARAKTER | Rundwanderung mit langen, teils kräftigen, kurz auch steilen An- und Abstiegen. Griffige Bergschuhe sind von Vorteil.

Vom **Bahnhof Rech** **01** zunächst die Straße „Am Herrenberg“ abwärts, die B 267 überqueren und auch über die schöne, alte **Ahrbrücke** (rechts der Parkplatz am Sportplatz). Mit der „Brückenstraße“ ins **Ortsinnere** **02**, ab der Kirche die „Bärenbachstraße“ hoch auf Weg 1.

Oben rechts am Jagdhaus Rech vorbei und vom Parkplatz Alter Bärenbach wieder rechts neben dem Bachgrund talaufwärts (links Wald, rechts Rebhang); stets in dieser Richtung das Tal hoch, bis der Weg (nach ca. 30 Minuten Anstieg) aus dem Quellgrund nach links aufsteigt; weiter bergauf bis zur Höhenstraße auf **Nollsnück** **03**.

Nun auf den Ahr-Venn-Weg (>): Nach rechts, ab der Zufahrt zum

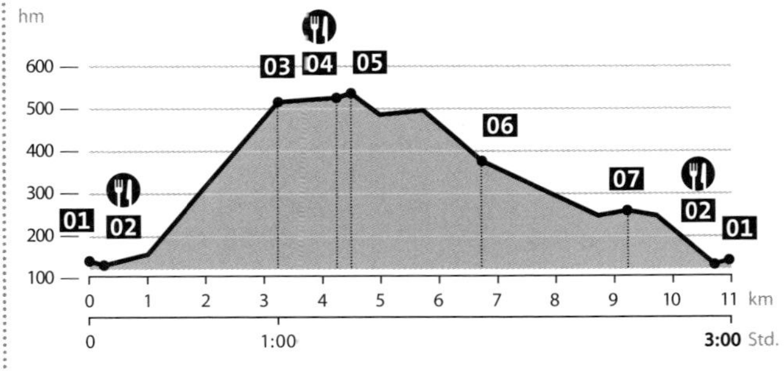

01 Bhf. Rech, 135 m; **02** Rech, 125 m; **03** Nollsnück, 510 m; **04** Steinerberghaus, 520 m; **05** Steinerberg, 531 m; **06** Flucht nach Ägypten, 370 m; **07** Ruine Saffenburg, 252 m

Rech

Rech wird 1140 als „Reth" erstmals urkundlich erwähnt und gehörte von 1482 bis 1704 zur Herrschaft Saffenburg; daran erinnert die Weinlage „Recher Herrenberg". Der Ort hat die steilsten Weinberglagen an der Ahr. Historisch bedeutend die alte Ahrbrücke, eine 1723 begonnene Steinbogenbrücke, geziert mit einem Nepomukstandbild; sie ist die einzige Ahrbrücke, die die Hochfluten von 1804 und 1910 überstand.

Die auf dem Rückweg erreichte **Station „Flucht nach Ägypten"** wurde 1761 errichtet und trägt die kaum mehr lesbare Inschrift: „S. Josep stunte auf und nahm das Kint und seine Mutter und Flohe nach Egipten".

Sendemast geteert abwärts; an der tiefsten Stelle von dieser Straße links abweichen und zum **Steinerberghaus 04**.

Auch der Rückweg beginnt mit dieser Markierung (>): Von der Gaststättenterrasse über den **Steinerberg 05** in seinem **Naturschutzgebiet** (Rundumblick!) und bergab, auch über die Querstraße; unten ein paar Schritte nach rechts zu einem Treff von fünf Wegen, dort links in den breiteren Waldfahrweg, der im **Mayschoßer Wald** sanft steigt.

Blick von der Saffenburg ins Ahrtal.

Von der höchsten Stelle nur etwa 150 m auf diesem Fahrweg noch abwärts, dann rechts (Weg 1 und M 3) ausbiegen und rechts herum bergab, neben **Antoniusruh** vorbei; kurz vor der **Station Flucht nach Ägypten** **06** erneut rechts herum. Am nächsten Talgrund scharf links (Weg 2 und M 3) einbiegen und sanft abwärts, bis zum Waldaustritt auf dem **Saffenburger Sattel**.

Von hier aus sollte geradeaus in einem Abstecher die **Ruine Saffenburg** **07** erstiegen werden (Prachtblick über Mayschoß); der Rückweg nach **Rech** **01** verläuft allerdings nach rechts auf dem **Ahrtalweg** (A und 2) ins **Ahrtal**.

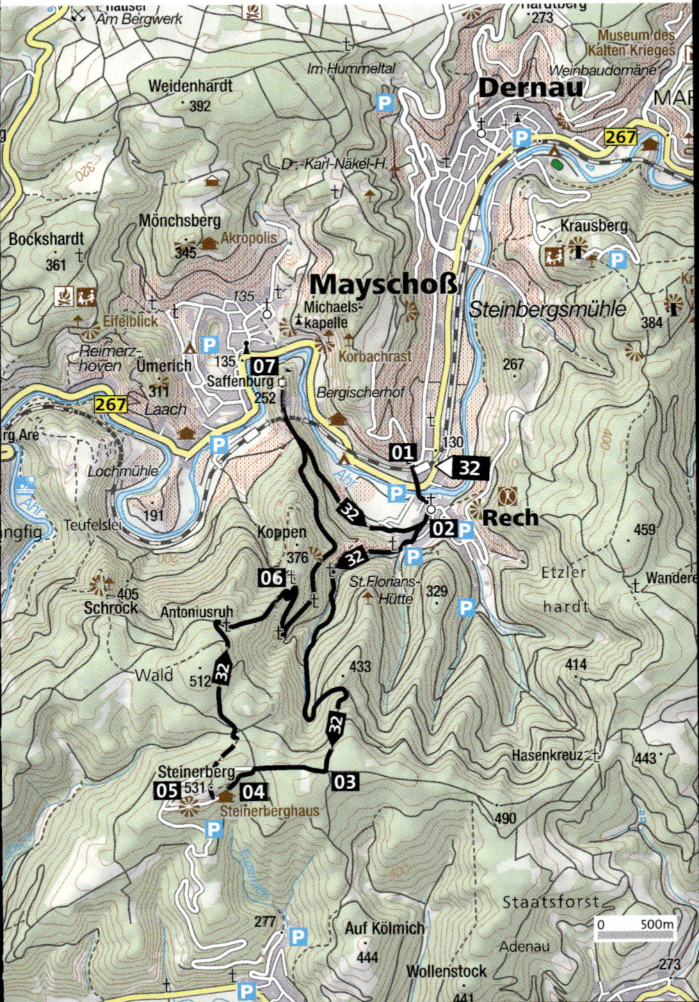

DERNAU – KRAUSBERG – HÄUSCHEN

Über die Berge im Ahrweiler Wald

16,5 km | 4:30 h | 466 hm | 466 hm | 820

START | Bahnhof Dernau, oder Bushalt und Parkplätze in der Ortsmitte. | Bus/Bahn: Ahrtalbahn Bonn–Remagen–Ahrbrück. Bus von Remagen, Sinzig und Altenahr.
[GPS: UTM Zone 32 x: 361.180 m y: 5.599.350 m]
CHARAKTER | Tages-Bergwanderung, auch mit alpinen Abschnitten, die hohe Bergschuhe, Rucksackverpflegung und Kondition verlangt. Wunderbare Blicke über das Ahrtal. Bei Glätte nicht geeignet!

In Ortsmitte **Dernau** **01** über die Bahn und die **Ahr**, vor dem Feuerwehrhaus links „Auf der Wacht", jedoch bereits nach 30 m rechts den zum Krausberg beschilderten Bergsteig hoch. Die querende Teerstraße zweimal nach rechts überschreiten; 50 m oberhalb der Hütte „Auf Müllert" nach links auf den Hangweg und 200 m bis zur **Uhusley**; diese liegt links, wir aber steigen scharf rechts steil hoch; oben die Teerstraße 50 m aufwärts, dann rechts durch den Waldweg, anschließend den waldfreien Hang steil hinauf; oben mit der Straße auf den **Krausberg** **02** mit Turm (Landblick!).

Von den Gebäuden wieder abwärts, unterhalb des Parkplatzes aber rechts auf Weg 3 (Richtung Häuschen und Steinerberg): Nach 300 m eine Jagdhütte links umgehen; wenig später nicht nach rechts abbiegen, vielmehr geradeaus etwas abwärts zur Wegekreuzung **Alfred-Paetz-Platz** **03**.

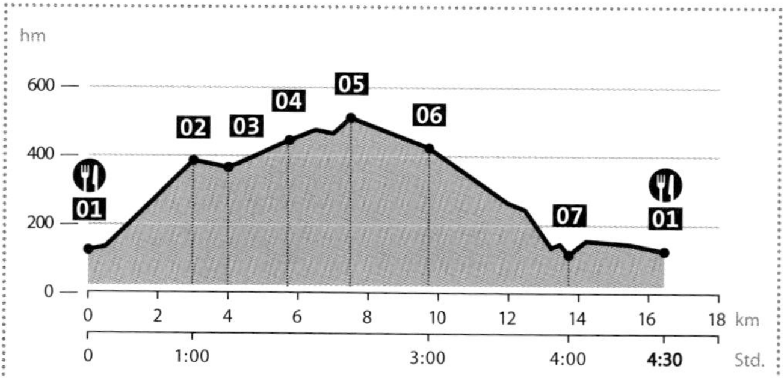

01 Dernau, 120 m; **02** Krausberg, 380 m; **03** Alfred-Paetz-Platz, 360 m; **04** Wandererkreuz, 440 m; **05** Schutzhütte Häuschen, 506 m; **06** Steinthalskopf, 417 m; **07** Parkplatz im Heckental, 110 m

Geradeaus auf Weg 18 weiter: Ansteigen, ab Dernauer Platz (Rastplatz) auf den leicht links steigenden Fahrweg, der nach rund 1,5 Kilometer eine Wegekreuzung mit Rettungspunkt erreicht. Nach links und am **Wandererkreuz** **04** vorbei noch 750 m leicht aufwärts. An der dann erreichten Gabelung links zur nahen Waldstraße, der nach links (Markierung >) gefolgt wird. Nach 600 m von dieser Waldstraße mit dem Zeichen > links hoch zur **Schutzhütte Häuschen** **05** und noch bis 40 m oberhalb.

Walporzheim

Der zu Bad Neuenahr-Ahrweiler gehörende Ort ist ein Begriff bei Rotweinkennern. Er wird ebenfalls zuerst 893 n. Chr. genannt, und zwar als „Walpredeshofen". Das Weinhaus St. Peter gilt als das älteste an der Ahr; es war schon um 1100 ein Hofgut der Grafen von Are.

Der Krausbergturm.

Für den Abstieg auf Weg 17: Geradeaus, auch ab der folgenden Abzweigung; nochmals 200 m weiter, nach links und bis zur **Schutzhütte Am schwarzen Kreuz**. Am Rettungspunkt geradeaus auf Weg 8 weiter, nach 1,4 km von einer Gabelung links, und von der **Jakob-Rausch-Hütte** auf den **Steinthalskopf 06** (Ausblick).

Abstieg auf Weg 17: Schon nach 130 m scharf rechts und 1,8 km um den Hang; ab einer Fahrwegkurve zusammen mit Weg 16 bergab. Vom folgenden mehrteiligen Wegetreff scharf links absteigen und bergab bleiben. Vom nächsten Querweg nicht links dem Schild zur **Katzenley** folgen, vielmehr geradeaus direkt bergab. Auf dem Querweg nach links und auch als Pfad bleiben, der sich zuletzt unterhalb der Katzenley zum Querweg im Talhang über der Ahr senkt. Nach links auf einem felsigen Pfad zum **Parkplatz im Heckental 07**. (Über die Ahrbrücke und nach links gerät die berühmte Felsnase **Bunte Kuh** in den Blick!)

Vom Parkplatz geradeaus auf den **Bergpfad**, zugleich **Ahrtalweg** (A), und über dem Fluss durch Felswände zurück nach Dernau. Die Straße „Auf der Wacht" hinab und zum **Ausgangspunkt 01**.

Dernau

Der bedeutende Wein- und Fremdenverkehrsort und Sitz der größten Winzergenossenschaft an der Ahr wird erstmals 893 n. Chr. im Prümer Urbar (Güterverzeichnis) als „Degenerauale" erwähnt und gehörte ab 1287 zur Herrschaft Saffenburg. Der Krausbergturm überragt die bis zu 85 v. H. steile Weinberglage „Goldkaul".

Felsnase „Bunte Kuh“ über dem Ahrtal.

BAD NEUENAHR – STECKENBERG – BUCHENRONDELL

Zu den Aussichtstürmen im Stadtwald

14 km | 3:30 h | 366 hm | 366 hm | 820

START | Parkplatz Apollinarisstadion, Kreuzstraße. | Bus/Bahn: Ahrtalbahn (Bonn–Remagen–Ahrbrück) und Busverbindungen von Remagen, Sinzig und Adenau, jeweils bis Bahnhof Bad Neuenahr. Zugang zum Wanderweg: Dem Bahnhof gegenüber durch die Landgrafenstraße bis vor die Ahrbrücke, dort rechts auf den Ahrtalweg.
[GPS: UTM Zone 32 x: 369.000 m y: 5.600.800 m]
CHARAKTER | Rundtour. Ab Willibrordusstraße steiler Anstieg bis Neuenahrer Berg, dann gemächlichere Waldwege. Bezaubernde Landblicke vom Neuenahrer Berg und vom Steckenberg.

▶ An der Seite der Einfahrt auf den **Parkplatz** 01 auf einem Fußweg zwischen den Sportstadien zur **Ahr**. Nach rechts dem Fluss entgegen auf dem **Ahrtalweg** (A), auch über die „Landgrafenstraße" hinweg und bis zur **Kurgartenbrücke**. Auf dieser nun über die Ahr und der Markierung ▶ folgen: Vom Kurhaus die „Kurgartenstraße" aufwärts, anschließend die „Willibrordusstraße" hinauf, auch an der Willibrorduskirche vorbei; durch den Friedhof und an der Waldesruh vorbei; am Wald rechts abbiegen und in Kehren kräftig bergauf, über die L 83 (Neue Königsfelder Straße) hinweg und auf dem **Kaiserweg** in Spitzkehren bis auf den **Neuenahrer Berg**

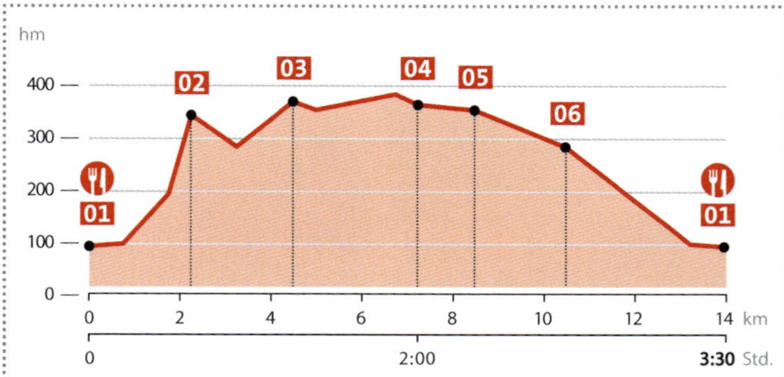

01 Bad Neuenahr, 90 m; 02 Neuenahrer Berg, 340 m; 03 Steckenberg, 366 m; 04 Schutzhütte Buchenrondell, 369 m; 05 Andertal-Hütte, 350 m; 06 Schutzhütte Kreuzrast, 280 m

02. Vor der Schutzhütte rechts, bergab über den alten Burggraben und den Basaltkegel hinunter zur Teerstraße. Weiter mit dem Wanderzeichen ▶: Auf der Straße nach rechts, nächste Abzweigung rechts (Johannisbergweg), folgende Abzweigung wieder rechts (Graf-Otto-Weg); wo es links zur Klimakurstation (MK III) geht, erneut rechts (auch Weg 7) zum **Steckenberg** **03**.

Nach dem Abstieg vom Aussichtsturm geradeaus durch den Kiefern-Lärchen-Wald zu einem

Bad Neuenahr – Stadtgeschichte

Die Stadt entstand aus den Ortschaften Beul (1374 erstmals genannt), Hemmessen (1108) und Wadenheim (992). Auf dem Hohenberg im Süden der Stadt errichtete Graf Otto von Neuenare vor 1225 eine Burg. Mit ihrem Namen deutete die neue Linie des Geschlechtes von Are an, dass sie nicht mehr auf der Stammburg Are in Altenahr residiere. Die selbstbewussten Ahrweiler beteiligten sich 1372 unter Erzbischof Friedrich III. von Köln an der Zerstörung der Burg, und ein Vertrag legte fest, dort dürfe nie wieder eine Burg entstehen. An deren Stelle wurde auf Initiative von Jakob Steinborn 1973 ein Aussichtsturm errichtet, der nach ihm „der lange Köbes" genannt wird und zum bedeutendsten Aussichtsberg der Stadt geworden ist.

Treff von sechs Wegen. Hier links in die Alte Königsfelder Straße, bis nach 350 m ein Parkplatz erreicht ist. Nun nach rechts auf Rundgang 8: Zum Hannebacher Weg (120 m), links in diesen Weg und bergauf, an der nächsten Abzweigung nach links; später über einen Querweg hinweg weiter ansteigen bis auf die Höhe des **Schalkenbacher Waldes**; rechts in den Holzabfuhrweg und abwärts bis vor die **Schutzhütte Buchenrondell** 04; rechts in den Domblickweg bis zur **Andertal-Hütte** 05. In bisheriger Richtung auf Rundgang 6 weiter: Kreuzrastweg, auch an der Schutzhütte am Kreuzrastweg vorbei und bis zur Wegekreuzung vor der **Schutzhütte Kreuzrast** 06; hier geradeaus einen Waldfahrweg abwärts; unterhalb den querenden **Naturlehrpfad** hinab, dann die Teerstraße hinunter, auch durch ihre Linkskurve.

Über den nächsten Parkplatz rechts auf Rundgang 3 wechseln: Erst noch im Wald bergab, dann die L 83 nach schräg rechts(!) überschreiten und den „Höperpfad" hinab zur Willibrorduskirche. Auf dem Hinweg zurück zum **Ausgangspunkt** 01.

Bad Neuenahr-Ahrweiler, das Untere Ahrtal mit den Vulkanbergen.

REMAGEN – UM CALMUTH – SCHEIDSKOPF – PLATTBORN

Über die Höhen zwischen Rhein und Ahr

12 km | 3:30 h | 375 hm | 375 hm | 820

START | Parkplatz an der Birresdorfer Straße, unterhalb Apollinariskirche. | Bus/Bahn: Buslinie Bahnhof Remagen–Grafschaft–Gelsdorf zum Ausgangspunkt .
[GPS: UTM Zone 32 x: 374.000 m y: 5.604.670 m]
CHARAKTER | Bergauf und -ab durch einsame Wälder. Ab Scheidskopf leichter Rückweg mit wechselnd schönen Landblicken. Nässefeste hohe Schuhe erforderlich.

Oberhalb des Parkplatzes zur **Apollinariskirche** 01. Von dort zurück zur Straße „Rote Erde" und rechts auf den **RheinBurgenWeg** Richtung Unkelbach: Gleich links die Treppen hoch, Felssteig zum **Hl. Franziskus** 02 (Ausblick!); weiter bergauf, am Aussichtsplatz **Scharfenberg** vorbei; vor der L 79 rechts, Querweg links und neben die Landstraße; vor **Waldschlösschen** 03 rechts, im Rechtsbogen um den **Waldsee**; nach 120 m Querweg nach rechts, an Abzweigung erneut rechts; nächste Kreuzung links, auf diesem Weg bald abwärts, vom Zaun (Areal **Schloss Marienfels**) steiler, im Tal zur **Calmuth-Straße** 04.

Ab hier auf Weg A 4: Die Straße 500 m talaufwärts; an der Kurve

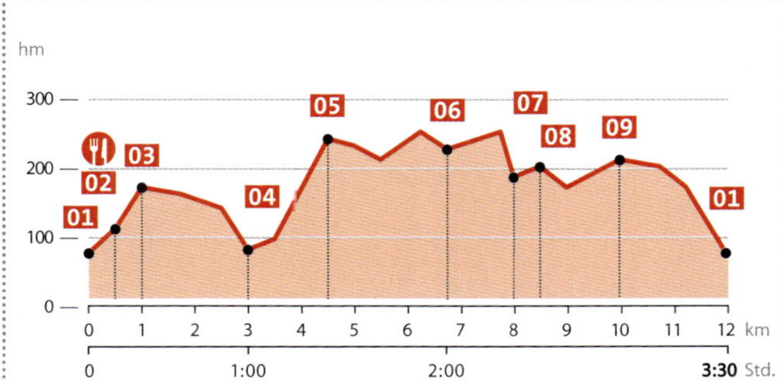

01 Remagen, 75 m; 02 Hl. Franziskus, 110 m; 03 Waldschlösschen, 170 m; 04 Calmuth-Straße, 80 m; 05 am Dungkopf, 240 m; 06 L 79, 225 m; 07 Schutzhütte Am Scheidskopf, 185 m; 08 Koch-Kreuz, 200 m; 09 Plattborn, 210 m

Remagen

Remagen erhielt seinen Namen vom römischen Grenzkastell „Rigomagus“ (16 n. Chr.). Apollinariskirche, erbaut 1839–1842, mindestens die vierte Kirche auf diesem St.-Martins-Berg, ausgemalt und mit Fresken versehen im klassizistischen „Stil der Nazarener“: Steinsarkophag in der Krypta mit dem Haupt des heiligen Bischofs Apollinaris von Ravenna, verstorben um 200 als Märtyrer, der Sage nach 1164 zusammen mit den Gebeinen der Hl. Drei Könige (Köln) von Mailand kommend rheinabwärts verschifft.

ganz nach rechts in den Wald steigen; auf diesem Weg auch durch Linkskehre, später Rechtskurve bergauf; weiter oben rechts durch die Lichtung, an ihrem Rand wieder hoch; oben Querweg links, auch einer Wiese entlang, dahinter Rechtskurve (um den abgebauten **Basaltvulkan Dungkopf** **05**) waldabwärts; aus einer Senke rechts und erneut steigen; von den Abzweigen an Revier 15 in den linken, kleineren Weg, bald nochmals rechts aufwärts; zuletzt neben dem Waldrand hinab zur **L 79** **06**; zusammen mit dem **Jakobsweg** (▶) Straße links 80 m, von der Kurve rechts in den Wald; nach

150 m rechts, Querweg links durch den **Kopfbuchenwald** am **Weißenberg**; nach Linkskurve um den **Basaltvulkan Scheidskopf** abwärts zur **Schutzhütte Am Scheidskopf** **07** (Blick über die Landskrone in die Eifelberge).

Links und dem Waldrand entlang zur K 39. An deren Rand aufwärts, rechts Richtung Golfplatz zur Bank am **Koch-Kreuz** **08**. Nach links Gebüschweg, Rechtskurve und bergab, erst am Feldrand, dann im Wald. Forstweg nach links, und geradeaus um **Plattborn** **09** ansteigen. Geradeaus verlängert als Weg A 3: 680 m Straße, zuletzt aus dem Wald; aus ihrer Rechtskurve links, und Blankerts Hohlweg hinab, direkt bis zum **Ausgangspunkt** **01**.

Die Apollinariskirche in Remagen.

BAD BREISIG – SINZIG

Waldwege und über Mönchsheide

9 km 3:00 h 140 hm 150 hm 820

START | Bahnhof Bad Breisig. | Bahn: Köln–Bonn–Koblenz, Bahnhöfe Bad Breisig und Sinzig. Größte Parkflächen am Bahnhof Sinzig: dann zuerst mit dem Zug nach Bad Breisig.
[GPS: UTM Zone 32 x: 379.760 m y: 5.596.050 m]
CHARAKTER | Strecken-Bergwanderung, überwiegend durch schönen Mischhochwald, mit starken An- und Abstiegen, auf der Höhe flach. Etliche Rastbänke; herrliche Ausblicke über das Rheintal.

Den **Bahnhof Bad Breisig** 01 an der Hangseite verlassen, und vom Schild „Zum RheinBurgen-Weg" nach rechts 300 m durch die „Brunnenstraße"; vom Ende der Tennisplätze auf diesen **RheinBurgenWeg** (Markierung: Stilisiertes „R" mit Burgzinnen): Hinter der Gaststätte von der Straße links durch den Park, vor den **Römerthermen** (Thermalbäder) vorbei. An der Straßenkurve links, gleich rechts durch die „Backesstraße", verlängert in die „Vogelsangstraße". Hinter Haus Nr. 23 links (streckenweise auch **Rheinhöhenweg** „R") stark ansteigen, nach 50 m links Richtung Schäferhütte die Tritte hoch.
In der Folge fast 1 km stets bergauf, an allen Wegabzweigungen sorgsam auf die Markierung achtend zu Rastbänken mit schönen Blicken über das Rheintal, und bis zur **Keltischen Höhensiedlung** 02 auf dem Hahn. Hinter der Hochfläche ab Wall und Graben nur sanft aufwärts zum **Fernsehsender**. Bereits vor der Anlage links, um den Hang herum zu einer

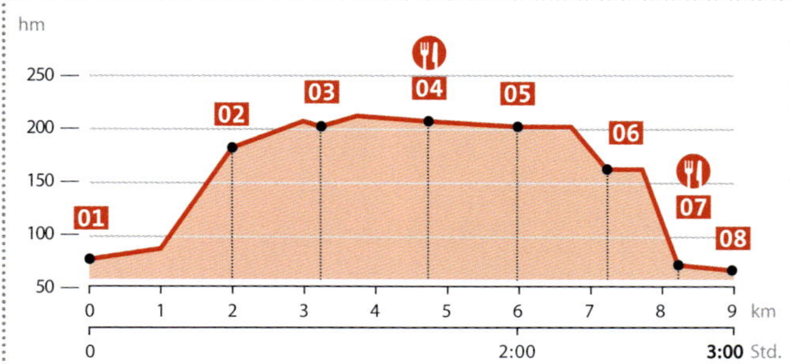

01 Bahnhof Bad Breisig, 75 m; 02 Keltensiedlung, 180 m; 03 Schutzhütte, 200 m; 04 Mönchsheide, 205 m; 05 Aulenberg, 200 m; 06 Waldende/Teerweg, 160 m; 07 Sinzig, 70 m; 08 Bhf. Sinzig, 65 m

Bad Breisig

Keltisches „brysisch“, römisches „brisiacum“, heute Kurort mit Heil- und Thermalbädern in Kurparks.

Schutzhütte 03 (Weitblick über das Obere Brohltal).

Ab hier auf dem **Märchenweg**: Vor der Schutzhütte vorbei und 1,4 km durch prächtigen Kiefern-Eichen-Mischwald bis vor die Feldflur **Mönchsheide** 04; rechts dem Waldrand entlang, 380 m bis zum Zugang zur Gaststätte im **Gutshof**

Mönchsheide, weitere 180 m bis zu einem Schilderstock.

Geradeaus Richtung Sinzig wieder auf den **RheinBurgenWeg**: Im Waldknick rechts auf dem Fahrweg durch den Wald, nahezu eben über den **Aulenberg** 05. Nach ungefähr 1,4 Kilometer an der Gabelung nach links, bald zunehmend bergab. Vor starkem Gefälle (Achtung!) vom Fahrweg rechts ab in einen Talgrund und diesen abwärts, von der **Muttergottesstation** wieder auf den Fahrweg. Ab dem unteren **Waldende** 06 geteert bergab, mit Weitblick über den Rhein. Aus der Linkskurve der Straße geradeaus direkt zu Tal, bald steil im Hohlweg, in **Sinzig** 07 als „Helenenbergstraße" bis ganz unten.

Links in die „Koblenzer Straße", doch schon am **Preußischen Meilenstein** (Tafel) rechts und durch einen Weg. Von der **Stadtmauer mit Wiekhaus** (Tafel) über den Zebrastreifen, neben dem Park durch die „Elsa-Brandström-Straße" (Blick auf die historische **St.-Petri-Kirche**). Mitten im Stadtpark den RheinBurgenWeg verlassen, rechts abwärts zur verkehrsreichen **„Barbarossastraße"**, und in deren Richtung rechts zum **Bahnhof Sinzig** 08.

Blühende Heide am Märchenweg.

BROHL-LÜTZING – BAD BREISIG

Durch die Bergwelt im Breisiger Ländchen

15 km 5:00 h 685 hm 685 hm 820

START | Bahnhof Brohl. Parken in der Bahnhofstraße. | Bus/Bahn: Köln–Koblenz. [GPS: UTM Zone 32 x: 381.600 m y: 5.593.590 m]
CHARAKTER | Deftige Bergwanderung mit streckenweise steilen bis alpinen An- und Abstiegen. Weite Laubhochwälder, herrliche Landblicke. Bergschuhe und etwas Trittsicherheit erforderlich. Abkürzungen: Bahnfahrt zwischen Brohl und Bad Breisig.

Vom **Bahnhof Brohl** **01** durch die „Bahnhofstraße" und die Unterführung in den Ort **Brohl**. Rechts (Mark. B und >) „Josef-Leusch-Straße" über den **Brohlbach**; vor dem Rathaus links „Mühlenstraße"; vor der Fabrik die Treppe hoch. Über die Querstraße hinauf zur „Burgstraße", auf dieser etwas nach links. Rechts „Hellesberg" hoch auf Weg 2: Oberhalb der Bebauung den Bergpfad neben Quellgraben steil hinauf; vom oberen Waldrand stets in gleicher Richtung weiter, bald Feldfahrweg, ab **Leitenkopf** um einstigen **Vulkanbruch**, dann Straße. Nach Ortsanfang **Niederlützingen** **02** aus der Linkskurve rechts die „Hauptstraße" abwärts ins Zentrum.

Hinter dem „Raiffeisenplatz" rechts „Zeibstraße" und nur noch dem **Quellenweg Bad Breisig** folgen: Richtung Sportplatz abwärts. Am Waldrand links, neben dem **Schützenplatz** links den Pfad hinauf, von der Kreuzung rechts auf den **Steinbergskopf** **03** (Rastplatz mit einmaligem Rundum-Panorama!). Abstieg auf **Waldlehrpfad**,

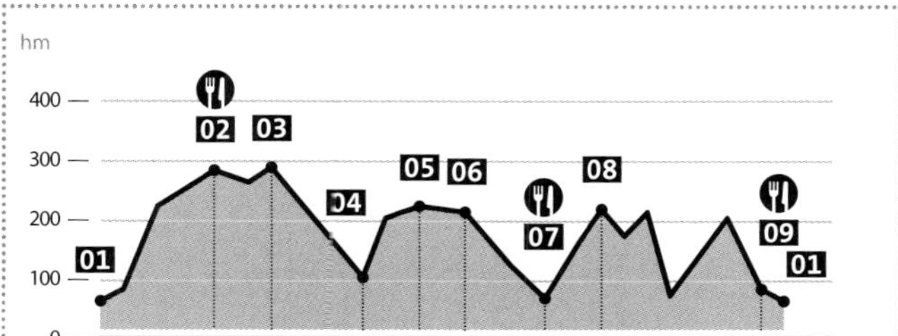

01 Bhf. Brohl, 60 m; **02** Niederlützingen, 280 m; **03** Steinbergskopf, 285 m; **04** Vinxtbachtal, 100 m; **05** Frohnheller Berg, 220 m; **06** Kölner Hütte, 210 m; **07** Bad Breisig, 65 m; **08** Reuterslei, 215 m; **09** Brohl, 80 m

Burg Brohleck, Blick durch das Tor auf Schloss Augustaburg.

links hinab zur **Jakobshütte**, davor rechts den Waldfahrweg in Kehren bis ins **Vinxtbachtal** **04**. Mit der L 87 rechts, hinter dem Bach links-rechts-links und steil den **Frohnheller Berg** **05** hinauf; oben nach rechts. Am oberen Waldrand rechts, in die Flur am **Oberbreisiger Berg**, schon an der ersten Feldwegkreuzung rechts zum Waldrand. 15 m rechts, dort links und durch den Wald bis 40 m vor (!) die **Kölner Hütte** **06** (privat) am **Rheineck**. Hier rechts kurven, nach 50 m links den Hangpfad (auch Weg 6) 1 km hinab zum Wegetreff.

Sehenswert:

Burg Brohleck, Sitz der Herren von Brule, ab 1325 kurtrierisches Lehen. Im 19. Jh. entstand das heutige Wohnschloss Augustaburg.

Vinxtbach: Er teilte zur Römerzeit Ober- und Niedergermanien, später lange Zeit Kurköln und Kurtrier; Sprachgrenze zwischen Niederdeutsch (Rheinisch) und Oberdeutsch (Moselfränkisch).

Scharf rechts (mit **Rheinhöhenweg** „R“ und RheinBurgenWeg) Abstieg nach **Bad Breisig 07**, „Brunnenstraße“.

Weiterhin nur auf dem **Quellenweg**: Rechts und über die **Wagrambrücke**. Vor dem breiten Querhaus rechts den „Burgweg“ Richtung Burg Rheineck ansteigen; nach 600 m am **Gedenkkreuz** rechts den Hangsteig hinauf, an Abzweigung links zur höchsten Stelle (Blick auf Burg Rheineck). Den steilen Abstecher zur **Reuterslei 08** nicht auslassen (schönster Rheintalblick), danach auf Felspfad hangabwärts, später wechselnd. In Brohl Straßenabstieg „Im Sauerhals“ - „Im Lammertal“; unten über die „Lützinger Straße“, „Bergstraße“ hoch, bald scharf rechts. Vom Wendeplatz links den Waldpfad in vielen Kehren hinauf. Schon weit oben, auf Abzweig nach links achten. Wenig später Abstieg zu einem **Altgermanischen Dingplatz** (Blick über Brohl), zum Brohleck mit **Schloss Augustaburg**, den „Burgberg“ hinunter nach **Brohl 09**, mit der „Burgstraße“ zur „Josef-Leusch-Straße“. Rechts und auf dem Hinweg zurück zum **Bahnhof Brohl 01**.

BURGBROHL – TÖNISSTEIN – LÜTZINGER HÖHEN

Im Zissener und Breisiger Ländchen

10 km | 3:00 h | 280 hm | 280 hm | 820

START | Burgbrohl, Brohltalbahnhof mit Parkflächen. | Bus/Bahn: Brohltalbahn (zeitweise). Bus von allen Richtungen, auch von den Bahnhöfen Brohl, Sinzig und Bad Neuenahr.
[GPS: UTM Zone 32 x: 378.330 m y: 5.590.920 m]
CHARAKTER | Eindrucksvolle, bergige Wald- und Höhenwanderung, die Bergschuhe erfordert. Fernglas empfohlen!

Vom **Bahnhof** 01 die Zufahrt abwärts, rechts über die Hauptstraße, links Straße ins Tal. Über den Brohlbach und links auf den **Quellenweg Bad Breisig**, zugleich **Geo-Route U**: Etwas Straße hinauf, gegenüber Haus Nr. 13 links auf den Talhangpfad; über einen Querweg und direkt bergauf, bald zu Tafel 16; vor der späteren Tafel 17 nach links; auch nächster Weg links und weit abwärts, kurvig und zuletzt neben **Traßwänden**; am Schilderstock geradeaus, neben der B 412 nach **Bad Tönisstein** 02 mit **Kurfürstenbrunnen**. Weiter auf dem Quellenweg (jetzt auch Zeichen >): Vom Seniorenstift über die Straße und den Parkplatz, den Steig hoch zum breiteren **Kurfürstenweg**; auf diesem nach links, 750 m zur Schönen **Aussicht** 03 (**Brohltalblick**), weitere 1,4 km zum **Tönissteiner Sprudelwerk** 04. Vor der Einfriedung rechts an der Wand der Trinkhahn, doch links hinab zur Werkseinfahrt. Die Zufahrtsstraße abwärts ins Brohl-

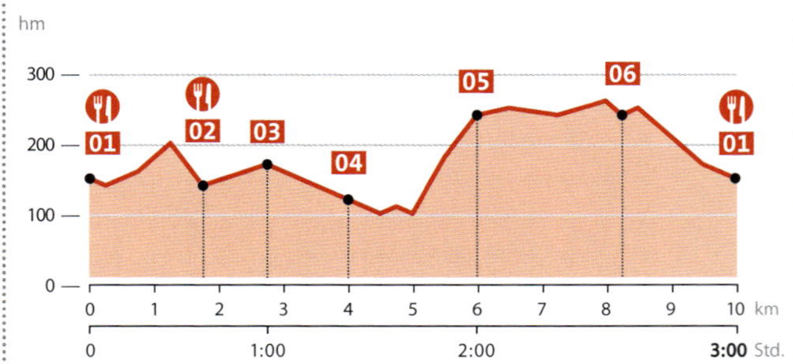

01 Burgbrohl, 150 m; 02 Bad Tönisstein, 140 m; 03 Brohltalblick, 170 m; 04 Tönissteiner Sprudelwerk, 120 m; 05 K 69, Niederlützingen, 240 m; 06 unterhalb Lützingen, 240 m

tal. Rechts über die B 412, links ansteigen zur **Schweppenburg**. Vor deren Tor hinab zur **Mosenmühle**, rechts um die **Tuffwände** und 500 m wechselnd steil bergan, auch auf dem querenden **Quellenweg Bad Breisig**, der zurückführt: Hoch zur **K 69 unterhalb Niederlützingen** 05; von der Straßenkurve links und Feldweg über die Höhen, stets in gleicher Richtung (Panorama!); erst hinter der zweiten Hochleitung eine Linkskurve, neben Apfelbäumen durch eine Senke; aus einer Schlängelkurve links in die Gerade; auf dem festen Weg bleibend links um Gebüschrand; vor einer Obstbaumreihe **Auf dem Wingertsberg** links in den Grasweg am Gebüsch wechseln; **unterhalb Lützingen** 06 bergab, scharf links, Rechtskurve hoch zu Gebüsch, um dessen oberen Rand in die Flur steigen (Weitblick über das Brohltal); danach Abstieg nach **Burgbrohl**. Vor der **Kaiserhalle** links „Lindenstraße“, an deren Ende Tritte hinab zum Bahnhof und **Ausgangspunkt** 01.

Wissenswert:

Schweppenburg, um 1160 zuerst erwähnt, im 17. und 18. Jahrhundert zum Wohnschloss umgebaut; privat.

Burgbrohl entstand um die im 12. Jahrhundert errichtete Burg der Herren „de Brule“. Die Kaiserhalle ist eine von weltweit nur zwei Trassbetonhallen (Trass = aus vulkanischen Glutwolken verbliebener Tuff). Josefskreuz, größtes Nischenmal der Eifel.

UM DEN LAACHER SEE

Maria Laach, Höhenwege und Geo-Pfade

17 km | 5:00 h | 400 hm | 400 hm | 820

START | Klosterparkplatz Maria Laach; geringe Gebühr. | Bus: Insbesondere von Mayen, auch vom Nürburgring-Zentrum.
[GPS: UTM Zone 32 x: 375.810 m y: 5.584.660 m]
CHARAKTER | Rundwanderung durch das bedeutendste Fremdenverkehrs- und Wandergebiet der vulkanischen Osteifel. Vielfältige Eindrücke und Ausblicke, starke An- und Abstiege. Am Geo-Pfad Laacher See (L) etliche Tafeln.

Am oberen Rand des **Großparkplatzes** 01 Richtung Kirche nach rechts, unter der Landstraße hindurch, im Klosterbereich nach links steigen bis vor das bronzene **Engelsstandbild**. Geradeaus geht es zur **Basilika** 02; die Wanderung setzt sich indes vor dieser Statue rechts vorbei bergauf fort. Nach 40 Schritten erneut rechts, gleich nochmals rechts auf Weg 3 (Richtung Breidel), unter dem **Laacher Kopf** gedehnt hangaufwärts und 1,4 km bis zu einer Wegekreuzung. Rechts nun auf den **Naturfreundeweg** (N): Erst abwärts, später wieder bergauf zur **Vierdümpelhöhe** 03; nach rechts weiter; ab **Alte Laacher Grenze** im Wald bleiben, 200 m Weg, dann den Bergpfad hinab zur L 115 an der **Gleeser Höhe** 04. Die Landstraße nur bis in ihre Rechtskurve abwärts, nach links wieder in den Wald, auf Weg N rechts herum und unter dem **Vulkan Veitskopf** gedehnt leicht ansteigen; nach 1,6 km (wenig über der Straße) nach links steil hoch

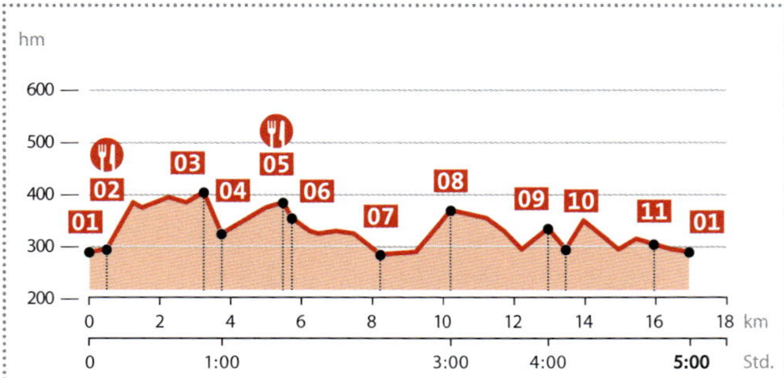

01 Maria Laach, 285 m; 02 Kloster Maria Laach, 290 m; 03 Vierdümpelhöhe, 400 m; 04 Gleeser Höhe, 320 m; 05 Lydiaturm/Hotel Waldfrieden, 380 m; 06 Geo-Pfad, 350 m; 07 Uferweg, 280 m; 08 L 6, 365 m; 09 Scharfe Knüppchen, 330 m; 10 Erntekreuz, 290 m; 11 Naturlehrsteinpfad, 300 m

Laacher See

Das Gebiet war schon vor 700.000 Jahren von Basaltvulkanen umgeben. Doch vor 13.000 Jahren öffnete sich an der mit 51 m tiefsten Stelle des heutigen Sees ein Vulkanschlot und bedeckte die Umgebung mit Bims- und Aschemassen. Das in die entleerten Magmakammern einbrechende Wasser verursachte eine Wasserdampfexplosion mit einer Energie, die etwa 500 Atombomben von Hiroshima entspricht. Neue Schlote brachen auf und förderten aus dem Erdinneren soviel Material, wie die restlichen 300 Vulkane der Eifel zusammen, und dies bis in 40 km Höhe. Die Umgebung, darunter die Behausung von Eiszeitjägern, wurde mit bis zu 60 m dicken Tuffschichten bedeckt. Von der Atmosphäre weggetragen, gelangten die Partikel im Norden bis zur Insel Rügen, im Süden bis Grenoble. Es ist dieses Ereignis, das die Gestalt der Südosteifel am nachhaltigsten geformt hat. Allerdings hat der Mensch durch den Abbau von Steinen und Aschen das Landschaftsbild teilweise total verändert. Auch wurde der Seespiegel vom 12. bis 19. Jh. um insgesamt 12 m abgesenkt.

zum **Lydiaturm** 05 (einmalige Aussicht). Nach Abstieg links hinab zum **Hotel Waldfrieden**.

Unten über die Landstraße zum öffentlichen Parkplatz. Links daneben auf den **Geo-Pfad** 06 mit den Schautafeln L 1-6: Ab der Schranke im Wald bergab. Von einer Wegekreuzung kann geradeaus in einem Abstecher zur **Tafel L 1** (Bleiche Erde) gegangen werden; die Wanderung setzt sich an dieser Kreuzung anschließend bergab fort. Unten nach links, bald zum **Uferweg** 07 absteigen und links nach **L 2** (Unterdevonfelsen). Sobald wenig später der breite Weg ansteigt, rechts auf dem Waldweg weiter zu **L 3** (Kohlendioxid-Quellen), wo der See nie ganz zufriert. Vor der Tafel ein paar Schritte den Hang hoch, und vor dem Schilderstock nach rechts zu **L 4** (Basaltlavastrom des Lorenzfelsens) und **L 5** (Pegelstände, Einbruchsbecken = Caldera). Nach weiteren 150 m, am Rettungspunkt 5509-324, scharf links

Blick über den Laacher See auf Maria Laach.

stark bergauf; oben rechts auf einen Weg; an dessen höchster Stelle nach scharf links hochsteigen; oben den Fahrweg links noch 250 m aufwärts zu **L 6** 08 (Rötlicher Tuffbruch oberhalb „Alte Burg“), eine imposante Steinformation.

Den Aufstiegsfahrweg wieder abwärts, und – abweichend vom Geo-Pfad – auf diesem **Naturfreundeweg** (N) Richtung Laacherseehaus bleiben: Nach 1,6 km, zuletzt bergab, auf der querenden Waldstraße rechts hinunter; am unteren Waldrand nach links und erneut steigen; oben nach rechts auf dem Pfad (mit Seeblick) um die **Scharfen Knüppchen** 09, zuletzt abwärts zum Parkplatz mit dem **Erntekreuz** 10; über die L 113 (Deutsche Vulkanstraße), und am Rand des **Thelenbergs** mit Auf und Ab durch Wald und Feld bis zur Wegekreuzung an einem Bildstock.

Links geht es zum Laacherseehaus; die Tour verläuft hingegen rechts abwärts, auf dem **Jakobus-Pilgerweg** bis zur K 70 vor den Wirtschaftsgebäuden des Klosters Maria Laach. Links auf dem Randpfad der Kreisstraße ansteigen, weiter oben zur anderen Straßenseite. An den Schildern rechts um das Klostergelände, über den **Natursteinlehrpfad** 11, der an dem vom Hinweg bekannten Engelsstandbild endet. Rechts die Basilika; gerade abwärts, geht es auf dem Hinweg zurück zum **Ausgangspunkt** 01.

Maria Laach

Die Benediktinerabtei, 1093 gestiftet, ist ein religiöser und zugleich kultureller Mittelpunkt der Osteifel. Der Sarkophag in der stilrein romanischen Basilika zeigt den Stifter, Pfalzgraf Heinrich II., in einem Hochrelief aus Nussbaumholz. Er nannte sich „comes de laach" (Graf am See) und residierte unterhalb des Berges „Am Verbrannten" auf dem heute noch „Alte Burg" genannten Basaltschlackekegel. Im Klosterbereich sehr schöne Gärtnerei, Bücher- und Kunststube; über den Natursteinlehrpfad kann das Naturkundemuseum erreicht werden. Infocenter Maria Laach: Tel. (02652) 59350.

Basilika Maria Laach.

40

BASSENHEIM – KARMELENBERG

Auf dem Kelten-Rundwanderweg

11,5 km | 3:00 h | 272 hm | 272 hm | 838

START | Parkplatz an der Karmelenberghalle. | Bus: Von Koblenz, Mayen und Polch bis Haltestelle Kirche.
[GPS: UTM Zone 32 x: 390.610 m y: 5.579.610 m]
CHARAKTER | Langer, aber unschwerer Anstieg bis auf den Karmelenberg, danach wechselnd auf und ab. Wunderschöne Laubmischwälder. Viele Tafeln zur Natur- und Kulturgeschichte. Fotomotive!

Vor dem **Parkplatz** 01 links die Hauptstraße ansteigen zur St.-Martin-Kirche. Oberhalb vom „Walpot-Platz" links durch die „Mayener Straße" auf den **Kelten-Rundwanderweg** (grünes Symbol): Ansteigen, nach 480 m links „Karmelenberger Weg"; geradeaus auch durch das Werksgelände und im Wald bergauf. Oberhalb des Bahnviadukts an **Friedrichquelle** und **Charlottenquelle** (links des Weges) vorbei. Am oberen Waldrand noch 100 m, erst hinter der **Geschichtstafel** links und zwischen den **Naturdenkmalen Baumallee** 02 staunend hoch bis zum Wegetreff mit Tafel „Marienkapelle". Leicht rechts weitersteigen, Stationenweg zur **Marienkapelle** 03 mit Rastplatz auf dem **Karmelenberg**.

Dahinter vom **Gedenkstein „Berg des Monats, Juni 2002"** im Linksbogen bergab zum urigen **Vulkansteinbruch** (Rastplatz). Weiter zum Waldrand, oberhalb eines Parkplatzes. Den Teerweg links hinauf zum vorgenannten Wege-

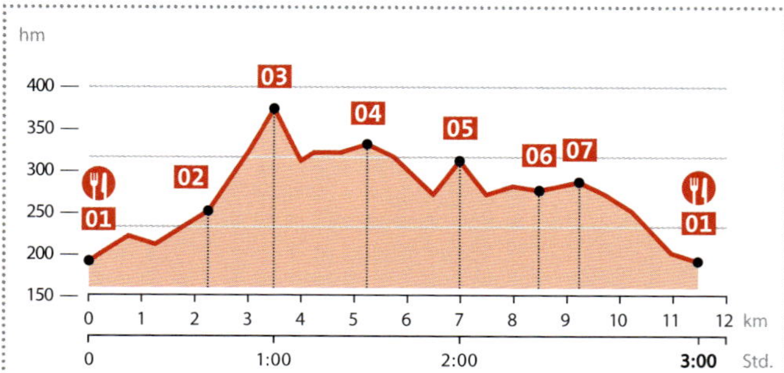

01 Bassenheim, 190 m; 02 Naturdenkmal Baumallee, 250 m; 03 Marienkapelle, 372 m; 04 L 52, 330 m; 05 Goloring, 310 m; 06 Eiserne Hand, 275 m; 07 Autobahnbrücke, 270 m

treff, dort nun nach rechts durch eine Feldmulde; vor dem nächsten Wald rechts über die Flur zur K 95. An deren Rand die A 48 unterqueren, aufwärts zur **L 52** 04. Nach rechts zur anderen Seite, in die Anliegerstraße zu den **Achterspannerhöfen** Nr. 2–4. Vom letzten Hof noch 500 m weiter; von einem Schild links 500 m zum **Goloring** 05 ansteigen; von dort auch wieder hinab zum Kettenweg, hier auch **Traumpfad „Koberner Burgpfad"**. Links und Richtung Wolken halten, später Richtung Eiserne Hand. Von dem Parkplatz rechts einige Stufen, links dem Zaun eines Werksgeländes entlang, danach Straße hinunter; vor **Wolken** aber links ein Pfad zur Kapelle an der **Eisernen Hand** 06. Über die L 52, vor dem Autobahn-Viadukt rechts auf den Teerweg, der bald ansteigt; an Rechtskurve geradeaus in den Feldweg. Über die **Autobahnbrücke** 07 und im urwüchsigen **Buchwald** abwärts, um den **Vulkan Birkenkopf** nach **Bassenheim**. Geradeaus „Fasanenweg", erst in die Wohnstraße „Wolkener Weg" nach rechts, direkt zum **Ausgangspunkt** 01.

Sehenswert:

Bassenheim: Einst drei Burgen. In der Oberburg fanden am 8. Oktober 1948 die ersten Gespräche über eine deutsch-französische Verständigung zwischen Konrad Adenauer und Robert Schuman statt. In der neoromanischen Pfarrkirche St. Martin der staufische „Bassenheimer Reiter“ (1239), die wohl berühmteste Darstellung des hl. Martin mit dem Bettler.

Karmelenberg: Vulkan mit Marienkapelle (1662), älteste Barockkirche des Koblenzer Landes, mit damals gepflanzter „Baumallee“.

Goloring: Großes Keltenheiligtum. Zutritt nur mit Führung.

Oberburg Bassenheim.

HECKENBACH – BOCKSHAHN – BEILSTEIN

Höhen- und Wacholderweg

16,5 km · 5:00 h · 465 hm · 465 hm · 820

START | Niederheckenbach, Parkmöglichkeiten am Forsthaus Tannenberg.
[GPS: UTM Zone 32 x: 362.570 m y: 5.592.220 m]
CHARAKTER | Kräftige Bergwanderung mit schönen Landblicken und durch ein bezauberndes Wacholderschutzgebiet. Fünf Stationen mit Landschaftsgeschichte.

In **Niederheckenbach 01** neben dem Forsthaus auf die **Historische Straße „Wacholderweg"** (h): Von Station 1 in den „Kirchweg", schon vor der Kirche (Station 2) rechts stark bergauf; oberhalb des Waldes leicht links über die Wiesenhöhe, auf Querweg links durch den Wald.

Oben von der Kreuzung scharf rechts am Waldrand hoch und 1,2 km stets bergauf bis zum Rettungspunkt am Wasserbehälter; um den Wald **am Hühnerberg 02**; in der Feldflur von der Gabelung links; oberhalb Cassel links den **Teerweg 03** hoch zum **Bockshahn 04** (Landblick bis zum Siebengebirge!) und weiter, später bergab; am Rettungspunkt mit der Querstraße nach links, um den **Düsselsberg 05**.

Vom unteren Waldaustritt links auf den Waldrandweg; ab Station 3 stärker waldabwärts zur L 85; oberhalb in die Straße Richtung

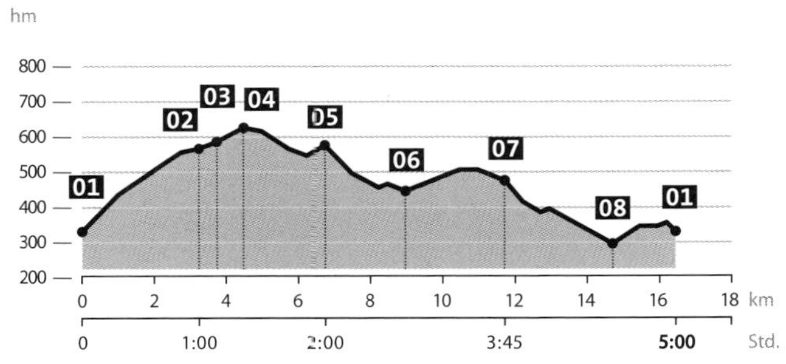

01 Niederheckenbach, 325 m; **02** Hühnerberg, 560 m; **03** Teerweg, 580 m; **04** Bockshahn, 620 m; **05** Düsselsberg, 570 m; **06** Kapelle Beilstein, 440 m; **07** Wacholder Wiwelsberg, 470 m; **08** L 85-Brücke, 290 m

Beilstein, doch schon nach 140 m rechts, auf Feldwegen zur **Kapelle 06** in **Beilstein**.

Die „Dorfstraße" links herum ansteigen. Oben scharf rechts den „Wacholderweg" hinauf zum Wald, und durch den urigen, lichten Bestand, ab Station 5 bis zu einer Kreuzung. Dort nach rechts wieder auf die **Historische Straße „Wacholderweg"** (h, gegen die Pfeilrichtung), bald erneut rechts; im Waldrand links bergab bis zum hinzustoßenden Feldfahrweg.

Nun nach links, ab Linkskurve (Station 4, Schutzhütte, Rettungspunkt) am oberen Rand über dem Wacholderschutzgebiet am **Wiwelsberg 07**; doch schon in den nächsten Weg nach rechts, zwischen den Wacholdersäulen steil bergab. Von Abzweigung scharf links im Wald bergab, auch über den Bachgrund zu einer Fahrwegeverzweigung. Links und auf diesem Weg etwas ansteigen, dann noch 1,4 km bis zur **L 85** (Brücke) **08**. Rechts am Straßenrand über den Heckenbach, dahinter links wieder aufwärts. Ab Wegkurve in gleicher Richtung auf Weg 6: Etwas verwachsen und als Hangpfad, auch mit kleinem Anstieg, zuletzt nach **Niederheckenbach 01** zu unserem Ausgangspunkt.

Wacholderwald am Wiwelsberg.

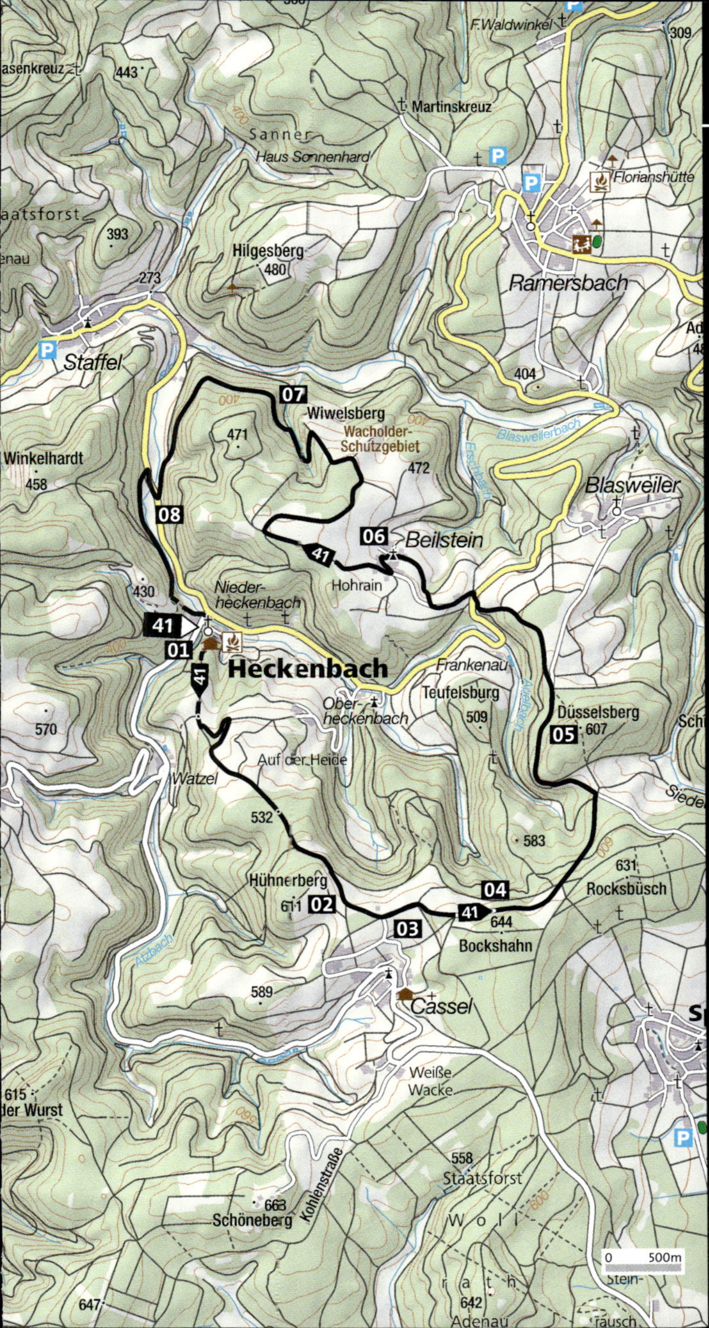
F.Waldwinkel
309
443
Martinskreuz
Sanner
Haus Sonnenhard
Florianshütte
393
Hilgesberg
480
273
Ramersbach
Staffel
404
07
Wiwelsberg
471
Wacholder-
Schutzgebiet
Blasweilerbach
Winkelhardt
458
472
08
Blasweiler
06
Beilstein
41
Hohrain
430
Nieder-
heckenbach
41
01
Heckenbach
Frankenau
41
Ober-
heckenbach
Teufelsburg
509
Düsselsberg
05
607
570
Auf der Heide
Watzel
532
583
631
Rocksbüsch
Hühnerberg
04
611
02
41
644
03
Bockshahn
Atzbach
589
Cassel
Weiße
Wacke
615
der Wurst
558
Staatsforst
Kohlenstraße
663
Schöneberg
0
500m
642
Adenau
647

QUIDDELBACH – NÜRBURG

Zur höchstgelegenen Burg der Eifel

6 km | 2:00 h | 242 hm ↗ | 242 hm ↘ | 820

START | Quiddelbach, Parkplatz Gartenstraße, unterhalb der Bushaltestelle. | Bus: Von Adenau.
[GPS: UTM Zone 32 x: 353.370 m y: 5.579.770 m]
CHARAKTER | Bergwanderung, anfangs 1:15 Stunde Aufstieg, überwiegend im Waldschatten. Totaler Rundumblick von der Nürburg. Renntage auf dem Nürburgring vermeiden; dazu Auskunft einholen.

Diese Wanderwege werden bei Nürburgringrennen nicht gesperrt. Der Rundgang durch die Ruinen der Nürburg kann durchaus eine Stunde zusätzlich dauern.

Nürburg, Ort und Burg.

▶ In **Quiddelbach** 01 die „Gartenstraße" aufwärts gehen, oben links und in ein Bachtal. Mit der Straße über den Bachgraben, scharf rechts in den Waldfahrweg neben dem Bachgrund und talaufwärts. An einer Abzweigung links, 50 Schritte weiter aber rechts und das **Buchental** (Bach bleibt rechts) hinauf. Am Rettungspunkt rechts

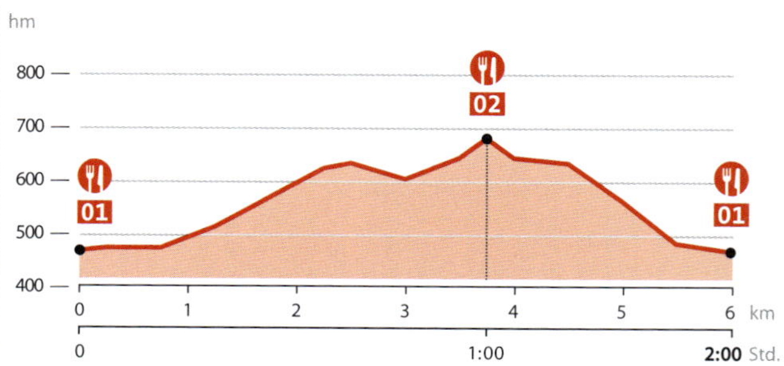

01 Quiddelbach, 465 m; 02 Nürburg, 677 m

Nürburg – Nürburgring

Die höchstgelegene der vielen Eifelburgen, „ungekrönte Königin der Eifelberge“ genannt, thront auf einem 678 m hohen, etwa 30 Mio. Jahre alten tertiären Vulkanberg, der im 10. Jh. als „mons nore“ erstmals erwähnt wird. Die Burg, einst die mächtigste Eifelfestung, wurde 1166 n. Chr. errichtet, 1689 von den Franzosen zerstört. Von ihrem Bergfried bietet sich ein totaler Rundblick über nahezu die halbe Eifel. Der ausgedehnte Ruinenkomplex ist (eintrittspflichtig) begehbar.

Nürburgring, 1925 als Notstandsmaßnahme der Erwerbslosenfürsorge begonnen, kann an rennfreien Tagen auch privat abgefahren werden. Die „Erlebniswelt Nürburgring“ bietet Einsichten in den Motorsport, viele Attraktionen und etliche Aktivitäten.

über den Quellgraben, von der nächsten Abzweigung scharf links den breiten Weg hoch, oben nach links und „Waldweg“ in den **Ort Nürburg**. Die „Hatzenbachstraße“ hinab, links „Hauptstraße“, inks „Burgstraße“ hoch bis oberhalb „Bergfriedenweg“. Links über den Parkplatz der Gaststätte „Zur Nürburg“, durch ein Tor und auf die **Nürburg 02**.

Beim Abstieg schon vor dem vorgenannten Tor nach rechts, und den Burgberg (NSG) nahezu umrunden. Vor dem Haus (Pension) nach links durch die Wiese abwärts, auf dem Querfahrweg links bergab, durch das Wintersportgelände und unter der Liftstrecke hindurch.

Ab dem erreichten Teerweg dem Hauptwanderweg (▶) folgen, stets auf dem Fahrweg bleiben, um alle Kurven, und im Tal auf dem Hinweg zurück zum Ausgangspunkt.

KALTENBORN – HOHE ACHT

Auf den höchsten Berg der Eifel

11 km | 3:00 h | 347 hm | 347 hm | 820

START | An der Kirche (Parkplatz). | Bus: Von Adenau und vom Ahrtalbahnhof Ahrbrück.
[GPS: UTM Zone 32 x: 359.100 m y: 5.585.660 m]
CHARAKTER | Gedehnte Anstiege, zumeist im Wald; auch weit bergab, mit schönen Landblicken.

▶ Gegenüber der Kirche in **Kaltenborn** 01 die „Hauptstraße" etwas ansteigen, erste Straße (Odenbachstraße) rechts auf Weg 7: Richtung Freileitung abwärts; am Gebüsch geradeaus ins Tal, über den **Odenbach** 02 und nach rechts im Wald hoch; am oberen Waldrand sofort links, den festen Weg rechts und um den Waldrand ständig bergauf; am Wegetreff geradeaus (!) in den Wald Auf der Wand, weiter hoch und in gleicher Richtung bis zur Querstraße in **Hochacht** 03. Links auf den Karl-Kaufmann-Weg (▶): Mit der Straße durch den Ort; oben über die L 90 und weiter steigen; am **Schilderstock** 04 nach links, am Ende dieses Weges über die L 10 und den **Parkplatz Hohe Acht** 05. Oberhalb an der Schranke in den Waldweg und gerade direkt hoch zum Rastplatz Hohe Acht; den Bergpfad hinauf zum Kaiser-Wilhelm-Turm auf der **Hohen Acht** 06.

Abstieg auf dem Rhein-Rureifel-Weg (>): Vom Rastplatz links in fast gerader Richtung hinab zum **Berghotel Hohe Acht** 07 an der L 10; rechts gegenüber den Skihang

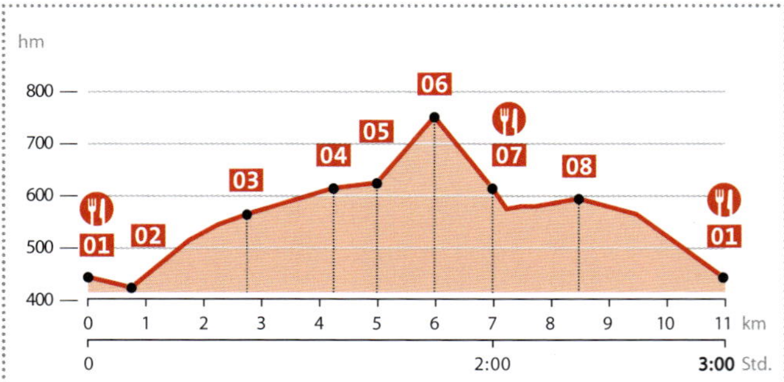

01 Kaltenborn, 440 m; 02 Odenbach, 420 m; 03 Hochacht, 560 m; 04 Schilderstock, 610 m; 05 Parkplatz Hohe Acht, 620 m; 06 Hohe Acht, 747 m; 07 Berghotel Hohe Acht, 610 m; 08 Kaltenborner Wald, 590 m

Hohe Acht

Der mit 746,9 m höchste Berg der Eifel ist ein etwa 65 Mill. Jahre alter Tertiärvulkan, dessen Basaltkuppe sich 78 Meter über das Schiefergebirge erhebt. Vom 1909 eingeweihten, 16,3 m hohen Kaiser-Wilhelm-Turm bietet sich ein unvergleichlicher Rundumblick, an klaren Tagen nach Norden bis zum Kölner Dom.

hinunter bis zu einer Kreuzung oberhalb **Jammelshofen**.

Hier nach links den Teerweg hinauf, an seinem Knick nach rechts, durch eine Senke und bis zum Baum mit Bank. Nun geradeaus (Weg 1) den Feldweg hinauf. Weiter oben, 30 m vor einem Gebüsch, nach rechts zum Waldrand. Davor auf dem festen Weg abwärts, um und später durch den **Kaltenborner Wald** **08**, darin auch über eine Kreuzung hinweg. Am Ende der Richtung auf Weg 6: Querweg 30 Schritte links, dann scharf rechts den grasbewachsenen Waldweg abwärts; unten um einen Wiesenhang; scharf links ins Bachtal, und vom Ortsrand Kaltenborn neben dem Bach zur K 43. Wenig oberhalb der Ausgangspunkt.

Hohe Acht, Kaiser-Wilhelm-Turm.

DURCH DIE ARFTER HEIDE

Wacholderschutzgebiet in der Hohen Vordereifel

15 km | 4:30 h | 407 hm ↗ | 407 hm ↘ | 820

START | Ski- und Wanderparkplatz am Raßberg neben der L 10, oberhalb des Ortes Arft.
[GPS: UTM Zone 32 x: 362.500 m y: 5.583.540 m]
CHARAKTER | Rundwanderung durch Hochwald und über die als Hochheiden wild verwachsenen Berge. Weite Landblicke, auch auf die Hohe Acht. Der Mai verzaubert die Wacholdergebiete zusätzlich mit „Eifelgold“, der Ginsterblüte. Viele Rastbänke. Der „Wacholderweg“ wird mit einem Wacholderstrauch markiert; die „Traumpfade“ sind eigens beschildert und gekennzeichnet.
Hinweis: Der anfängliche kleine Rundgang ist auch für Familien mit Kindern zu empfehlen (3,2 km, eine Std.).

▶ Oberhalb des **Parkplatzes** 01 auf den **Traumpfad Bergheidenweg**: Ansteigen, von oberhalb der Schutzhütte im Linksbogen um das Naturschutzgebiet **Raßberg** 02. Vom Konrad-Adenauer-Stein über die L 10 hinweg in das NSG Dr.-Heinrich-Menke-Park und bald bergab, auch am Menke-Denkmal vorbei, durch prächtigen Wacholderbestand in dieser Richtung kurvig bis zu einem Querweg. Hier nach links auf den Wacholderweg, nach 100 m ansteigen und bis zum

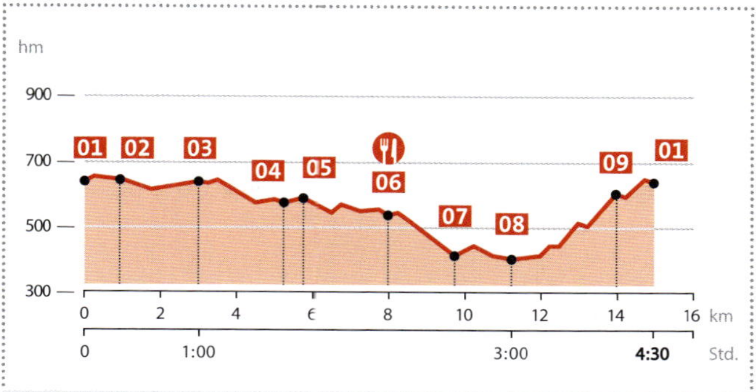

01 Arft-Raßberg, 635 m; **02** Raßberg, 655 m; **03** L 10, Lagerplatz, 635 m; **04** Jodokus, 570 m; **05** Büschberg, 585 m; **06** Wacholderhütte, 533 m; **07** Nettetal, 410 m; **08** Netterhöfe, 400 m; **09** Heidbüchel, 600 m

Holzlagerplatz **03** gegenüber dem Ausgangspunkt. (Ende des kleinen Rundgangs.)

Rechts über diesen Platz, Fahrweg nach rechts in den Hochwald, an einer Abzweigung links kurven. Am Hochwaldrand links wieder auf den Wacholderweg: Im Wacholderschutzgebiet Welfsberg mit Linksbogen um die Anhöhe (Landblick) und bis etwa 80 m vor der Landstraße, dort rechts abwärts zu einem Weg neben der L 10. Die Landstraße nach links überqueren, und an ihrer Seite abwärts bis zum Waldrand. Diesem Rand entlang, im Wald zur Grillhütte, unterhalb auf dem Fahrweg nach links ins Tal; dort nach links ansteigen, vor dem

Wacholderschutzgebiet

Die Wacholderheiden in den Hochlagen des Mayener Landes, Gebiet der heutigen Verbandsgemeinde Vordereifel, sind durch die sog. Schiffelwirtschaft der armen Bauern entstanden, auch durch den Fraß der Schafe und Ziegen, der eine Wiederbewaldung verhinderte. Sie gelten heute als Biotope von europäischem Rang für seltene Pflanzen und Tiere. Den Wacholderstrauch (althochdeutsch „immergrüner Baum") gab es hier bereits vor der letzten Eiszeit, und er gilt als „Adeliger des grünen Reiches". Das nach dem Koblenzer Biologielehrer Dr. Heinrich Menke (1880–1956) benannte, 23 ha große Wacholdergebiet ist besonders bekannt. Unter den Wandergebieten der Eifel, die für ihre Landblicke berühmt sind, haben diese Höhen einen herausragenden Ruf.

Gebäude rechts herum, vor einer Wiese (Schuppen) links zwischen Zaun und Wald hoch zum Teerweg. Auf diesem rechts 200 m zur Wegkreuzung am **Jodokus-Pilgerkreuz** **04** (Schilderstock, Rastplatz mit Landblick).

Weiter auf dem **Traumpfad Wacholderweg** Richtung Wacholderhütte: Hinter der Kreuzung links bergauf, im Rechtsbogen über die Wacholderheide **Büschberg** **05** (Aussichtstafel). Nach kurzem Abstieg rechts, und bald wieder zum Teerweg. 50 m nach links, an dem Kreuz vorbei, vor dem Wanderweg-Denkmal rechts stark bergauf. Oben dem Waldrand entlang, auch abwärts, bis wieder der Teerweg erreicht ist. Nach rechts, von der Abzweigung auch noch um die Rechtskurve, dahinter links ansteigend um die Wacholderheide **Wabelsberg**, über dem Ort Langscheid zur Wabelsberger **Wacholderhütte** **06**. Weiter Richtung Nettetal: Vor dem Gasthaus ansteigen, oberhalb des Spielplatzes rechts bergab, von der Schutzhütte steil. An der Wegverzweigung rechts in den unteren Weg, bereits nächste Abzweigung links. Weiter unten fester Weg; an einer Verzweigung geradeaus und talwärts neben einem Quellgrund. Von der Abzweigung über dem

Auf dem Heidbüchel (Naturschutzgebiet).

Nettetal **07** geradeaus und wieder steigen. Am Schild rechts ein Waldpfad durch den Quellgrund; nächster Weg 1,2 km mit Auf und Ab, auch neben Wiesenhängen, zum Schilderstock in einem Seitental.

Hier dem Schild „Zum Bergheidenweg 600 m“ folgen, rechts zur Straße, auf dieser links und durch den Ort **Netterhöfe** **08**. Ab dem Ortsende auf den **Traumpfad Bergheidenweg**, Richtung Parkplatz Raßberg: Links stark bergauf; vor dem Wasserbehälter links, oberhalb der Obstwiesen. Am Schild rechts den steilen Wiesensteig hoch, geradeaus am Waldrand. Oben nach rechts um den Waldrand, dann links auf dem Waldfahrweg weiter aufwärts. Nach 600 m rechts über das Naturschutzgebiet **Heidbüchel** **09** steigen. Vom Gipfel (Panorama) mit Linksbiegung wieder hinab zum Fahrweg. Auf diesem am Waldrand erneut aufwärts. Nach 400 m, an der höchsten Stelle, rechts in die Wacholder-Hochheide steigen, an der Birke links hoch, am Waldrand links entlang, dahinter links hinunter zum Ausgangspunkt.

Arfter Heide, Wanderweg-Stein.

UM DAS BOOSER DOPPELMAAR

Bezaubernde Hocheifel-Vulkanwanderung

TRAUMPFADE Rhein-Mosel-Eifel-Land

9 km | 3:00 h | 180 hm | 180 hm | 838

START | Wanderparkplatz der Vulkanparkstation „Booser Doppelmaar“ westlich Boos. Zufahrt: L 94 von Nürburg, kurz vor der B 410 am Waldrand. Von Mayen oder Kelberg kommend Richtung Nürburgring abbiegen und gleich rechts hoch.
[GPS: UTM Zone 32 x: 357.800 m y: 5.575.030 m]
CHARAKTER | Gut beschilderte Wege und Pfade im Tal und über die Berge. Traumhafte Ausblicke, auch auf die Nürburg, vor allem vom Booser „Eifelturm“. Zahlreiche Landschaftstafeln, etliche Rastplätze. Fotomotive!

Vor dem **Parkplatz** 01 nach rechts „zur Doppelmaar-Tour“ auf den Traumpfad starten, bald im Wald Kehren hinab zum **Altparkplatz Schemel**. Neben der L 94 absteigen, die Straßenseite wechseln und abwärts, vor dem westlichen Maar links und am Waldrand um diesen **Booser Weiher** 02. 100 m vor der Landstraße rechts abwärts; über die Straße und mit der Baumreihe talwärts. Von den Pflaumenbäumen links und 1 km stets durch diese linke Talseite, auch am Trockenmaar entlang und bis zum querenden Stumpfarmweg (Tafel!) vor dem **Nitzbachtal** 03. Nach rechts über das Bächlein und im Wald ansteigen, vom Querweg links und 1,5 km hoch über dem schönen Nitzbachtal weiter; vom Waldende aufwärts, mit Blick auf die Nürburg und über den Ort Nitz. Einen Teerweg nur überqueren und den Pfad kräftig hoch zum **Hölgertberg** 04.

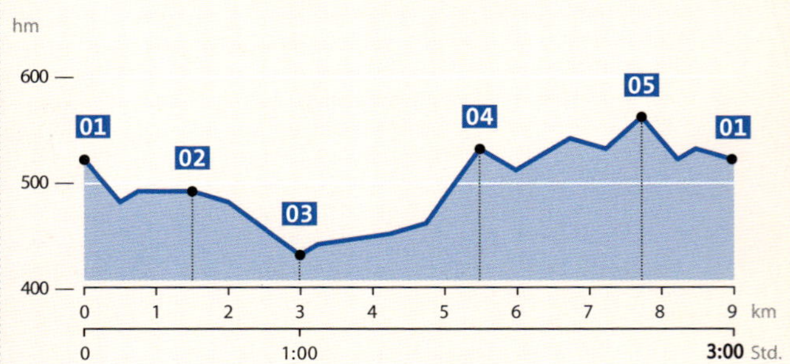

01 Boos, 520 m; 02 Booser Weiher, 490 m; 03 Nitzbachtal, 430 m; 04 Hölgertberg, 530 m; 05 Scheeberg/Eifelturm, 560 m

Mit dem Fahrweg über die Höhe kurven, an der Kreuzung (Rettungspunkt) rechts durch die Feldflur, anschließend im Wehrholz 900 m leicht ansteigen bis zum Petrus-Bildstock. Über die Wegekreuzung leicht nach rechts. An der folgenden Kreuzung geradeaus, von der nächsten links hoch, über die Feldhöhe. Rechts zur Aussicht über Boos, weiter zum **Schneeberg**, wo der **Booser „Eifelturm“** 05 (125 Stufen!) erstiegen werden sollte: Rundblick über die Hoch-, Ost- und Vulkaneifel, zum Westerwald und Hunsrück.

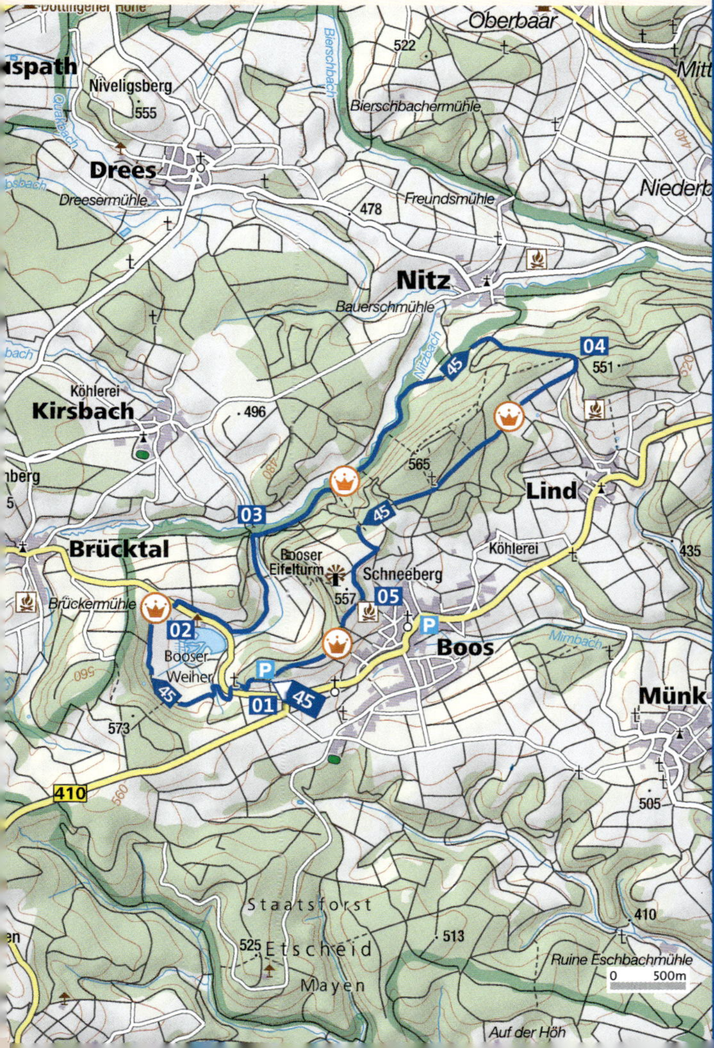

Maare

Es handelt sich nicht um Krater, sondern um Mulden, die vor allem durch vulkanisch bedingte Wasserdampfexplosionen (so genannte Phreatomagmatische Explosionen) entstanden sind. Teils mit Wasser gefüllt, teils verlandet, bergen sie eine vielfältige Tier- und Pflanzenwelt.

Vom Abstieg rechts um den Vulkanberg. Nach 100 m ist ein Abstecher in die Lavagrube mit einer Lavabombe möglich. Dann den Weg fortsetzen, auch an der Schutzhütte vorbei.

Wenig danach am Schilderstock nicht rechts einbiegen(!), vielmehr geradeaus auf dem bisherigen Weg bleiben, nach leichtem Anstieg im Wald abwärts, direkt zum Ausgangspunkt.

Booser Eifelturm über Lavagrube, mit Besuchern.

VIRNEBURG – ST. JOST

Vom Traumpfad Virne-Burgweg in den Mayener Hinterwald

13,5 km | 4:30 h | 415 hm | 415 hm | 838

START | Parkplatz Blumenrather Heide. Zufahrt: Von der B 258 östlich Virneburg, oberhalb der Serpentinen: an der Kapelle von 1814 und am Sportplatz vorbei noch 180 m.
[GPS: UTM Zone 32 x: 364.380m y: 5.577.900 m]
CHARAKTER | Bergwanderung mit steilen, auch alpinen Abschnitten, die Bergschuhe erfordern.
Wunderbare Landblicke, Fotomotive.

Vom **Parkplatz** 01 auf den **Traumpfad Virne-Burgweg**, zunächst Richtung Schafberg: Die Zufahrt abwärts. An der Kapelle über die B 258 und durch den Wald Frauenholz zur Wacholderheide **Schafberg** 02. An Weggabelung links. Gleich rechts hinter dem Gebüsch weiter und über die Heide (phantastisches Hocheifel-Panorama). Am Ende rechts, links mit dem Weg bald abwärts, geradeaus auch im Wald **Langheck**.

Virneburg

Der bereits im 7. Jahrhundert urkundlich genannte Ort wird auch heute noch überragt von den Ruinen der erstmals im Jahre 1042 erwähnten Burg. Die abwechslungsreiche Geschichte der Virneburg ist in der Ruine angetafelt und beschrieben.

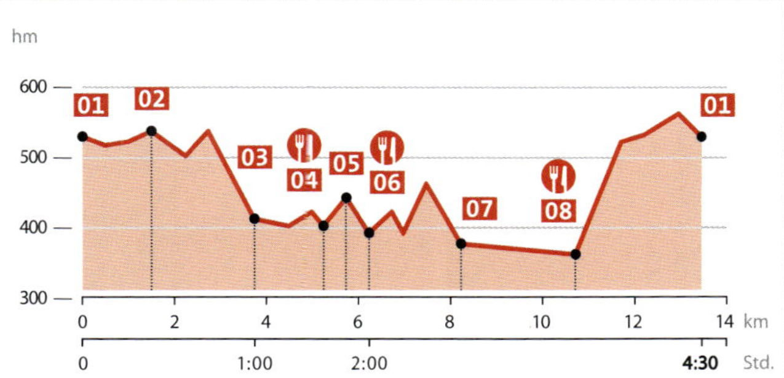

01 Blumenrather Heide, 527 m; 02 Schafberg, 535 m; 03 Nitztal, 410 m; 04 Virneburg, 400 m; 05 Burgruine, 440 m; 06 Gemeindehalle, 390 m; 07 Nitzbachbrücke, 375 m; 08 St. Jost, 360 m

Wallfahrtskapelle St. Jost

300 Jahre alter Tuffsteinaltar mit farbigen Weihnachtsmotiven (KD).

Nach Virneburg orientieren: Von einer Abzweigung im Wald links wieder steigen, aber nach 400 m plötzlich rechts steil bergab neben einem Quellgraben; nach dessen Überquerung mit dem **Vulkanweg** (V) an der anderen Seite. Ab den Teichen durch das **Nitztal** 03; vor einer Brücke erneut ansteigen bis zum Burgblick über **Virneburg** 04. Daneben den Steilpfad abwärts in den Ort.

Über die „Hauptstraße" und „Zur Burg" ansteigen, weiter oben links, und von der Geschichtstafel zwischen die **Ruinen der Virneburg** 05. Durch den großen Torbogen, hinab zu einer Bank, davor den alpinen Steig hinunter zur Kapelle. Rechts davon in den Ort absteigen, die „Talstraße" überqueren, über die Nitzbrücke und zum Parkplatz an der **Gemeindehalle** 06.

Nun Richtung Brauberg weiter: Über die Straße und geradeaus hoch, die gepflasterte Straße weiter bergauf, verlängert als Weg. Wenig hinter einem Rastplatz (mit Orts- und Burgblick) an einem Geländer scharf rechts absteigen. Unten über den Talgrund, und nach Treppen links nochmals steigen. Auf der Höhe rechts und abwärts; ab einer Verzweigung links durch die Heide absteigen, jetzt bis ins Nitztal. Links auf dem Teerweg noch bis vor die zwei **Bachbrücken** 07 (Schild: Brauberg 1,7 km), wo wir den Traumpfad verlassen.

Auf der linken (!) Straße weiter, die bald zum Waldweg im Felshang

Virneburg von Westen.

über der Nitz wird, der nach 2,6 km den Teerplatz oberhalb **Sankt-Jost-Mühle** erreicht. (350 m links die Gaststätte.) Rechts die Straße abwärts zur **Wallfahrtskapelle St. Jost** **08**. Die Nitz überbrücken, neben der Einzäunung zum Wald hoch. Vom Kreuz wenige Meter nach links, dann rechts den steilen Pilgerpfad St. Jost hinauf, zumeist Hohlweg zwischen Felsen. Nach 900 m ein Weg in gleicher Richtung steigend, dann Fahrweg durch den Mayener Hinterwald. An zwei Schildern Richtung Sechskantenstein halten, am dritten Schild rechts Richtung Blumenrather Heide schwenken, die nach Anstieg unterhalb einer Schutzhütte erreicht wird. In dieser Wacholderheide geradeaus etwa 600 m abwärts zum Ausgangspunkt.

UM UND DURCH MONREAL

Im Elztal, zu den Burgen und über Berge

12 km | 4:00 h | 333 hm | 333 hm | 838

START | Bahnhof Monreal, auch Parkplätze. |Bus/Bahn: Bus von Mayen, Kaisersesch und Ulmen. Pellenz-Eifel-Bahn: Andernach–Mayen–Kaisersesch
[GPS: UTM Zone 32 x: 368.500 m y: 5.573.220 m]
CHARAKTER | Bergwanderung mit alpinen Abschnitten, die Trittsicherheit, Schwindelfreiheit und jedenfalls Bergschuhe erfordern. Am Ende ein Spaziergang durch diesen schönsten Ort der Südosteifel.

Vor dem **Bahnhofsgebäude** **01** (Stellwerk) auf den Teerweg, der rechts abwärts ins Elztal verläuft. Durch den Bahnviadukt und dem Sportplatz entlang. Dahinter auf den **Traumpfad Monrealer Ritterschlag**, zunächst Richtung Löwenburg: Im Tal noch geradeaus, vor dem Karbach rechts fast 90 Höhenmeter steil bergauf. Oben erst rechts abwärts, links am oberen Rand der Hangwiese weiter. Nach Rechtsknick links durch die felsige **Elzlay**; nach Abstieg ein alpiner Abschnitt mit Burgenblick. Am **Querweg** **02** (Schilderstock) kann zur Rechten die nahe **Philippsburg** aufgesucht (und auch abkürzend in den Ort abgestiegen) werden; die Wanderung setzt sich aber vom genannten Schilderstock Richtung Löwenburg ansteigend fort. Vor einem Felsen nach rechts zur **Löwenburg** **03** (märchenhafter Ausblick!). Durch die Burgruine, von der Geschichtstafel links und absteigen, im ortsseitigen Steilhang auf alpinem Pfad in

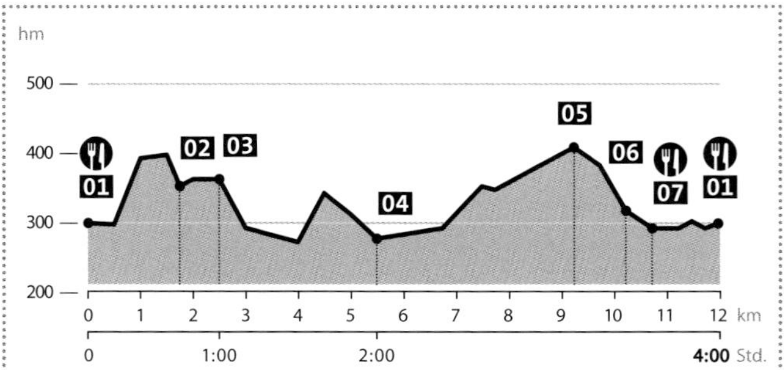

01 Bhf. Monreal, 297 m; **02** Abzweigung Philippsburg, 350 m; **03** Löwenburg, 360 m; **04** Schnürenhof, 275 m; **05** Schilderstock, 406 m; **06** Mutter-Anna-Kapelle, 315 m; **07** Monreal, Zentrum, 290 m

Kehren, zuletzt die Treppen „Zur Burg“ nach Monreal in die „Untertorstraße“.

Auf dieser Straße nach links, vor Haus Nr. 38 rechts, hinter dem Brückchen zwischen Mühlgraben und Elz, wieder auf den Traumpfad, nun Richtung Schnürenhof: Hinter der Straßenunterführung an Teichen nahe der **Friedhofskapelle** (Ursprung 1210) vorbei, vom Friedhof nach rechts durch Wiesen. Von der Straße „Schäferei“ in die Straße „Walkmühle“. An deren Ende links, doch sofort rechts, über ein Brückchen, anschließend 1 km Bergpfad durch den steilen Felswaldhang. Am Waldende links zwischen Acker und Wiesen; nächster Weg am Gebüsch abwärts zum **Schnürenhof** **04**.

Ab hier Richtung Thürelzblick: Durch das Hofgelände, Straße über die Elz und noch 160 m, dann links ansteigen. Von der folgenden Abzweigung wieder links, fast 1 km durch den Wald über der Elz. An der Kreuzung nach rechts, nach wenigen Schritten aber links einen Hohlweg im **Polcher Holz** hinauf. Oben Fahrweg nach rechts weiter hoch. Nach 250 m (Linkskurve) rechts abbiegen, mit Linksbogen wieder einen Hohlweg hinab. Den Querweg vor dem Talgrund erneut ansteigen und beibehalten, auf der Höhe zwischen Wiesen und Waldhang, und bis zu einem **Schilderstock** **05** auf Höhe 406 m.

An dieser Stelle den Traumpfad verlassen und geradeaus den Feldweg abwärts fortsetzen. Am

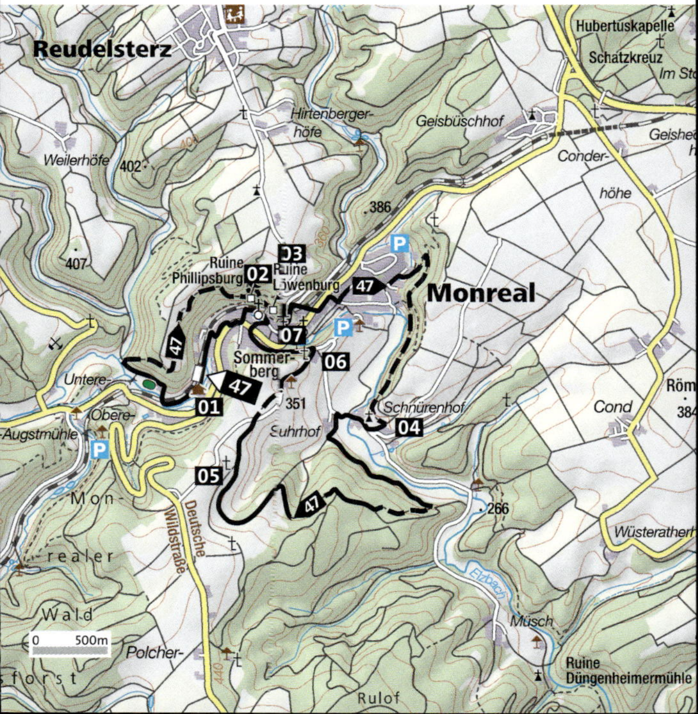

Bildstock (mit Kreuz) geradeaus über den Teerweg, mit Rechtsbogen einen Feldweg am Sommerberg abwärts; vom unteren Ende die Straße hinunter. Vor der **Mutter-Anna-Kapelle** **06** links die „Nierstraße" absteigen, mit Orts- und Burgenblick nach Monreal. Geradeaus die „Obertorstraße" hinab, folgt ein Rundgang durch den **historischen Ortskern** **07**. Unten über die Alte Elzbrücke mit Nepomuk und Löwenkreuz (schönstes Ortsmotiv!); links zur Pfarrkirche Kreuzerhöhung (1410) an den Jakobus- und Martental-Pilgerwegen, mit dem berühmten Apostelaltar (Holz, 1420) und vier Glocken (14./15. Jh.); über den Vorplatz, neben dem Alten Pfarrhaus über die Elz und – wieder Traumpfad – durch die Mühlenstraße, verwinkelt und zuletzt zwischen Hauswänden erneut zur „Obertorstraße". Diese hoch, rechts Verkehrsstraße, doch bereits hinter Haus Nr. 14 rechts ins Tal, links auf den „Elzer Weg"; bald über die Elz, vor dem Bahnviadukt links und zurück zum **Ausgangspunkt** **01**.

Monreal: Historischer Ortskern.

PYRMONTER FELSENSTEIG – SCHWANENKIRCHE

Vom Elzwasserfall um Burg Pyrmont und Roes

14,5 km 4:00 h 340 hm 340 hm 838

START | Parkplatz an der Brücke über den Elzwasserfall (Straße A 4–Kaifenheim–Roes–Pillig); möglich auch an der Pyrmonter Mühle.
[GPS: UTM Zone 32 x: 378.170 m y: 5.566.330 m]
CHARAKTER | Kräftige Bergtour mit weiten Landblicken.

Vom **Parkplatz** **01** zunächst über die Brücke, die K 27 hoch bis in die Linkskurve. Beschildert rechts auf den Jakobsweg und Traumpfad (▶): Pyrmonter Felsensteig durch die **Teufelskammer** **02** im Elztal; nach 3 km vor Roesermühle rechts steil hoch zur **Hauerhütte** **03** (Aussichtsrastplatz); hinter kleiner Schlucht links bergab zur **Brückenmühle** **04**.

Burg Pyrmont

Privatbesitz, jedoch von Mai bis Oktober als „Erlebnisburg" (mit Gastronomie) zu besichtigen.

Burg Pyrmont, 56754 Roes, Tel. 02672-2345.

Über die Elz und nach rechts, bald seitlich bergan. Auf dem am Wald erreichten Querweg links hoch. Oben den Querfahrweg (T 1) nach rechts, bald neben dem Talgrund steigen und stets weiter gerade-

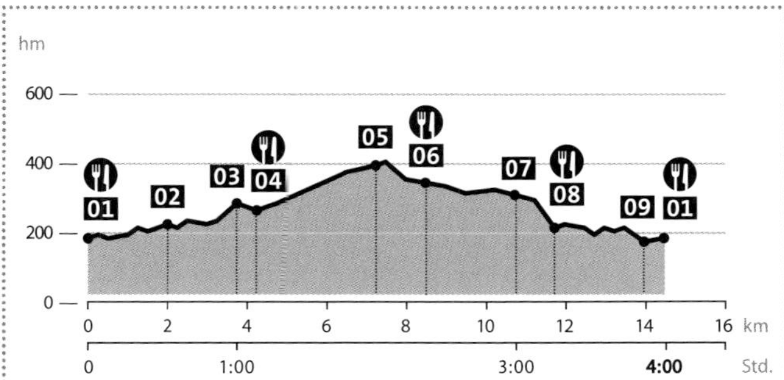

01 Parkplatz Brücke, 180 m; **02** Teufelskammer, 220 m; **03** Hauerhütte, 280 m; **04** Brückenmühle, 260 m; **05** L 109, 390 m; **06** Schwanenkirche, 340 m; **07** Pyrmonterhöfe, 305 m; **08** Burg Pyrmont, 210 m; **09** Elztal, 170 m

Rittersteg mit Burg Pyrmont.

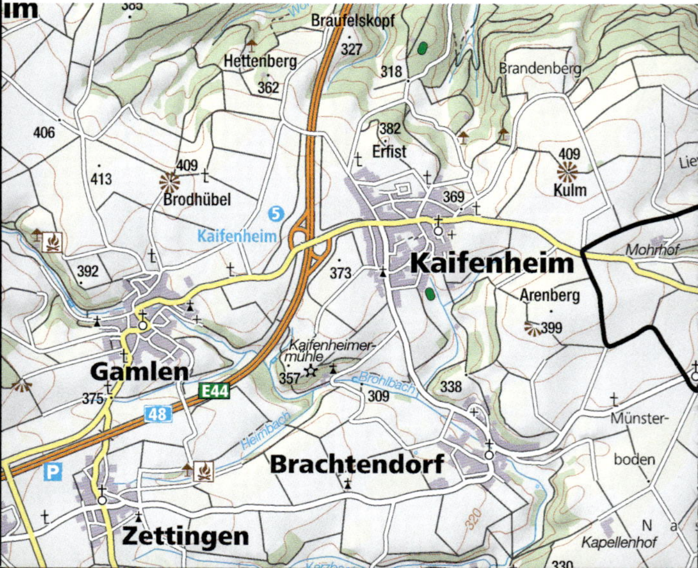

aus, oben in der Feldflur am Lieweringsberg noch bis zum zweiten (!) querenden Teerweg. Nach links mit diesem (Obstbäume) bis auf die Höhe (Aussicht!). Hinter dem Gebüsch rechts den Feldweg (T 1) geradeaus zur **L 109** **05**, die überschritten wird. Um die Höhe (T 3), bald 500 m bergab. Von der Wegekreuzung links, im Vogelschutzgebiet ab den drei Bäumen rechts zur **Schwanenkirche** **06**.

Dahinter vor dem Gasthaus in den Radweg. An dessen Rechtsknick ganz nach links auf einen Feldweg; nach 180 m leicht rechts durch die Mulde. Die L 109 nach unten überqueren, links den Hecken entlang über dem Talgrund Bletsch, und vor einem bewaldeten Quellgang hinauf zur K 27. Deren Rand rechts zu der **Pyrmonterhöfen** **07**, dort rechts Allee zur Burg **Pyrmont** **08**.

Wieder auf den Felsensteig (auch ►): Vor der Burg wieder hoch zur Spitzkehre, dort links, auf dem Rittersteg durch die Felswand; nach 800 m links Steilpfad hinab ins Wahlbachtal; links über die Brückchen und im Talhang mit Auf und Ab; hinter dem Freiblick auf Burg Pyrmont zu einer Wegekreuzung. Links hinab ins **Elztal** **09**. Rechts zum Blick auf den größten Wasserfall der Eifel, dann links zur Pyrmonter Mühle und zurück zum Ausgangspunkt.

Schwanenkirche

Die gotische Kirche (1473), nach Kriegszerstörung neu aufgebaut, erhielt ihren Namen von dem Schwan auf der Turmspitze, dem Wappentier der Grafen Waldbott von Bassenheim, die 1712 neben dem Bergfried (1225) der Burg Pyrmont das Barockschloss erbauen ließen.

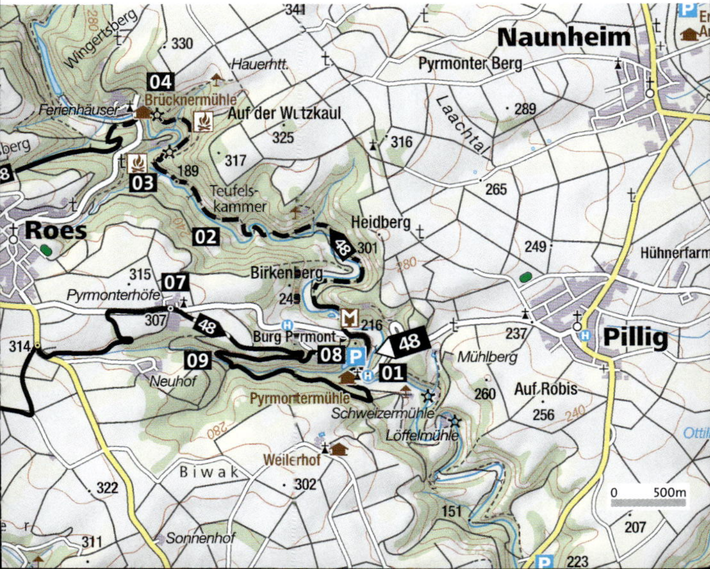

MÖNTENICH – BURG ELTZ

Wanderung zum „Inbegriff deutscher Burgenromantik“

12,5 km | 4:00 h | 305 hm | 305 hm | 838

START | Möntenich, Parkplatz gegenüber Hotel „Zum Elztal“. | Bus: Von Cochem.
[GPS: UTM Zone 32 x: 378.860 m y: 5.564.660 m]
CHARAKTER | Anfangs leichte Höhenwege, danach Berg- und Talwege, auch steile Felsenpfade. Bergschuhe sehr zu empfehlen! Fotomotive.

Die „Hauptstraße“ in **Möntenich** **01** aufwärts, in Richtung Brohl nach rechts, dann links hoch. Am Ortsende von Möntenich links auf die Feldstraße (M 4): 1,4 km mit Blick in das Nasser Kirchspiel; vor dem Wald in den Teerweg links und hinab zur **K 32** **02**. Auf der Straße rund 140 m nach links, dann rechts abbiegen auf Weg M 5: Feldweg hinab ins Tal, vom Teich rechts im Wald ansteigen, oben rechts am Waldrand zu einem Teer-

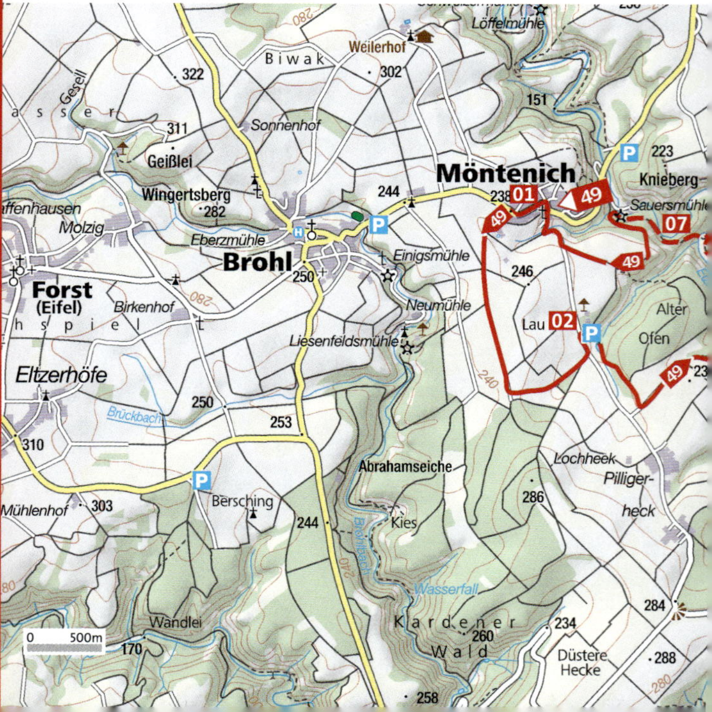

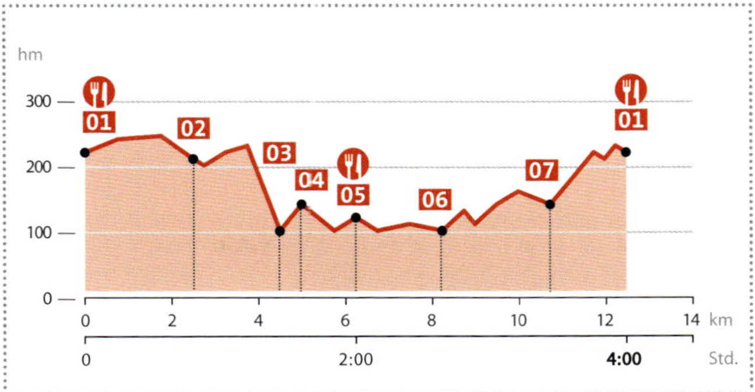

01 Möntenich, 220 m; **02** K 32, 210 m; **03** Elztal, 100 m;
04 Petersköpfchen, 140 m; **05** Burg Eltz, 120 m; **06** Wanderbrücke, 100 m;
07 Sauersmühle, 140 m

weg; damit links über die Feldhöhe, dem Wäldchen entlang, am Ende zwischen den zwei letzten Hochspannungsmasten leicht rechts hindurch die Wiese hinab, rechts im Wald hinunter bis ins **Elztal 03**.

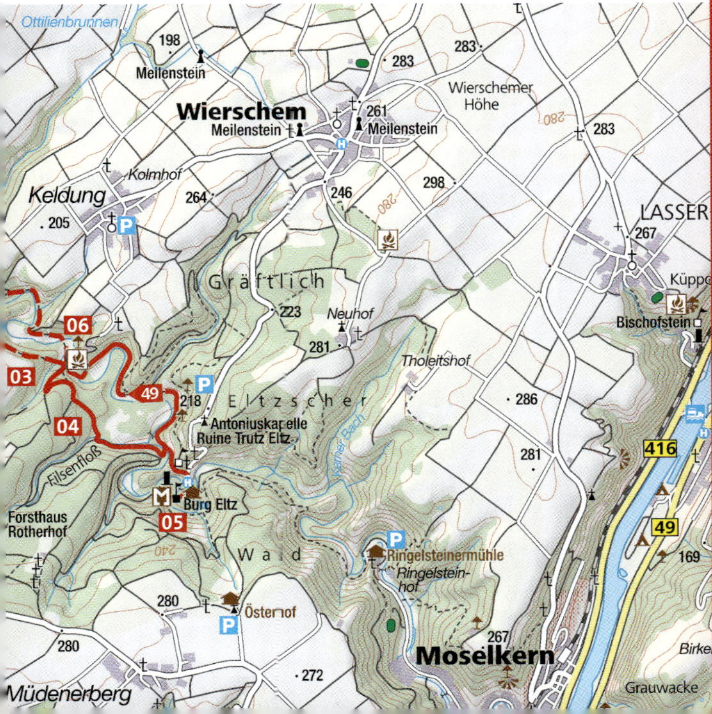

Wissenswert:

Die **Elz** entsteht aus Quelladern um den Hocheifel-Vulkan Beilstein östlich Kelberg; sie biegt bei Monreal nach Süden und strömt in einem zunehmend tief eingesägten Tal zur Mosel.

Burg Eltz, die romantische Ganerbenburg auf einem Umlauffelsen über dem Elztal, entwickelte sich vom 12. bis 16. Jh. in Häusern (Anbauten) für jeden Familienzweig; sie wurde nie zerstört, gilt als Inbegriff der deutschen Burgenromantik und zierte einst den 500-Mark-Schein.

Vor dem Schilderstock scharf rechts auf den **Traumpfad Eltzer Burgpanorama**: Starker Anstieg am **Petersköpfchen** 04, dann bergab, ab Filsenfloß Fahrweg bis über (!) die Elzbrücke; dahinter gleich rechts zur **Burg Eltz** 05.

Von dort zurück bis neben die vorgenannte **Elzbrücke** 06, jetzt rechts auf dem Jakobsweg (▶) das Elztal aufwärts: 750 m Fahrweg, dann links ins Tal; an Rastplatz zur anderen Talseite, und vor dem vom Hinweg bekannten Schilderstock rechts durch das Tal, auf 1,8 km auch mehrfach auf und ab; nach langem Berganstieg über einem Seitental hinab zur Straße neben **Sauersmühle** 07, und von deren Elzbrücke nur noch 100 m links im Tal. Nach scharf links auf Weg M 3: Im Wald hochsteigen; oben durch die Feldflur zur K 32. Auf dieser rechts durch den Quellgrund, und ab der Kapelle rechts hinab zum Ausgangspunkt.

Burg Eltz.

KAISERSESCH – COCHEM

Durch Martental und Enderttal zur Mosel

17 km | 5:00 h | 125 hm | 470 hm | 837

START | Kaisersesch, Bushaltestelle Balduinplatz. | Bus: Cochem–Kaisersesch (werktags stündlich). Empfehlung für Kraftfahrer: In Cochem parken und zuerst mit dem Bus nach Kaisersesch. [GPS: UTM Zone 32 x: 367.490 m y: 5.565.920 m]
CHARAKTER | Bis Martental leicht. Im schluchtartigen Tal der wilden Endert auch Felsenpfade, die bei Nässe rutschig sein können und bei Glätte unbegehbar sind.

In **Kaisersesch** 01 vom „Balduinplatz“ durch die „Hambucherstraße“ bis vor den Alten Postplatz. Rechts aufwärts, vor dem Kreisverkehr nach links „Poststraße“, schräg rechts über die Kreuzung und „Bahnhofstraße“ bis zur **Waldkapelle** 02 an der großen Kreuzung. Geradeaus auf den **Martentalweg** (M): „Auf der Wacht“ in den Wald; am Heim St. Martin links „Humboldtstraße“, Verlängerung „In der Langheck“ bis vor den Wald; links auf die Anhöhe, links (auch Pilgerweg); über den Waldspielplatz mit **Martinshütte** 03, geradeaus, aus dem Wald; vor der A 48 nach rechts, links durch deren Unterführung, rechts an der Böschung, vor dem Wald links, über die L 52 nach **Breitenbruch** 04.

Hinter dem Friedhof links abwärts; den querenden Teerweg (Tannen) 10 m rechts, dann links das Sesterbachtal hinab zur **Martentalkirche** 05; vor deren Portal vorbei, rechts neben die Kirche und talwärts, und

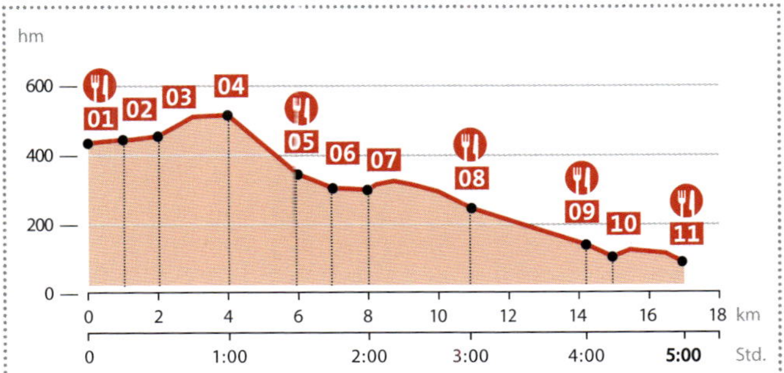

01 Kaisersesch, 430 m; 02 Waldkapelle, 440 m; 03 Martinshütte, 450 m; 04 Breitenbruch, 510 m; 05 Martentalkirche, 340 m; 06 Endertwasserfall, 300 m; 07 Napoleonsbrücke, 295 m; 08 Göbelsmühle, 240 m; 09 Weißmühle, 135 m; 10 Winneburg-Hotel, 100 m; 11 Cochem, 85 m

Grob-
erlen
512
Römische
Befestigungs-
anlage
Alte
Schanze
562
Jagdhaus
Eppenberg
48
E44
548
3
Laubach
Pflanzenhof
Krohn
Birkenhof
Gallberg
570
Rote Hecke
"Eifelquerbahn" - Betrieb eingestellt
Eifelperle
564
536
Schlangenberg
530
Laubach
537
Wolfskaul
Höhe
553
529
510
Lasserbach
Müllenbach
477
Wolfsberg
558
Breiten-
bruch
512
Leienkaul
Sester-
bach
Präfekturhof
Landgastha
Schöne Aussic
Maria
Schacht
488
Weierhof
Achatiushöhe
Martentalerhof
chkreuz
470
Colonia
465
mmeberg
485
Martentaler
Kirche
Kl. Maria Martental
Falkenlay
301
50
ehem.
Zirwesmühle
422
Forsthaus
Hochpochten
440
408
Napoleonsbrücke
428
422
462
Hunert
Endertbach
449
434
Maxmehrmühle
Raben
429
senberg
465
443
Pahlbachhütte
Büchelermühle
Pahlbach
477
461
Göbe
Alflen
Militärflugplatz
Büchel
442
atmuseum
461
Büchel

Lindenhof
494
Buchenwald
Zur Kringelwies
Schnellsmühle
Masurenhof
Neumühle
Mühlenhof
Friedrichsmühle
Hs. Constantia
Waldhot. Kurfürst
Römerstraße
Zellersbach
508
Neuhof
Pfaffen kaul
Eulgemermühle
500
488
454
Squash-Halle
KAISERSESCH
Beulhöchst
463
Freilichtbühne am Schiefer-Turm
Schiefer Turm
Waldkapelle
Römerturm
466
Galgenberg
442
430
477
Kaisersesch
Hambuch
388
Autobahnmeisterei
Am Bieselbach
Pommerbach
348
377
Hambuchermühle
Suhrhof
Bewinkel
Makaul
406
Bint
482
Siedlung am Meilenstein
Waldhof
Wald
Brüchenerkaul
468
Rosenhof
Körmack
429
411
449
Walderholungplatz
Illerich
Held
Landkern
421
Kaushöfe
Kaus
Schäferhof
Greimersburg
404
Dreifaltigkeitshof
396
Altes Forsthaus
Landkernberg
413
411
ehem. Ostermühle
ehem. Thönnesgensmühle
ehem. Schneidersmühle
414
Fahrendeierhof
Esperhof
347
Pfanterbach
Göderthof
Blumkirst
389
284
Balaufberg
372
50
01
02
03

Neuhof
Frühberg
488
Jagdhaus Jettchen
Bint
482
480
Siedlung am
Meilenstein
Makaul
Bewinkel
406
Waldhof
Rosenhof
Körmack
429
Wald
Brüchenerkaul
468
411
449
440
Walderholungplatz
Illeric
Held
Landkern
421
Kaushöfe
Kaus
Schäferhof
Greimersburg
404
Dreifaltigkeitsho
396
Altes
Forsthaus
Landkernberg
elsmühle
413
400
411
ehem.
Ostermühle
414
Fahrendeierhof
Esperhof
347
mühle
08
ehem.
Thönnesgensmühle
ehem.
Schneidersmühle
Pfanterbach
Göderthof
50
Blumkirst
389
284
Balaufberg
372
Endertbach
400
360
Moselschiefer-Straße
Fahrendeier Tal
Viehkirst
354
416
Sarburg
348
350
360
Haus Marienglück
Burglei
284
Jünkernwald
418
09
Weißmühle
Hotel Winneburg
123
Wakerlei
334
Wild- und
Freizeitpark
Klotten
343
10
Ölmühle
Waldhof
50
409
400
Ruine Winneburg
Winzerhaus
Mosel
413
Wilhelmshöhe
Pinnenberg
400
50
409
Victoriahöhe
359
206
92
Faid
Scharburgerhof
201
Moselbrücke
11
367
Antoniuskopf
COCHEM
384
Ströherhof
Reichsburg
0
500m
364
Forsterhof
270
259
391
Lescher

Sehenswert

Martentalweg, Wallfahrtsweg Monreal–Kaisersesch–Cochem, auch „Eifel-Camino" genannt; Ziel ist das Ensemble „Maria Martental" mit Kloster und Wallfahrtskirche. 1141 als Mönchskloster „Martyrdahl" zuerst beurkundet. Name angeblich vom Martyrertod christlicher Soldaten der römischen Thebaischen Legion (4. Jh.).

Kaisersesch, Keltensiedlung, Ort an der Römerstraße (4. Jh., Römerwall Langheck); heute Verbandsgemeindesitz im Landkreis Cochem-Zell. Name vom Stadtrecht (1321) durch Kaiser Ludwig den Bayern.

Sesterbachtal, Gebiet der „Leien" (Schieferplatten), die von den „Kaulemännern" im Tagebau gehoben wurden.

Das wilde **Enderttal** war einst erfüllt vom Klappern vieler Mühlen.

selnd, zur **Göbelsmühle** 08 (Gasthof) und **Weißmühle** 09 (Hotel), zuletzt Straße bis **Hotel Winneburg** 10 (Bushaltestelle!); rechts noch einmal ansteigen und durch den Stadtwald nach **Cochem** 11; mit „Endertstraße" und „Brückenstraße" zur Bushaltestelle vor der Moselbrücke.

Wallfahrtskirche Maria Martental.

NIEDEREHE – DREIMÜHLEN-WASSERFALL – KERPEN – LOOGH

In der Hillesheimer Kalkeifel

14,5 km | 4:00 h | 325 hm | 325 hm | 836

START | Niederehe, Parkplatz im Klosterhof direkt an der Loogher Straße. | Bus/Bahn: Von den Bahnhöfen Jünkerath und Gerolstein (Köln–Trier).
[GPS: UTM Zone 32 x: 340.150 m y: 5.575.740 m]
CHARAKTER | Zum spektakulärsten Wasserfall der Eifel, durch weite Natur- und Wacholderschutzgebiete sowie zur Burg Kerpen. Grandiose Landblicke.

In **Niederehe** 01 von der Parkplatzzufahrt die Straße abwärts auf den Eifelsteig: über den Niedereher Bach und die Querstraße, dahinter gleich rechts auf den ehemaligen Bahndamm, verlängert auf den Kalkeifel-Radweg mit Rand-Fußpfad und stets Richtung Wasserfall weiter; von der Abzweigung vor dem Ahbach links etwas hoch, wieder rechts und später auch am Bahnviadukt vorbei; vor dem offenen Überlauf rechts absteigen zum **Dreimühlen-Wasserfall** 02. Davor und neben dem Ahbach über den Steg und auf dem Talweg bleiben, der

Niederehe

Besitzt ein 1175 von den Herren von Kerpen gestiftetes Kloster und eine sehenswerte Kirche.

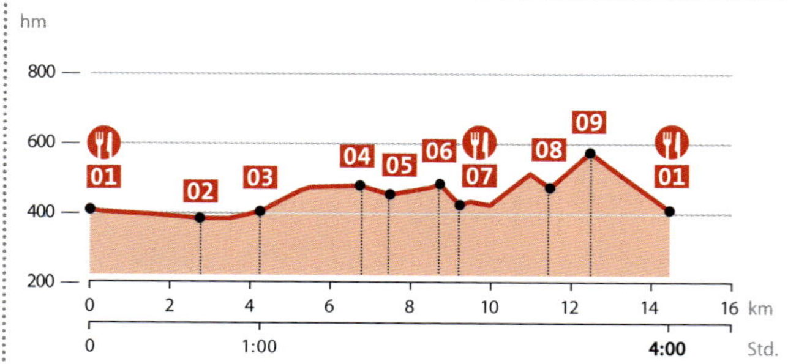

01 Niederehe, 405 m; 02 Wasserfall, 380 m; 03 Quelle, 400 m; 04 Steinbruch, 475 m; 05 Nollenbach, 450 m; 06 Höhenberg, 480 m; 07 Kerpen-Zentrum, 420 m; 08 Loogh, 470 m; 09 Hönselberg, 570 m

Dreimühlen-Wasserfall

Name von einem bereits 1200 n. Chr. erwähnten Herrschaftssitz „Drimuleim". Für den Bau der Bahn Ahrdorf–Hillesheim wurden 1912 drei starke Quellen aus dem mit Dolomitfelsen durchsetzten Dreimüllerwald zu einer Rinne zusammengeführt und zum Ahbach geleitet. Der hohe Kalkgehalt von etwa 4% setzte sich ab dem Talrand als Felsbank (Travertin) ab, die durch hängende Moose und Versinterung bis zum Ahbach wuchs, sodass die Spitze zur Sicherheit bereits abgebrochen werden musste. Beeindruckendes Naturdenkmal und schönster Wasserfall der Eifel!

zuletzt von selbst hochschwenkt; oben vor dem Radweg rechts auf dem Feldweg bis zur Brücke.

Über den Radweg und sofort links auf Weg 15. In das Naturschutzgebiet; hinter der eingezäunten **(Wasserfall-)Quelle** 03 im Dreimüllerwald bergauf; am oberen Waldrand nach rechts, hinter der Schutzhütte scharf rechts abbiegen und am Waldrand bleibend zur K 74; an der anderen Straßenseite „Auf der Lay" nach 40 Schritten rechts und in den linken von zwei Wegen, durch ein Wacholdergebiet Auf den Bänken und etwa 1,5 km geradeaus.

Hinter der Zufahrt zu einem **Steinbruch** 04 (zur Linken) im Meerbusch nach links ins **Nollenbachtal** 05; von einer Abzweigung geradeaus erst ein wenig steigen, danach links über den Bach und geraden Weges 1 km am **Höhenberg** 06 hoch.

Unweit hinter der höchsten Wegstelle von einer Gabelung nach links bis ganz nach oben steigen. Ab dort nur noch Weg 21 folgen: rechts zum Grab des berühmten Eifelmalers Fritz von Wille, durch eine Wiese hinab zum Aussichtspunkt vor **Burg Kerpen**; Tritte abwärts, rechts bis vor das Burgtor, links absteigen; rechts unter der Burgmauer zu einem Rastplatz mit den wohl lehrreichsten Schautafeln der Kalkeifel.

Unterhalb von der Kapelle links treppab ins Ortsinnere von **Kerpen** 07; von „Im Kapelleneck" leicht links die „Fritz-von-Wille-Straße" bergan, oben links, am Denkmal des Malers geradeaus über Ver-

Der Dreimühlen-Wasserfall.

Kerpen

Mehrfach ausgezeichneter Ort, überragt von der mächtigen Burg (ab 12. Jh.). Nach Zerstörungen kaufte 1911 der berühmte Eifelmaler Prof. Fritz von Wille (1860–1941) die Burg und richtete dort sein Atelier ein. Er ist in einem Mausoleum im Burggarten beigesetzt. Nicht zu besichtigen. Unterhalb die schöne Schlosskapelle (16. Jh.).

kehrsstraßen; an der linken Häuserzeile entlang, danach durch die „Bahnhofstraße"; nach einem kurzen Abstieg links „Loogher Straße" hinab ins Felschbachtal; hinter der Brücke rechts K 74 bis hinter den Waldrand, dort links bergauf, erst Feld (links Waldrand), dann im Wald und rechts ganz hoch (oben links das Felschbachkreuz).

Wieder bergab und in **Loogh** **08** links halten, von „An der Lay" in die „Kapellenstraße"; hinter der Kapelle mit den 14 Nothelfern rechts hoch, links „Auf der Steip" zum Ortsrand; vor einem kleinen Kreuz rechts und in das bewaldete Naturschutzgebiet **Hönselberg** **09** hochsteigen.

Etwa 200 m hinter der höchsten Stelle (Rettungspunkt) scharf links bergab, erst im Wald, anschließend mit Weitblick durch eines der beeindruckendsten Wacholderschutzgebiete der Eifel; unterhalb die „Stroheicher Straße" hinab nach Niederehe, „Loogher Straße" rechts zum **Ausgangspunkt** **01**.

Naturschutzgebiet Hönselberg.

Michelsberg
Leudersdorf
454
Hart
455
Wolfenbachermühle
Wolferbach
Kirbach
Üxheim
437
Rohrsbach
Ahütte
Römische
Siedlung
Auf den
Eichen
481
Römische
Siedlung
Paulushof
Ruine Dreimühlen
Mühlenbach
447
Nollenbach
Flesten
05
Meerbusch
04
03
Drei-
müllerwald
458
02
Nohner Mühle
51
Bernardyshof
06
Höhenberg
511
Wochenend-
-häuser
Fohnhof
ehem. Kalkofen
421
erpen
Eifel)
51
01
Niederehe
Eichenhof
07
466
Betterberg
520
Feischbach
Hillesheim
Fischteiche
Wagenerhof
Marienhof
510
09
486
Schmitzbach
51
570
Hönselberg
Loogh
08
558
Looghermühle
568
Hillesheim
forst
Büchen-
büsch
Kälberheck
Arensberg
488
-Stroheich
Oberehermühle
550
dorf
518
Oberehe-
461
Zilsdorf
Deutsche Vulkanstraße
Auf der
Höhe
Laubachshof
Mineralqu.
0
500m

52

HILLESHEIM – WALSDORF – BERNDORF

Drei Vulkane und Höhenwege

14 km | 4:00 h | 288 hm | 288 hm | 836

START | Parkplatz auf dem Viehmarkt, Lammersdorfer Straße. Busverbindung von den Bahnhöfen Jünkerath und Gerolstein (Eifelstrecke Köln–Trier).
[GPS: UTM Zone 32 x: 334.170 m y: 5.573.350 m]
CHARAKTER | Rundwanderung aus der Stadt über die Höhen, überwiegend auf Feldwegen. Kurzer Steilanstieg am Lier, kurzer Steilabstieg von der Schwedenschanze.

Eine Wanderung mit weiten Landblicken und sogar in das Innere eines Vulkans.

▶ Unterhalb des Viehmarktes in **Hillesheim** 01 nach links durch die „Lammerdorfer Straße" auf Weg 3 und 4: Am Straßenende, vor „Am Geißberg", links über die K 56; „Am Wichberg" ansteigen, rechts „Am Lier", aber aus der Linkskurve dieser Straße geradeaus einen Pfad abwärts, anschließend links den Fahrweg ansteigen; weiter hoch, bald am Basaltabbruch (links) und um den Rand der Abbaugrube steigen, nach rechts und hinauf zur geteerten Römerstraße. Nach rechts auf Weg 3: Am Wasserbehälter vorbei, auf der **Kyller Höhe** 02 auch am Lavaabbruch; bergab, über L 27 und bis zur Waldecke am Schichtvulkan Goßberg.

Nach links dem Waldrand folgen, bald aber am Sportplatz hinab und rechts mit der „Kölner Straße" (B 421) durch **Walsdorf** 03.
Vor dem Gasthof zur Post in die „Arnulfusbergstraße" einbiegen,

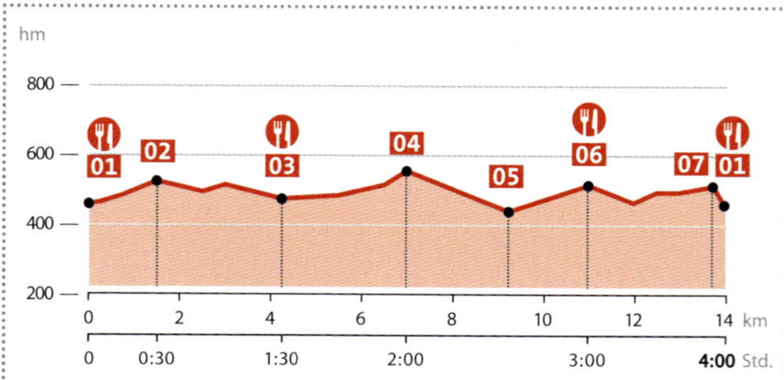

01 Hillesheim, Parkplatz auf dem Viehmarkt, 455 m; 02 Kyller Höhe, 520 m; 03 Walsdorf, 470 m; 04 Arensberg, 550 m; 05 Walsdorfer Bach, 435 m; 06 Wehrkirche Berndorf, 510 m; 07 Schwedenschanze, 508 m

Im Vulkan Arensberg.

wenig danach „Zur Lay“ und „Auf Weiters“ in die Wiesen. Geradeaus und ab einer Feldscheune auf Weg 3: Vor dem Gebüsch rechts ansteigen, oberhalb der Grillhütte vor dem **Hochwald Meerweibchen** erneut rechts; in der Flur links hoch, am nächsten Hochwaldrand rechts bis zur vordersten Wald-ecke. Dort scharf links auf Weg 22 in den Wald steigen, an der **Arnulfuskapelle** vorbei, und am Ende durch den Tunnel in das Innere des Vulkans **Arensberg** **04** (Arnulfusberg).

Durch den Tunnel zurück und links als Pfad (Weg 22) um den Berg. Bald rechts abbiegen, auf einen Weg und abwärts. Einen Jagdstand links lassen und hinab zu einer Fahrwegkurve. Links diesen Fahrweg im Wald ganz abwärts wandern; er endet hinter dem **Walsdorfer Bach** **05** am Kalkeifel-Radweg und an der K 59. Links um die Straßenkurve, am Gebüsch jedoch rechts in eine Feldstraße abbiegen, hinauf zum Schwalbenhof und nach **Berndorf**.

„Zur Wehrkirche“ aufwärts. Als Abstecher auf der „Kiefernstraße“ zu dieser historischen **Kirche** **06** und sie umrunden, um den Landblick zu genießen. Dann wieder

Kalkeifel – Vulkaneifel

Das Hillesheimer Land ist geprägt vom Übergang der Kalkeifel zur Vulkaneifel. Der Lier ist ein 1,7 Millionen Jahre alter, also altquartärer Vulkan. Er war ursprünglich ein Maar, durch das noch ein Vulkan hochstieg, der bis zu 30 m hohe und 2 m dicke Grobsäulen hinterließ. Der Vulkan Arensberg ist in seinem Inneren auf einer Tafel vorzüglich erklärt.

zurück, die Straße „Zur Wehrkirche“ ganz hoch und auf Weg 2: Feldweg zum **Buberg**, links am Waldrand abwärts; unten den Berndorfer Bach erst mit der K 58 überbrücken, ein paar Schritte danach im Rechtsbogen zum Wald am Mahlberg aufsteigen. Nach links nun der Markie-

rung (▶) folgen: Vom Waldrand zur nächsten Feldstraße; diese ein wenig aufwärts, aber links zur **Schwedenschanze** **07**. Rechts davon ziemlich steil bergab. In der Stadt links zur „Koblenzer Straße“ (B 421) und diese abwärts. Aus der Rechtskurve gerade hinab zum Ausgangspunkt.

HOCHKELBERG MIT MOSBRUCHER WEIHER

Panoramawanderung durch und um das Naturschutzgebiet

9,5 km | 2:30 h | 205 hm | 205 hm | 838

START | Parkplatz oberhalb Mosbruch, an der Landstraße (L 96) Richtung Gunderath, links am Wald.
[GPS: UTM Zone 32 x: 353.570 m y: 5.569.490 m]
CHARAKTER | Rundwanderung auf Wald- und Feldwegen. Nur am Hochkelberg starke An- und Abstiege. Die Mitnahme eines Fernglases wird empfohlen.

Die Wanderung beginnt auf Weg 34: Vom Ausgangspunkt **Parkplatz** 01 in den Wald und um den **Mosbrucher Weiher** 02, Quellgrund der Ueß; wo (nach 15 Min.) der Vulkanweg (V) scharf rechts einen Fahrweg hinaufschwenkt. Diesen Fahrweg abwärts gehen und erneut an den Waldrand einbiegen; im Wald über einen Quellgraben und 10 Minuten in Waldrandnähe; sobald aus den Feldern Weg 2 hinzugestoßen ist, noch 100 m weiter, an einer Wegverzweigung aber (mit Weg 2) bergauf. In den nächsten Querweg nach links, über ein Gewässer, dahinter neben dessen Quellgraben kräftig ansteigen. Oben in den Querweg nach links um den Waldhang; bevor dieser Weg sich stärker senken will, scharf rechts abbiegen und bis zur Waldstraßenkreuzung am Hochkelberg ansteigen.

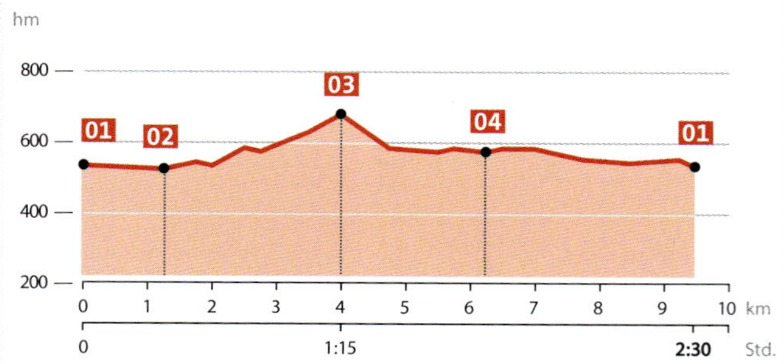

01 Parkplatz oberhalb Mosbruch, 530 m; 02 Mosbrucher Weiher, 520 m; 03 Hochkelberg, 675 m; 04 Wasserbehälter vor Sassen, 570 m

Mosbrucher Weiher

Der Mosbrucher Weiher entstand vor 11.000 Jahren als Tuffkrater. Nach der Stauung am Westausgang des Talkessels durch die Römer bildete sich ein fischreicher Weiher, der erst 1834 abgelassen wurde. So entwickelte sich das jetzige Trockenmaar mit Hochmoorvegetation. Aus Quellgängen um Mosbruch entsteht der Fluss Ueß.

Mit Weg 1 hoch auf den **Gipfel** **03** (Panorama und Rastplatz) und auch wieder hinab zum querverlaufenden Weg 34. Auf diesem nach rechts, am Fuß des Hochkelberg entlang, stets in dieser Richtung.

Ab dem Waldende (zugleich Weg 1 a) geradeaus (!) durch Wiesen,

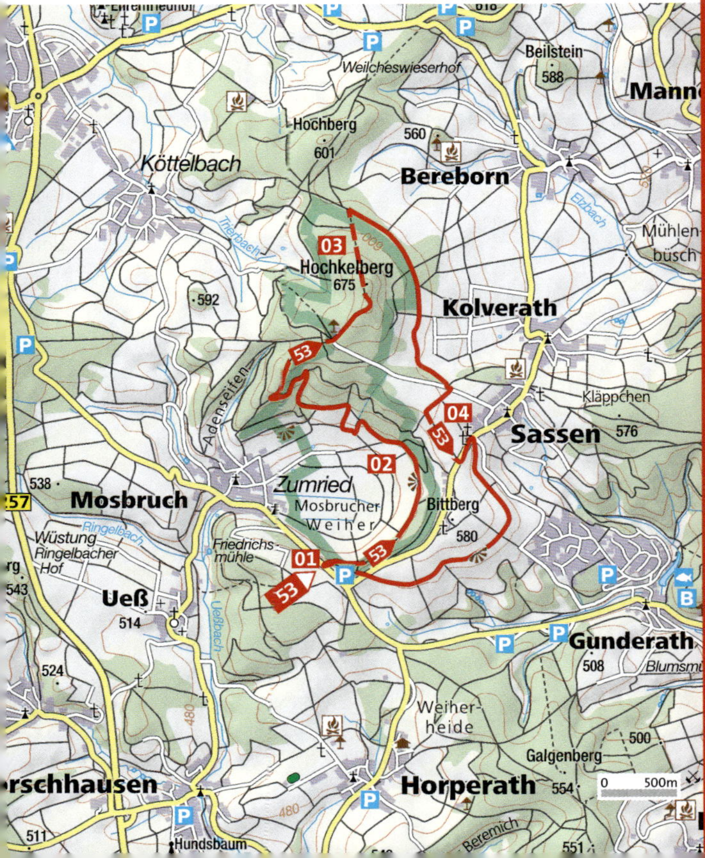

Hochkelberg

Der Hochkelberg, einer der höchsten Eifelberge (674,5 m), ist ein etwa 3,5 Millionen Jahre alter Tertiärvulkan. Sein Tuffschlot mit Basalt auf der Höhe prägt weithin das Landschaftsbild. Urkundlich erstmals erwähnt wird der Berg 820 als „kelenberega"; das ist eigentlich eine Doppelbezeichnung, denn keltisch „kel" bedeutet Höhe, Berg. Die Ausblicke sind einmalig schön. Auf dem Gipfel des Basaltkegels sind noch die Reste einer keltischen Wallanlage und eines römischen Wachtturmes zu erkennen.

an Schuppen vorbei, mit Fernblick in die Hohe Eifel, bis zu einer Teerstraße.

Nun den Vulkanweg (V) nehmen, vor dem **Wasserbehälter** 04 vorbei, daneben nach rechts, an der Waldecke links abwärts zur K 89. Diese Straße abwärts, jedoch bereits vor dem Ortsschild **Sassen**, etwa gegenüber einem Bildstock, nach rechts abbiegen, und zwar in den rechten, oberen Feldweg auf dem nun der Bittberg mit grandiosen Landblicken umrundet wird.

Am Feldende die K 89 nur überqueren und erneut in einen Feldweg, der sich hinter einer kleinen Lagerfläche zum Ausgangspunkt senkt.

Blick auf den Vulkan Hochkelberg.

GEROLSTEIN – JUDDEKIRCHHOF – KASSELBURG

Über die Dolomiten rechts der Kyll

8,5 km | 3:00 h | 220 hm | 220 hm | 836

START | Bahnhof oder Parkflächen gegenüber an der Kyll. | Bus/Bahn: Deutsche Bahn, Eifelstrecke Köln–Trier. Busverkehr von allen Richtungen.
[GPS: UTM Zone 32 x: 333.070 m y: 5.566.050 m]
CHARAKTER | Ziemlich steiler Aufstieg, auf der Höhe leicht zu begehen, sehr steiler Abstieg an der Hustley. Stadtblicke!

Vor dem Bahnhof in **Gerolstein** 01 rechts auf der Brücke über die Bahngleise und geradeaus dem **Vulkanweg** (V) folgen: „Albertinumweg" hoch, links und Trittstufen hinauf; die Querstraße „Unter den Dolomiten" nur links überschreiten und im Wald bergauf; von einer Abzweigung geradeaus und mit dem Eifelsteig zur **Munterley** 02 (Stadtblick). Von der Rückseite der Schutzhütte weiter zur **Höhle Buchenloch** 03. Im Hang der Hagelskaule etwas aufsteigen, auch wieder abwärts. Vom Querweg links um die Papenkaule zur Grillhütte, auf dem Teerweg nach links. An der Tafel kann in einem Abstecher nach rechts die nahe kelto-römische Kultstätte **Juddekirchhof** 04 besichtigt werden.

Die Wanderung setzt sich indes auf dem genannten Sträßchen fort, als Panoramastrecke bis zur K 33. Auf dieser ein paar Schritte nach rechts, dann links zum Waldrand und diesem entlang zur **Kasselburg** 05.

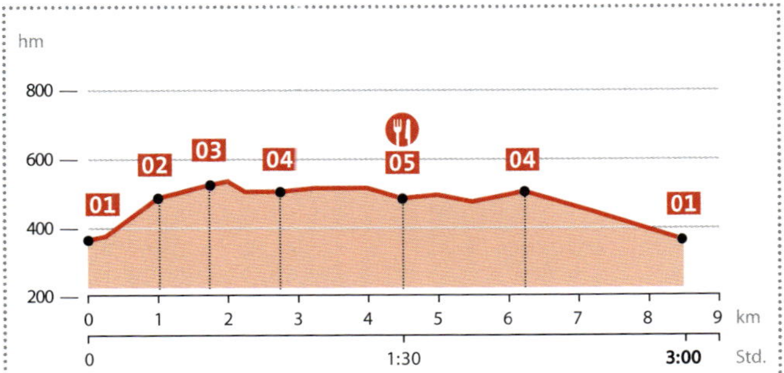

01 Gerolstein, 360 m; 02 Munterley, 482 m; 03 Höhle Buchenloch, 520 m; 04 Juddekirchhof, 500 m; 05 Kasselburg, 480 m

Um Gerolstein

Höhle Buchenloch, menschliche Behausung in der Altsteinzeit.

Papenkaule, durch Gasexplosion entstandener Krater (8000 v. Chr.); die Lava aus dem Vulkan bildete den Sarresdorfer Lavastrom, der über dem Dolomit in Brocken zerplatzte (Hagelskaule).

Juddekirchhof, am 5. Oktober 124 n. Chr. geweihtes gallo-römisches Kultzentrum. Die Bezeichnung stammt vom rheinischen „Jood" (mit tiefem „o"), der christlichen Taufpatin.

Kasselburg auf Basaltkegel, bedeutender Tierpark (u. a. Wölfe), Fütterungs- und Flugvorführungen. Die Buntsandsteine aus dem Trias wurden u. a. auch im Mainzer Dom sowie im Heidelberger Schloss verbaut.

Zurück erneut auf den **Vulkanweg** (V): Vor den Parkflächen ein wenig die K 33 hinauf, links in den Feldweg; auch durch das Gebüsch am **Vulkan Kreuzkaul**, und in der Feldflur am eingezäunten Rand über den Kalksteinbrüchen. Aus einer Senke hoch in den Wald, kann oben nach rechts noch einmal der Juddekirchhof aufgesucht werden.

Zur Stadt zurück muss indessen in bisheriger Richtung weitergegan-

Kasselburg mit Adler- und Wolfspark bei Pelm.

Gerolstein mit den Dolomitfelsen Auberg (links) und Munterley.

gen werden. Doch nach 100 m zugleich mit dem **Eifelsteig** links in den Wald und die Steilkehren der **Hustley** hinab bis zu einer Straße. Auf dieser nach rechts, in der Stadt abwärts halten. Zuletzt auf dem Hinweg absteigen und zum Ausgangspunkt.

GEROLSTEIN – STADTWALD BIS DIETZENLEY

Über den höchsten Vulkan bei Gerolstein

11,5 km | 3:30 h | 338 hm | 338 hm | 837

START | Bahnhof oder Parkflächen davor, links der Kyll. | Bus/Bahn: Deutsche Bahn, Eifelstrecke Köln–Trier. Busverkehr von allen Richtungen. [GPS: UTM Zone 32 x: 333.070 m y: 5.566.050 m]
CHARAKTER | Bergwanderung mit steileren Abschnitten, überwiegend im Wald, zu besonderen Aussichtspunkten.

Vom Bahnhof in **Gerolstein** 01 die Kyll überbrücken, links zum Parkplatz absteigen und dann unter der B 410 (Brunnenstraße) hindurch. 50 m rechts der Information zur Innenstadt hoch, dort die „Hauptstraße" hinauf. Oben vom Parkplatz rechts die Stiegen „Aufgang zur Burg" nehmen. Auf der Höhe links den Abstecher zur **Löwenburg** 02 (schönster Blick über die Stadt auf die Dolomiten) nicht auslassen.

Löwenburg

Im 13. Jahrhundert von Graf Gerhard von Blankenheim errichtet (Gerol = Gerhard), 1691 zur Vertreibung französischer Truppen in Brand geschossen; ein Wahrzeichen der Eifel.

Von dort zurück, links auf den **Eifelsteig** (auch ►): „Gerolstraße" abwärts, dann „Hubert-Rahm-Weg" ins Lehnenbachtal; ansteigen, im

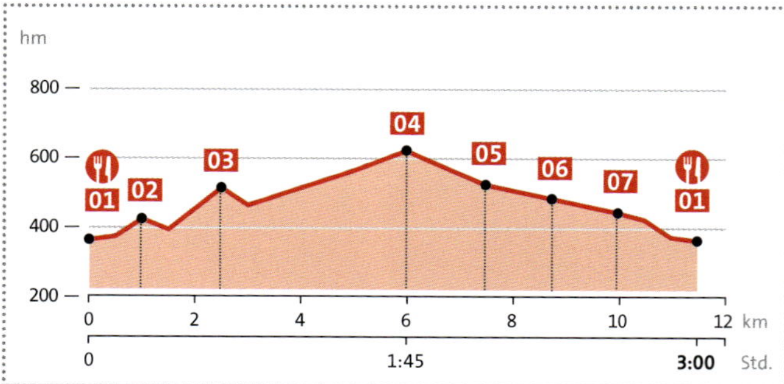

01 Gerolstein, 360 m; 02 Löwenburg, 420 m; 03 Heiligenstein, 510 m; 04 Dietzenley, 618 m; 05 Davidskreuz, 520 m; 06 Büschkapelle, 480 m; 07 Reithalle, 440 m

Löwenburg, Burgruine Gerclstein.

Dietzenley

Altquartärer Vulkan und mit 618 Meter höchster Vulkan um Gerolstein. Bis um das Jahr 50 v. Chr. keltische Fliehburg, deren Schutzwall (Gallische Mauer) beim Abstieg durchquert wird und noch erkennbar ist.

Wald links und bald felsig hoch auf den **Heiligenstein** 03 (Ausblick); in Kehren wieder abwärts, durch freies Gelände (Strommast); im Wald am Naturschutzschild bergan; einen Fahrweg nach rechts überschreiten und weiter hoch zu einer Kreuzung mit Rastplatz.

Hier nach links auf den Geo-Pfad (G) und um den Heidkopf steigen; oben Querweg rechts – wieder Eifelsteig – und auf die **Dietzenley** 04 (Rastplätze und Aussichtsturm mit Totalrundblick).

Vom Turm zurück, auf dem Eifelsteig rechts die Tritte hinab, dann rechts dem Steinwall einer Gallischen Mauer (von einstiger keltischer Fliehburg) entlang; weiter unten links und steiler bergab zum Querweg am zur Linken stehenden **Davidskreuz** 05. Breiter Weg nach rechts zum Grafenkreuz und zur **Büschkapelle** 06.

Davor links auf dem **Gerolsteiner Keltenpfad** abwärts (auch Waldlehrpfad). Nach etwa 800 m, noch vor dem Fuchsbau (Fernmeldeamt), nach rechts abbiegen, und ab der **Reithalle** 07 den geraden „Mossweg" hinab zur Kreuzung vor dem Burgzugang. Links auf dem Hinweg absteigen und zurück zum Ausgangspunkt.

Aussichtsturm auf der Dietzenley.

ULMEN – BERENBACH – VULKANWEG

In die Vulkanwelt nördlich von Ulmen

11,5 km | 3:30 h | 210 hm | 210 hm | 838

START | Bushaltestelle und Parkmöglichkeit in Bahnhofsnähe. Busverbindung zu den Bahnhöfen Gerolstein (über Daun), Cochem, Mayen und Ahrbrück.
[GPS: UTM Zone 32 x: 355.630m y: 5.564.330 m]
CHARAKTER | Rundtour auf Feld- und Waldwegen mit zwei gedehnten Anstiegen, die indes nicht steil sind.

Vom Ausgangspunkt in **Ulmen** 01 folgen wir der Markierung „schwarzer Winkel“: Richtung Daun entlang der Landstraße bis hinter das Ortsende. Aus der Linkskurve (kurz vor der Brücke über die B 257) rechts abwärts ausbiegen; am unteren Waldrand rechts neben der B 257 ins Tal, dort den **Ueßbach** 02 und die B 257 unterqueren.

Dahinter ansteigen und nicht in den ersten Feldweg nach rechts, vielmehr noch bis zur nächsten, rechts abgehenden Teerstraße. Diese Straße nun ansteigen. Vor dem Wasserbehälter links auf Weg 1 abbiegen und gerade (!) bergauf, mit Blick auf den Lavabruch am **Vulkan Kreuzberg** 03. Den Lavakopf an seiner Westseite umwandern, also nicht rechts in die Abbaustelle aufsteigen. Hinter dem Berg durch den Wald zur B 257.

Noch 50 m neben der Bundesstraße bleiben, dann diese überschreiten und den geraden Feldweg hinab, mit Blick über das Ueßtal auf den **Vulkan Kastelberg**. An den Kiefern nach rechts weiter bergab, über die Bahn und

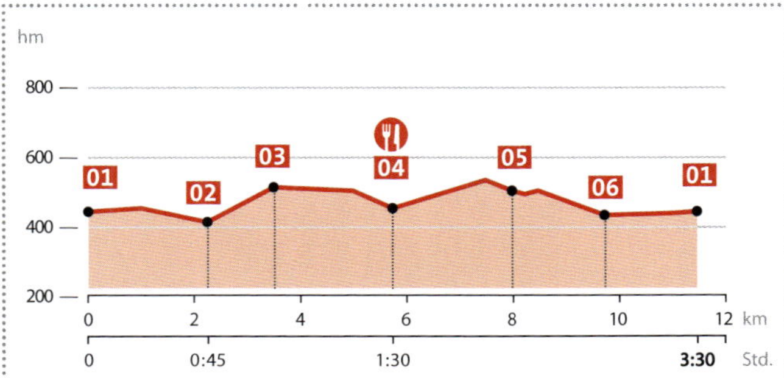

01 Ulmen Bhf., 440 m; 02 Ueßbach, 410 m; 03 Vulkan Kreuzberg, 510 m; 04 Berenbach, 450 m; 05 Vulkanweg, 500 m; 06 Jungferweiher, 430 m

Naturschutzgebiet Jungferweiher

Die Eifelautobahn (A 48), die Ulmen teilt, verläuft auf einem vulkanischen Tuffwall, der das von Norden kommende Tal zum Jungferweiher aufstaut.

Dieses Naturschutzgebiet ist mit rund 27 Hektar Fläche nicht nur eines der größten Feuchtbiotope der Eifel, sondern zugleich ein wichtiges Vogelbrutgebiet und – neben dem Laacher See – in der Eifel eines der bedeutendsten Durchzugs- und Rastgebiete für viele Wasservogelarten.

nach **Berenbach** 04. Am Ende der Straße „Lange Wiesen" über die Ueß, nach rechts vor dem Brünnchen vorbei und bis vor das Ortsendeschild. Dort hangaufwärts auf Weg 5 abbiegen.

Dieser beständig steigende Waldfahrweg knickt nach 20 Min., vor einem Wildacker, nach links. Vom folgenden Wendeplatz mit Wegetreff geht es nach rechts weiter bergan, bis auf dem Höhenzug am Jakobsberg der querverlaufende **Vulkanweg** 05 (Markierung „V") erreicht ist.

In diesen Weg nach rechts zurück. Nächster Querweg rechts bergab; 600 m weiter von einer Abzweigung nach links weiter abwärts.

Hinter der Überlandleitung wieder etwas ansteigen, an den gelben Ferngasschildern aber nach rechts und im Weyerbusch wiederum 600 m bergab. An einer Abzweigung dann links, im Osten um das Naturschutzgebiet **Jungferweiher** 06, und zuletzt über die Bahngleise zum Ausgangspunkt.

Jungferweiher.

Ulmener Maar.

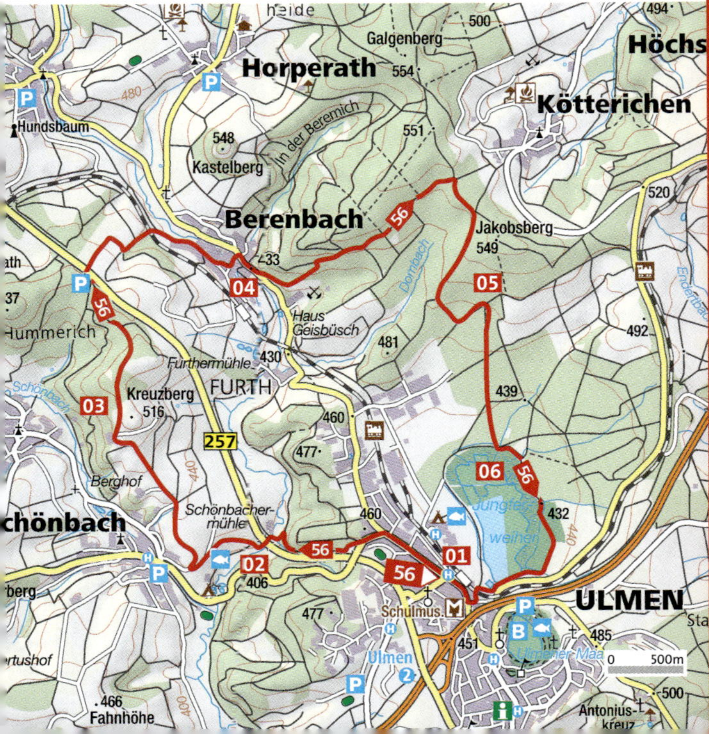

DAUNER MAARE – LIESERPFAD

Zu den „geheimnisvollen Augen der Eifel“

14 km | 4:00 h | 365 hm | 365 hm | 836

START | Wanderparkplatz Zweimaareblick an der L 64 zwischen Weinfelder und Schalkenmehrener Maar. | Bus: Von Gerolstein, Daun, Ulmen und Cochem.
[GPS: UTM Zone 32 x: 346.610 m y: 5.560.100 m]
CHARAKTER | Anstrengende Bergwanderung, auch steile Abschnitte. Schöne Maarblicke, berühmter Lieserpfad.

Vom unteren Ende des **Parkplatzes** 01 über die L 64 und auf den **Eifelsteig**: Rechts durch die Öffnung der Leitplanke und absteigen, neben dem **Schalkenmehrener Doppelmaar** nach **Schalkenmehren** 02, zuletzt rechts „Pitt-Kreuzberg-Weg“.

Unten im Ort durch die „Schalkenmehrener Straße“, bald rechts „St. Martin-Straße“, rechts und verlängert „Zur Sternwarte“; links „Zum Scheid“ und bergauf; weiter oben vom Wegetreff leicht rechts, über die Kreuzung und in einen Waldweg; an der Lichtung rechts, und am **Hohen List** 03 (mit Sternwarte) vorbei.

Geradeaus über die L 64, bis vor das Tor der Klinik Altburg, rechts vorbei und nächste Abzweigung links; nach Links- und Rechtskurven von einer Kreuzung steil bergab; hinter Bachgraben rechts, vor Teichen zur anderen Bachseite, links über den Rastplatz (Hütte); noch einmal kurzer Anstieg, dann ins **Liesertal**.

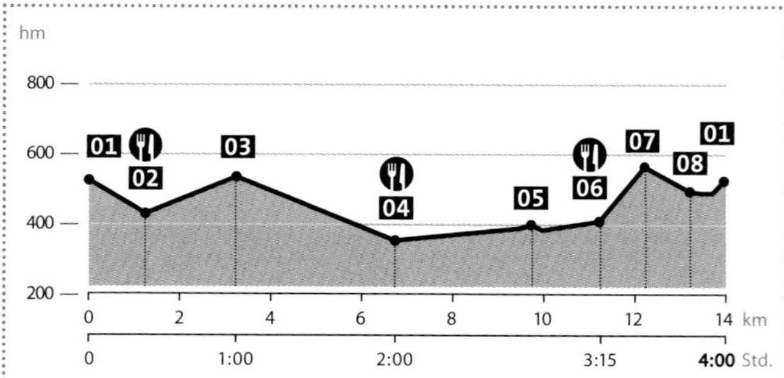

01 Wanderparkplatz Zweimaareblick, 520 m; 02 Schalkenmehren, 425 m; 03 am Hohen List, 530 m; 04 Üdersdorfer Mühle, 350 m; 05 Winkelbornbrücke, 395 m; 06 Moltkedenkmal, 405 m; 07 Mäuseberg, 560 m; 08 Weinfelder Kirche, 490 m

Am Waldrand rechts auf den Lieserpfad (▶): Gegenüber der **Üdersdorfer Mühle 04** talaufwärts, stets der Markierung folgen, etwa 3 km bis vor den **Winkelbach**; in dessen Tal einbiegen, über die **Winkelsbornbrücke 05** und wieder ins Liesertal; talaufwärts rund zwei Kilometer zum **Moltkedenkmal 06** vor dem **Gemündener Maar**. Scharf rechts erneut auf den Eifelsteig: Steil ansteigend geht es dann hoch auf den **Mäuseberg 07** mit dem besteigbaren **Dornketurm**, von der vorderen Bergkante links bergab zur **Weinfelder Kirche 08**.

Dahinter rechts hinab zum Uferweg über dem **Weinfelder Maar** (auch Totenmaar genannt); nach 450 m links aufsteigen und von der Aussichtsplattform zur L 64 am Ausgangspunkt.

Maare

Die Maare sind Mulden jüngster Vulkanausbrüche (etwa 10.500–8200 v. Chr. in der Erdoberfläche, also eine andere vulkanische Erscheinungsform als Krater. Sie stehen unter Naturschutz.

Schalkenmehrener Doppelmaar: Der mit Wasser gefüllte Teil (2,5 Mio. m^3, 21 m tief), Bade- und Segelplatz, ist mit einem Trockenmaar (Ostseite) verbunden.

Gemündener Maar (1,3 Mio. m^3, 38 m tief), Bade und Bootsplatz.

Weinfelder Maar oder **Totenmaar** (4,3 Mio. m^3, 51 m tief), ohne Zu- und Abfluss, durch ein Gleichgewicht von Niederschlag und Verdunstung konstant mit Wasser gefüllt. Der Sage nach ist darin einst der Ort Weinfeld untergegangen; tatsächlich jedoch ist das auf römischem Siedlungsgrund gelegene Pfarrdorf im 16. Jahrhundert durch die Pest wüst geworden. Der Friedhof der Weinfelder Kirche dient noch heute der Gemeinde Schalkenmehren zur Bestattung.

Am Weinfelder Maar.

GILLENFELDER MAARE

Auf dem Sieben-Maare-Weg

13 km | 3:30 h | 245 hm | 245 hm | 836

START | Gillenfeld, Parkplatz in der Holzmaarstraße (L 16), neben der Bushaltestelle und der Alfbachbrücke. | Busverbindungen von Daun und Wittlich.
[GPS: UTM Zone 32 x: 350.020 m y: 5.554.810 m]
CHARAKTER | Nicht schwierige Rundwanderung auf Feld- und Waldwegen.

Vom Ausgangspunkt zunächst ins Ortsinnere von **Gillenfeld** 01 und die „Pulvermaarstraße" neben dem Kirchberg aufwärts. Rechts „Vulkanstraße", nach 80 m links den Vulkanweg (V) hoch zum Wanderparkplatz auf dem **Maarberg** 02.

Mit der Straße abwärts, dem Ostufer des **Pulvermaares** 03 entlang; aus der ansteigenden Linkskurve der Straße rechts abbiegen und um das Südufer des Maares, dann zur Landstraße hochsteigen. Über diese **L 16** 04, Richtung Strohner Märchen auf einer Straße durch ein Tal, beim Anstieg jedoch von der Straße abweichend geradeaus hoch. Nächster Weg rechts bis vor das **Strohner Märchen** (vermoorter Krater des Vulkans Römerberg).

Dort wieder rechts, vor dem bewaldeten **Römerberg** (vier Wege) links der Kratermulde entlang. Dahinter rechts und nochmals rechts abwärts; noch vor dem Bach vom Wald abschwenken und links den Feldweg hinab. Vom **Erlenhof** zur K 25, auf dieser rechts bis in die Kurve, dann links über die **Alf** 05 und geradeaus bis we-

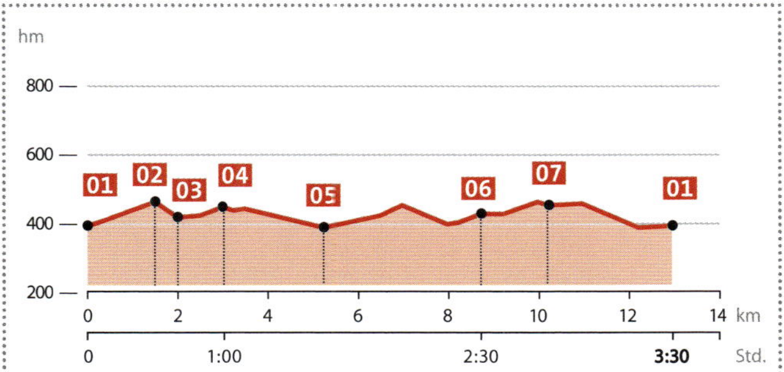

01 Gillenfeld, 390 m; 02 Maarberg, 460 m; 03 Pulvermaar, 415 m; 04 L 16, 445 m; 05 Alftal, 385 m; 06 Holzmaar, 425 m; 07 Dürres Maar, 450 m

Pulvermaar – Strohner Märchen – Holzmaar – Dürres Maar

Pulvermaar, Ausbruch 8200 v. Chr., zweitgrößtes und tiefstes (74 m) Maar; Bade-, Boots- und Campingplatz.

Strohner Märchen, seitlicher Krater des Vulkans Römerberg mit seltener, arktischer Hochmoorvegetation. Der Vulkan brach 8800 v. Chr. aus.

Holzmaar, Explosionstrichter, Ausbruch um 9000 v. Chr.; 21 m tief, fischreich, vom Sammetbach durchflossen. Das Stauwehr diente früher dem Wasserkraftantrieb der nahen Holzmühle.

Dürres Maar, das wohl eindrucksvollste der vielen Trockenmaare der Eifel. Es erinnert in Vegetation und Form an die „Pingo" genannten periglazialen Ringwallweiher im Hohen Venn.

nig unterhalb der Kurve (in ein Gebüsch). Hier schräg rechts in den grasbewachsenen Feldweg, und vor dem nächsten Gebüsch am Waldrand (Schutzhütte) hinauf zur Straße am Hochwald Dickebüsch. Rechts in diese Waldstraße und bis vor die einstige Bahnbrücke, unter der heute der Maare-Mosel-Radweg verläuft. Hier nach

Wanderer am Holzmaar.

links (auch Weg 4), an der folgenden Verzweigung geradeaus und neben einem Tälchen abwärts.

Schon nahezu unten, rechts über das Tälchen und ansteigen, oben über den Radweg und auch über die L 16. Dann einen Waldpfad hinab ans **Holzmaar** **06**, das nach rechts fast umrundet wird. Von der Infotafel über die K 29, auch über den Parkplatz und im Wald neben dem Sammetbach ansteigen, zuletzt kurz steil. Oben nach rechts dem Waldrand entlang, bald abwärts – das **Dürre Maar** **07** liegt zur Linken – in den Wald, an einer links gelegenen Schutzhütte vorbei. Erneut über die K 29 und auf den Maarberg steigen, bald am Waldrand, anschließend durch die Feldflur. Neben der K 18 nach rechts bis zur Kreuzung. Dort diese Kreisstraße überschreiten und den Feldfahrweg (auch V) abwärts nach Gillenfeld. Rechts durch die „Bahnhofstraße". Links mit der „Holzmaarstraße" (L 16) über die Alfbrücke und zurück zum Ausgangspunkt.

59

MANDERSCHEID – MOSENBERG – MEERFELDER MAAR

Vulkan Mosenberg, Windsborn und Meerfelder Maar

13,75 km | 3:30 h | 312 hm | 312 hm | 836

START | Parkplatz oberhalb Heidsmühle, oberhalb der Hotelparkflächen. Zufahrt: Mosenbergstraße an der Eifelklinik vorbei bergab.
[GPS: UTM Zone 32 x: 342.520 m y: 5.550.380 m]
CHARAKTER | Bergige Rundtour, überwiegend auf Wald- und Feldwegen, auch Bergpfade mit kurzen Steilstrecken. Der Rundgang um das Meerfelder Maar ist ein anheimelnder Spaziergang. Fotomotive! Hohe Wanderschuhe mit griffigen Sohlen werden empfohlen.

▶ Oberhalb der **Parkplätze 01**, an der engen Linkskurve der Straße, in den Waldweg starten und dem Zeichen „schwarzer Keil"(▸) folgen. Im Tal der **Kleinen Kyll** abwärts, nach 800 m zur anderen Flussseite und nochmals 800 m talwärts. Rechts auf den Vulkanweg (V) wechseln: Durch die urige **Wolfsschlucht** ansteigen und über die Felsenburg; den Horngraben (einstiger Lavastrom) hinauf zur **Gipfelhütte Mosenberg 02** (Rundumsicht); an Kraterrändern entlang zu einem Treff von fünf Wegen, dann bergauf zur Kraterhöhe mit Kreuz auf der Schweißschlackenwand, hoch über dem schwarzäugigen Windsborn; bergab zu der

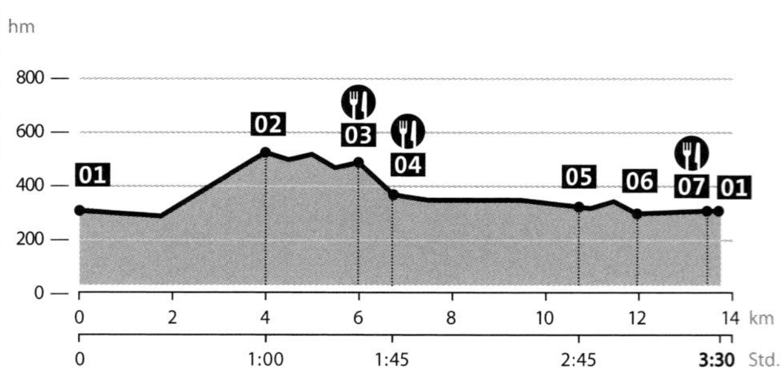

01 Parkplatz Heidsmühle, 300 m; **02** Gipfelhütte, 517 m; **03** Bettenfeld, 480 m; **04** Meerfeld, 360 m; **05** Kleine Kyll, 315 m; **06** Ellbach, 290 m; **07** Heidsmühle, 300 m

Mosenberg

Mosenberg heißt der Kegel des gewaltigsten Eifelvulkans. Er brach etwa 30.000 bis 28.000 v. Chr. aus, bildete vier Krater. Deutlich erhalten sind der Windsborn einziger Kratersee nördlich der Alpen, und der vermoorte Hinkel. Die Lava ergoss sich durch den Horngraben, den wir ansteigen. Die Felsenburg zeigt den Abbruch des Magmastromes vor der Kleinen Kyll. Zum Vulkangebiet des Mosenbergs zählt auch das Meerfelder Maar, das flächenmäßig größte Maar der Eifel.

Erklärungstafel (von wo aus der Windsborn auch umrundet werden kann) und weiter zur L 16; mit dieser bis in den Ortsanfang von **Bettenfeld 03**.

Bereits gegenüber dem Haus Mosenbergstraße 5b nach rechts in den „Höhenweg", von dessen Ende in die „Friedhofstraße". 100 m hinter der Friedhofszufahrt, an dem Rastplatz, wieder auf den **Vulkanweg** (V). Direkt bergab nach **Meerfeld 04**; vom ersten Haus durch die Straße „Vulkanweg", unterhalb der Kirche vorbei. Links die „Kirchstraße" hinauf bis gegenüber der Kirchenmauer. Vor „Auf'm Stamp" rechts in den „Schulweg" und aus dem Ort. In

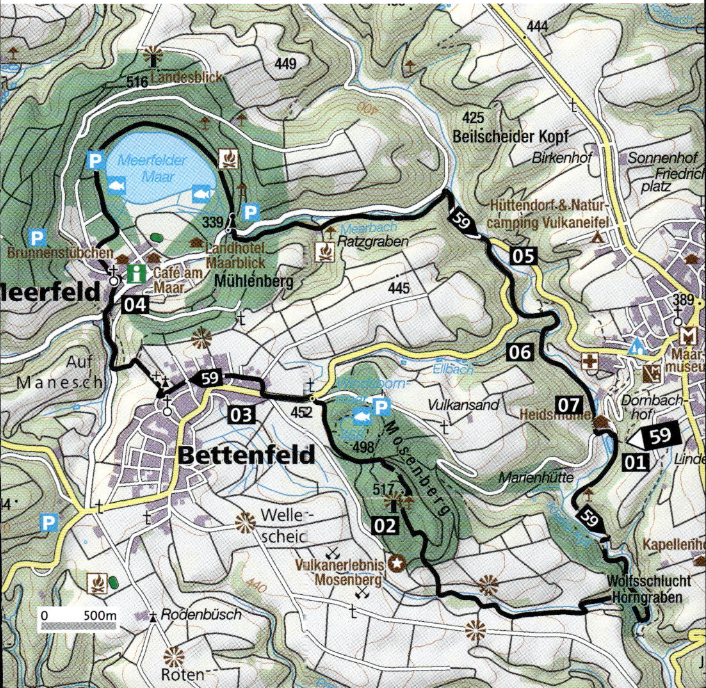

Wanderer auf dem Vulkan Mosenberg.

die nächste Feldstraße abwärts einbiegen, in die Querstraße nach links, aber nach 200 m ans Maarufer und das Meerfelder Maar umrunden, auch über den Parkplatz und zur K 10.

An der anderen Straßenseite links von der Muttergotteskapelle auf Weg 35. Den Rundweg **Ratzgraben** erst ansteigen, wenig später aber links vom Fahrweg einen Pfad hangabwärts; oberhalb der Kläranlage vorbei und auf den unteren von zwei Wegen. Über eine Brücke und vom Meerbachtal ins Tal der **Kleinen Kyll 05**.

Rechts dem Straßenrand folgen bis zur Brücke der L 16, Richtung Bettenfeld diese Landstraße bis zur Rechtskurve ansteigen, dort links in den Waldweg. Nach 600 m den **Ellbach 06** überbrücken und links weiter durch das Tal der Kleinen Kyll. Neben **Heidsmühle 07** über den Fluss und hinauf zum Ausgangspunkt.

Meerfelder Maar.

DEUDESFELD – SCHUTZ – WALLENBORN

Durch den Hinterbüsch zum „Brubbel“

18 km | 5:00 h | 225 hm | 225 hm | 836, 837

START | Parkplatz oberhalb der Kirche, am Haus des Gastes. | Bus: Linie Gerolstein–Manderscheid.
[GPS: UTM Zone 32 x: 337.660 m y: 5.552.730 m]
CHARAKTER | Auf einsamen Wald- und Feldwegen zu einem attraktiven Ziel.

Unterhalb der Kirche in **Deudelsfeld** 01 mit der „Hauptstraße“ nach rechts, hinter der Kurve links „Wiesental“ und das Speicherbachtal ganz abwärts. Von den Fischteichen stets an dieser linken Talseite ins Tal der **Kleinen Kyll** 02; links weiter nach **Schutz** 03.

Straße über den Walmerbach, hinter der Kirche links auf Weg 5: Talaufwärts ansteigen, vor der Brücke rechts „Zur Lay“ und an dieser Bachseite bleiben; nach einer halben Stunde über den Marschbach und das Tal hinauf nach **Wallenborn** 04; um die Kirche und hinunter zum Wallenden Born, im Volksmund **„Brubbel“** 05 genannt.

Über das Brückchen und den Parkplatz, dann die „Weidenbacher Straße“ hinauf aus dem Ort, und eine lange Gerade durchgehen, anfangs Brubbelpfad und Geburtenallee. Am Ende der Geraden rechts ansteigen, oben nochmals rechts zu einem Teerweg.
Auf dieser Wasserroute nach links, für 2 km über dem Hubelsbachtal, bald Feldweg, auch durch

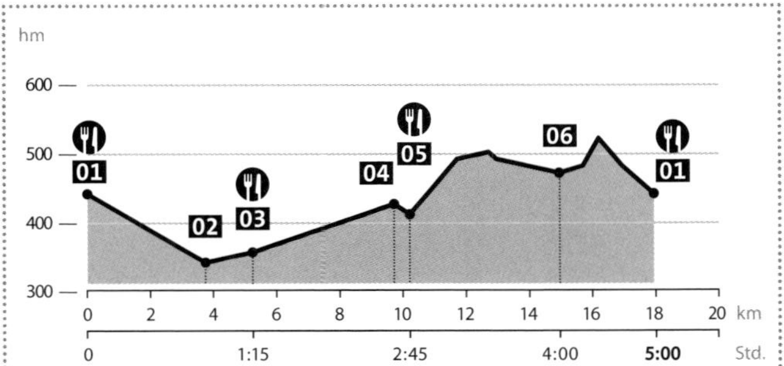

01 Deudesfeld, 440 m; 02 Kleine Kyll, 340 m; 03 Schutz, 355 m; 04 Wallenborn, 425 m; 05 Brubbel, 410 m; 06 Weidenbach, 470 m

Gebüsch nach **Weidenbach 06**. „Auf dem Hübel" hoch, rechts „Alter Weg" hinab. Von unten die „Hauptstraße" links zum Ortsende ansteigen.

Hinter Haus Nr. 66 sofort rechts hoch in den Wald auf Weg 2: Im Bogen um den Kahlenberg; oben von einer Abzweigung auf den rechten Weg, der bald befestigt ist; an der Waldstraße im Dreigemeindewald nach links erneut etwas steigen.

Am Ende der Richtung auf der querenden Waldstraße (Weg 7) nach rechts. An der **Kapelle Maria im Walde** links vorbei und kurvig bergab nach **Deudesfeld 01**. Rechts haltend zum Ausgangspunkt.

Der wallende Born, „Brubbel" genannt.

Wallenborn

Benannt nach dem wallenden Born („Brubbel"), einer intermittierenden vulkanischen Kohlensäurequelle mit einem Eruptionszyklus von 56 Minuten. Gaspolster (CO^2) treiben Wasser aus 38 m Tiefe hoch, manchmal bis 3 m Höhe, stets bis zum Überlaufen. Es handelt sich um einen sog. Kaltwassergeysir (begrifflich „falschen Geysir"), vergleichbar dem Geysir im Namedyer Werth (Andernach). Beide sind in Europa einmalig.

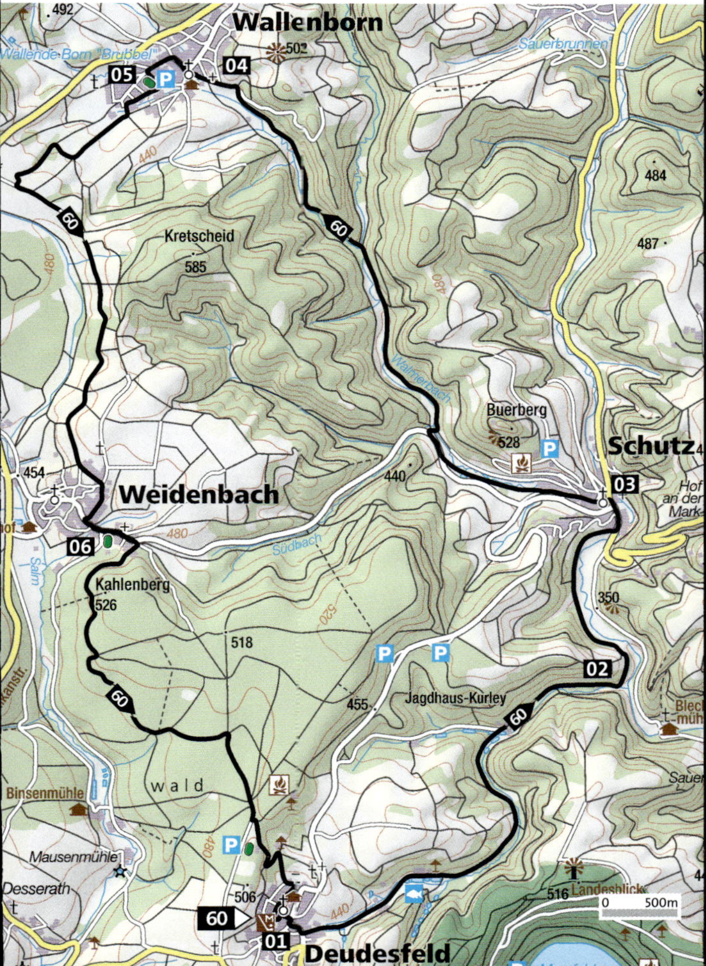

GROSSLITTGEN: HIMMEROD – ÜBER DEN HUNNENKOPF

Durch den stillen Oberkunowald

10 km | 2:30 h | 125 hm | 125 hm | 836

START | Großparkplatz gegenüber dem Klosterbereich, an der Waldseite der L 34. | Bus: Von Wittlich und vom Bahnhof Speicher über Spangdahlem.
[GPS: UTM Zone 32 x: 339.350 m y: 5.544.370 m]
CHARAKTER | Leichte Rundwanderung durch abwechslungsreichen Hochwald.

▶ In **Himmerod** 01 von der untersten Parkfläche an der Waldseite den Anliegerweg hinab und auf den Hunnenkopfweg (6): Das **Backenbachtal** vollständig aufwärts; über die K 141, schon vor der Schutzhütte links an der **Backenbachquelle** vorbei gerade bergauf; oben auf der Waldstraße nach rechts bis vor ihre Linkskurve. Dort nach links (Geo-Route) auf den **Hunnenkopf** 02 (Geschichtstafel, Alter Brunnen).

Wieder gerade bergab. 50 m vor einer Rechtskurve links in Weg 6 (Richtung Manderscheid), der sich als Waldpfad steiler senkt. Von der nächsten Wegekreuzung nach rechts, und auf diesem Weg stets abwärts bis 40 m vor die L 62.

Scharf rechts auf den Limmerbornweg, der sich nach 1,4 km als **Eifelsteig** 03 verlängert, auf dem es zurückgeht: Zum Waldrand, dort um die Kieferngruppe abwärts; nächster Querweg rechts, auch über die K 141 hinweg, vor dem Sperrzaun aber links hinab zum Teerweg; auf diesem Himmeroder Pfad weit nach rechts

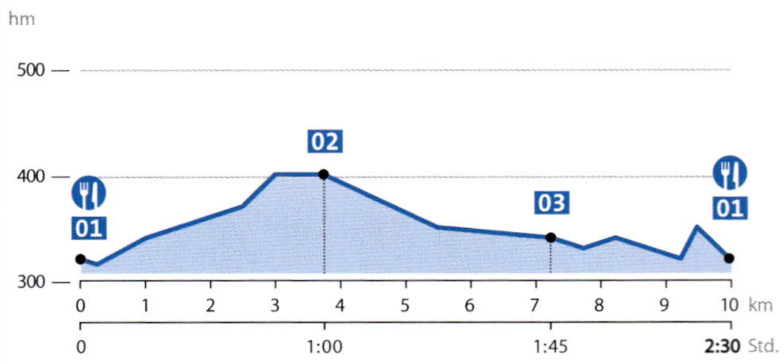

01 Himmerod, 320 m; 02 Hunnenkopf, 400 m; 03 Eifelsteig, 340 m

Himmerod – Hunnenkopf

Himmerod, Zisterzienserabtei, gegründet 1134 von Bernhard von Clairvaux. Jetzige Kirche erbaut ab 1919. Mariendom, Bildungsstätte, Klosterladen mit Büchern und Kunst, Gaststätte.

Hunnenkopf, vermutlich Keltensiedlung (um 450 v. Chr.), alter Brunnen und Wallreste. Name evtl. von „Hun" (fränkische Hundertschaft, vgl. Hunsrück).

durch die Feldflur, auch durch den **Himmeroder Kessel**, und im Wald hoch bis zur querenden Waldstraße; über diese hinweg und nur noch bergab zum Ausgangspunkt in **Himmerod** 01.

Kloster Himmerod.

KYLLBURG – ST. THOMAS – KYLLWALD

Rechts der Kyll und ins Heilbachtal

15 km | 4:00 h | 540 hm | 540 hm | 836

START | Bahnhof Kyllburg. | Bahn: Eifelstrecke Köln–Trier.
[GPS: UTM Zone 32 x: 327.910 m y: 5.546.070 m]
CHARAKTER | Wald- und Bergtour, Wege und Pfade; steil nur der Abstieg von der Mariensäule.

In **Kyllburg** 01 vom Bahnhofsausgang rechts, über den Parkplatz und den Gleisen entlang, für 400 m auch Kylltalradweg. Richtung St. Thomas (Weg C 3) ansteigen auf den Strengen Hals (Bergnase auf dem Bahntunnel), und rechts auf breiterem Weg nach **St. Thomas** 02. „Hauptstraße" zum ehemaligen Kloster.

Von dort zurück, nächste Straße rechts, die „Klosterstraße" ansteigen bis zur Linkskurve, dort rechts auf Rundweg C 4.
Ab Haus Nr. 2 ins Heilbachtal; Nach 600 m auf der K 82 nur 50 m, dann rechts über den Bach und an dieser Talhangseite auf dem **Naturerlebnispfad** 03 weitläufig aufwärts; oberhalb der Engstelle und der Kaskaden den Bach überqueren und links den Fahrweg hinauf: die K 82 nur überschreiten und weiter den Waldfahrweg hoch; an einer Wegverzweigung links in den unteren Weg, der nun eine halbe Stunde beibehalten wird, bis er an einer querenden Waldstraße endet. (Ab St. Thomas 1:30 Std.)

Diese Straße nur 150 Meter abwärts, dann rechts ansteigen, um die Linkskurve und auf Weg B 4: Am Waldrand oberhalb **Kasholz** 04 mit herrlichem Kylltalblick; im Wald noch etwas steigen, dann

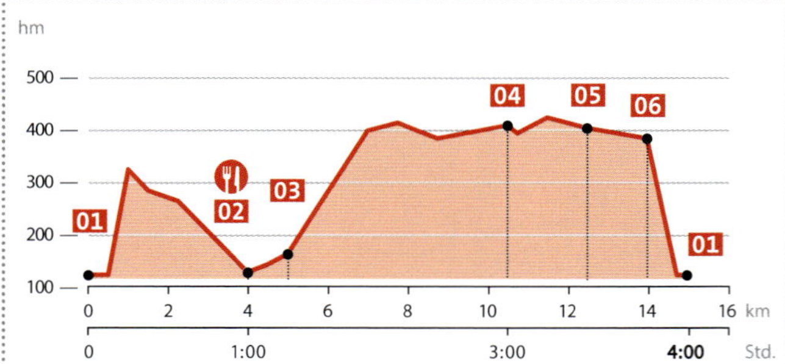

01 Kyllburg, 120 m; 02 St. Thomas, 125 m; 03 Naturerlebnispfad, 160 m; 04 Straße oberhalb Kasholz, 405 m; 05 Hasenkopf, 400 m; 06 Mariensäule, 380 m

Zendscheid
Koppenweg
Wald
Forst
Fischbach
419
Maierhof
idenbach
517
Am Wasserfall
501
Aren-
Kyllberg
492
Bruderholz
Katzbach
Sankt Johann
Staats-
forst
Bitburg
berg
480
Eisenmännchen
352
03
Weiersberg
Kyll
451
400
62
02
Schnepperh
Auf der Held
529
Kloster St. Thomas
St. Thomas
495
Forst Aren-
berg
Mohrweiler
04
Kasholz
Auf der Hardt
470
440
Hasberg
Hasen-knopp
05
alberggweich
464
Kyllburgweiler
400
Malberg
Strenger Hals
411
Annenberg
403
Schl. Malberg
Kyll
06
Marien-säule
Klopp
Weiler Bach
Landmauer
391
01
438
Taubenberg
KYLLBURG
Steinberg
411
Rosen
Rosenb
Stiftskirche
Stiftsberg
316
Obere Fließemermühle
360
400
Etteldorf
390
Wilsecker Linde
0
500m
Achterhof
Heidhof
Grüne-Straße Eifel-Ardennen
Zwengelshof

Kyllburg – St. Thomas

Kyllburg, moderner Kurort auf dem „Hahn“ genannten Umlaufberg über der Kyll. Stadtrechte (ab 13 Jh.) 1956 erneuert.

St. Thomas: Um 1171 gegründetes Zisterzienserinnenkloster, heute Bildungsstätte. Die 1222 geweihte Klosterkirche gilt als die am besten erhaltene Nonnenkirche der Rheinlande.

um den Waldhang; den Steinbruch **Hasenkopf** 05 (Hasenknopp, einst Lieferant der Steine zum Bau der Bahntunnel) in einem Rechtsbogen umgehen; bald aus dem Wald treten und bis zu der Wegekreuzung auf der Feldhöhe.

Links auf einem Feldweg über die Hochfläche. Nach einem kurzen Abstieg im Gebüsch rechts abbiegen, um den Gebüschrand, dann zwischen Wiesen und im Wald zur **Mariensäule** 06. Auf dem Stationenweg bergab, in die Stadt und zum Bahnhof.

Kyllburg, Mariensäule über der Stadt.

DODENBURG – HECKENMÜNSTER – DIERSCHEID

Über den höchsten Punkt des Wittlicher Landes

11 km | 3:00 h | 348 hm | 348 hm | 834

START | Schlossstraße mit Parkbuchten. | Bus: Von Wittlich und Zemmer.
[GPS: UTM Zone 32 x: 340.530 m y: 5.531.370 m]
CHARAKTER | Bergwanderung, überwiegend im Wald, zu historischen Stätten und auf einen riesig hohen Aussichtsturm.

In **Dodenburg** 01 von der „Schlossstraße" auf den Karl-Kaufmann-Weg (▶): Gegenüber dem Schloss neben dem Kapellchen bergab; weit unten im Wald von den fünf Wegen links (K) ins **Bendersbachtal**; ab der Brücke ansteigen. In **Heckenmünster** 02 durch die „Kirchstraße" gerade hoch; über dem Ort links (Richtung Viktoriaquelle) den Teerweg hinauf; oben im Wald aus der Linkskurve rechts den Waldweg hoch, am Grillplatz vorbei. Vom oberen Waldrand rechts den Fahrweg benutzen, im Wald bald links einbiegen zur **Viktoriaquelle** 03 (Wallenborn) mit Rastplatz und Geschichtstafel; nächste Abzweigung rechts hoch, oberhalb der Schwefelquelle in den Fahrweg nach links, 1,5 km weit durch den Meulenwald bis zu einer breiten Fahrwegekreuzung. Hier nach links wechseln; wieder steigen. Auf der L 49 links, nächster Waldweg rechts, auch am **Hansenkreuz** 04 vorbei, bald hoch zum **Aussichtsturm Dierscheid** 05 auf dem Kellerberg. Von oben ein totaler Rundumblick!

Nach dem Abstieg unterhalb der Geschichtstafel geht es nach rechts und bergab.

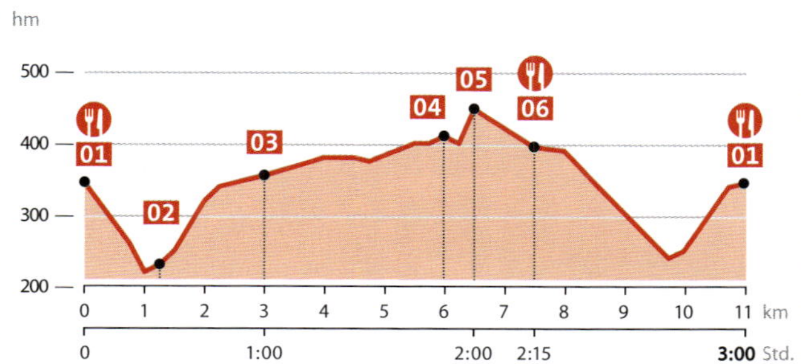

01 Dodenburg, 345 m; 02 Heckenmünster, 230 m; 03 Viktoriaquelle, 355 m; 04 Hansenkreuz, 410 m; 05 Aussichtsturm, 449 m; 06 Dierscheid, 395 m

Aussichtsturm auf dem Kellerberg über Dierscheid, höchster Punkt des Wittlicher Landes.

In **Dierscheid** 06 durch die „Karl-Kaufmann-Straße“. Hinter der Kapelle links auf den Quellenweg: „Mühlenweg“, gleich rechts „Dodenburger Straße“ und stetig talwärts, erst geteert , dann schotterig.

Nahezu im Tal, über einen Querweg, den Wiesenhang hinunter in den Wald, unten den Bendersbach überbrücken. An der anderen Talseite rechts, und im Wald direkt (3) bergauf nach **Dodenburg** 01 zum Ausgangspunkt.

Viktoriaquelle Heckenmünster an römischer Badekuranlage.

Meulenwald – Heckenmünster – Dierscheid

Meulenwald, benannt nach den Meilensteinen entlang der Römerstraße Trier – Andernach, waldreiches Buntsandstein-Mittelgebirge.

Heckenmünster, 1102 als „Münster“ erstmals genannt; Wallfahrtskirche zum Heiligen Kreuz (1744).

Dierscheid, 1220 „Derseit“ (= Rehwald), Höhen-Aussichtsort am Kellerberg (448 m). Schwefelquelle „Wallenborn“, einst gallo-römisches Quellheiligtum mit Tempeln und Kuranlagen, ab 275 n. Chr. durch die Frankeneinfälle wüst geworden.

KORDEL: UM BURG RAMSTEIN

Wasserfälle, Pützlöcher und Buntsandsteinberge

6,5 km | 2:00 h | 260 hm | 260 hm | 834

START | Wanderparkplatz am Butzerbach. Zufahrt vom Bahnhof Kordel durch den Ramsteiner Weg (K 26).
[GPS: UTM Zone 32 x: 330.650 m y: 5.521.780 m]
CHARAKTER | Abenteuerliche Bergwanderung, auch über Leitern und Treppen, zu bestaunenswerten Zielen. Bergschuhe anziehen! Bei Nässe besteht Rutschgefahr.

Vom **Parkplatz** 01 für mehr als eine Stunde auf den **Eifelsteig**: In das Butzerbachtal; schon bald über Steine zur anderen Bachseite, gleich rechts abwärts neben das Gewässer und in der Folge talaufwärts zu den **Wasserfällen**, über Steine und Brücken – auch schwingende Hängebrücken –, Stiegen, Treppen und Leitern.

Hinter der obersten Brücke die steilen Trittstufen hoch, von dem Waldplatz nach rechts zum oberen Waldrand; links – anfangs geteert– Richtung Römisches Bergwerk wieder in den Wald; hinter Gebäuden rechts die begehbaren Pützlöcher, römisches **Kupferbergwerk** 02 (Geschichtstafel am Weg); weiter bergab, vor einem Hohlweg links herum und zu einer Waldstraßenkurve. (150 m links hinab liegt **Burg Ramstein**.)

Richtung Klausenhöhle führt der Eifelsteig diesen Fahrweg 1 km hoch um den Ramsteiner Kopf; an der oben erreichten Abzweigung nach links, 50 m weiter wieder nach rechts, 100 m einen Hohlweg abwärts, dann scharf links steiler,

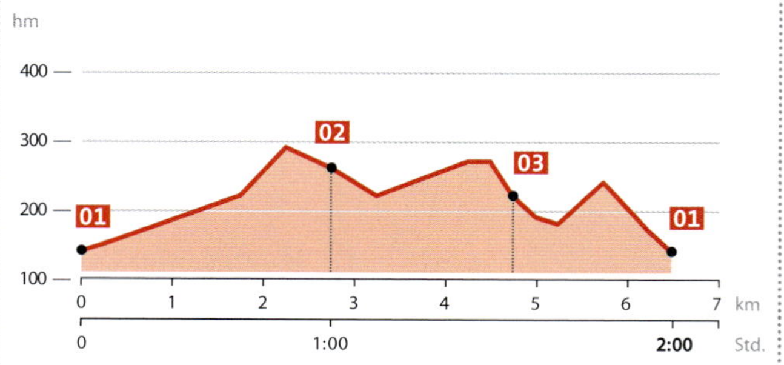

01 Parkplatz am Butzerbach, Kylltal, 140 m; 02 Röm. Bergwerk, 260 m; 03 Klausenhöhle, 220 m

In der Butzerbachschlucht.

auch Treppen und zur **Klausenhöhle** **03** unter mächtigem Buntsandsteinstock; gegenüber dieser einstigen Einsiedelei bergab, erst im Zick-Zack, dann Treppen, zuletzt Pfad ins **Laufbachtal**.

Auf Weg 4 wechseln: Dieses Tal abwärts; an der Verzweigung links (in Richtung Kordel) wieder etwas steigen, dann durch den Waldhang bis zur Straße.

Links hoch wird **Burg Ramstein** (mit Gastronomie und Einkehrmöglichkeit) erreicht, die Straße abwärts zum nahen Ausgangspunkt.

OUREN – UM DAS OURTAL

Dreiländerwanderung auf der „Nat'Our Route 1"

12 km | 3:00 h | 155 hm | 155 hm | 2202

START | Am Europadenkmal (an der Straße von Ouren/Belgien nach Lieler/Luxemburg). – Auf deutscher Seite möglich: Parkplatz an der K 148 unterhalb Dahnen im Ourtal, oberhalb der Ourbrücke. [GPS: UTM Zone 32 x: 294.590 m y: 5.552.932 m]
CHARAKTER | Vom Rauschen des Flusses begleitete ruhige Tour auf Wegen und Pfaden, mit nur leichten Steigungen.

Mit der Straße vor dem **Denkmal** 01 in Fließrichtung über den Ribbach (Rebach) ins Luxemburgische, von der Straße (nach Lieler) links ab und dort dem Markierungszeichen „gelber Punkt" (auch Internationaler Wanderweg) folgen.

Dem Fluss entlang folgen nach Kalbermillen (**Kalbornmühle** 02); die Zufahrt etwas hinauf, dann links auf einem felsigen Weg; zuletzt die Kalborner Straße hinab und nahe Tintesmillen (**Tintesmühle** 03) über die Our zurück nach Deutschland.

Die Kreisstraße aufwärts bis ungefähr 150 m oberhalb des Parkplatzes, dann links in den Waldfahrweg und auf Weg O durch das **Naturschutzgebiet Mittleres Ourtal**.

Nach einer Dreiviertelstunde von der **Schutzhütte Waldesruh** auf dem linken Weg durch ein Nebental mit Fischteich, und 10 Minuten bis hinter die Felsen der **Königslei** 04.

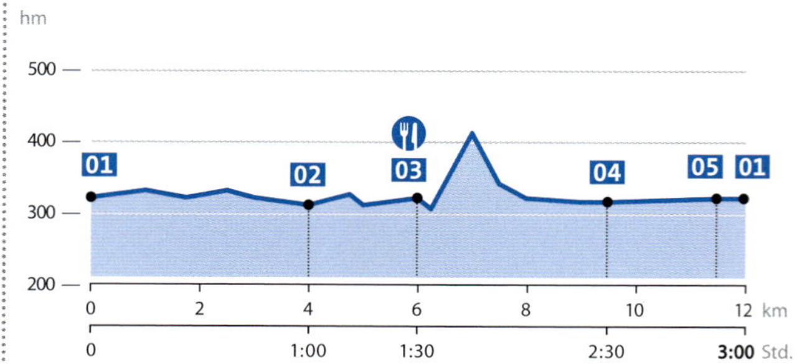

01 Ouren, Europadenkmal, 320 m; 02 Kalbornmühle, 310 m; 03 Tintesmühle, 320 m; 04 Königslei, 315 m; 05 Ourbrücke, 320 m

Von einer Wegekreuzung biegt der Weg O dann rechts in ein Seitental, während wir jedoch weiter geradeaus den **Ourtalweg** beibehalten.

An der nächsten Hütte (Zollhütte) links abwärts, auf der **Georges-Wagner-Brücke** 05 über die Our und zurück zum Parkplatz am **Europadenkmal** 01.

Dreiländereck

Diese nördlichste Wanderung im Naturpark Südeifel bildet zugleich den Anschluss an die Wanderwege im angrenzenden Deutsch-belgischen Naturpark Hohes Venn – Eifel.

Die Our entspringt am Grenzübergang Losheimergraben und hat eines der landschaftlich reizvollsten Flusstäler der Eifel ausgeformt. Der Ort Ouren (Belgien) wird bereits 1136 erstmals genannt. Das am 22. Oktober 1977 eingeweihte Europadenkmal im Dreiländereck Deutschland – Belgien – Luxemburg symbolisiert durch die Verschiedenheit seiner Steine und Tafeln die europäische Kultur- und Völkervielfalt in ihrem bewussten Miteinander.

Am 12. Oktober 1980 wurde als Beitrag zur Völkerverständigung genau am Dreiländerpunkt (Einmündung des Ribbach in die Our) eine Wanderbrücke eingeweiht und nach Georges Wagner aus Clerf benannt, einem Mitbegründer der Europäischen Vereinigung für Eifel und Ardennen.

Tourist-Information: Luxemburger Str. 5, 54687 Arzfeld
Tel. (06550); mail: ti@vg-arzfeld.de

Europadenkmal im Dreiländereck.

DALEIDEN – DASBURG – MACHTEMESMÜHLE

Zwischen Irsen- und Ourtal

15 km | 4:00 h | 395 hm | 395 hm | 2202

START | Daleiden, B 410 Richtung Dasburg, am Anfang des Gewerbegebiets am „Falkenaueler Weg“ parken.
[GPS: UTM Zone 32 x: 298.560 m y: 5.549.320 m]
CHARAKTER | Berg- und Tälerwanderung mit gedehnten An- und Abstiegen.

Die Wanderung beginnt in **Daleiden** 01 auf dem Fußweg der B 410 abwärts. Am verrohrten Bach auf die andere Straßenseite, und ab Zingent auf Weg P: Von der Anliegerstraße ins Mühlbachtal; unten nach rechts (Richtung Steinkaulsmühle) dieses Tal aufwärts; auf dem querenden Fahrweg über den Bach 30 Schritte links, dann rechts (Richtung Dasburg, auch Markierung ▶) bergauf; vom Waldaustritt gerade hinauf zur **Hohen Kuppe** 02 (Weitblick über das Ourtal ins Luxemburgische); am Fernsehmast über den Querweg, bald auch über die Dahner Straße und bergab nach **Dasburg**, aber nur bis zur ersten Häusergruppe unterhalb des Wasserbehälters.

Dort an dem Schilderstock scharf links in Weg 13: Wieder ansteigen; hinter einem Gebüsch hinab zum **Feriendorf** 03, jedoch zwischen der obersten und der zweiten Ferienhausreihe nach links; auf breitem Weg durch den Wald, zuletzt **Waldjugendheim** 04 und **Waldlehrhütte** zur B 410; diese Richtung Sportplatz überqueren, die Zufahrt 60 Meter abwärts, dann

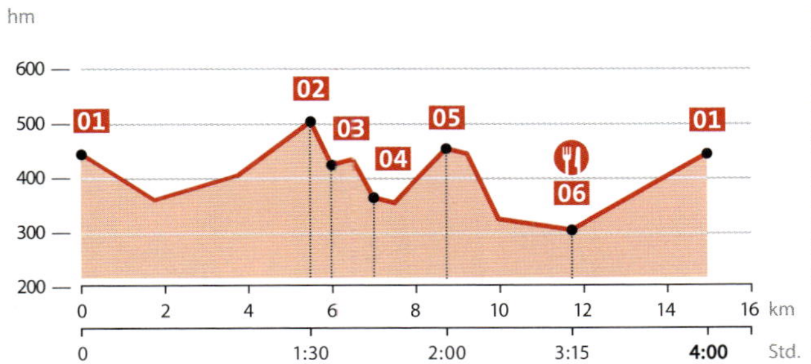

01 Daleiden, 440 m; 02 Hohe Kuppe, 500 m; 03 Dasburg/Feriendorf, 420 m; 04 Waldjugendheim, 360 m; 05 Preischeid, 450 m; 06 Machtemesmühle, 300 m

Daleiden – Dasburg

Daleiden, Erholungsort mit der größten Kriegsgräberstätte des Landes Rheinland-Pfalz.

Dasburg, Fremdenverkehrsort über dem Fluss Our, der Grenze zu Luxemburg. Die Burg (13. Jh.) erbauten die Grafen von Vianden zum Schutz ihres Prümer Lehens.

links ausbiegen und in ein schattiges Tal.

Wenig unterhalb einer Rechts-Spitzkehre den Talgrund nach links überschreiten und ansteigen, vom oberen Waldrand kurvig, dann geteert: bereits vor dem Ort Preischeid aus einer Linkskurve nach rechts in einen Feldweg wechseln, der, von Hecken gesäumt, hinauf nach **Preischeid** 05 führt.

Vom Vorfahrtschild abwärts, in die Straße Richtung Neuerburg, an deren Rechtskurve aber geradeaus auf Weg 12: Ständig bergab ins **Mühlbachtal**; schon vor dem Bach rechts, hang- und talabwärts nach **Machtemesmühle** 06 im Irsental.

Der Gaststätte gegenüber Richtung Daleiden auf Weg 9: Über den **Mühlbach**, hinter der Schutzhütte auch noch über den **Heimbach**, dann aber links dessen Tal vollständig aufwärts, zurück zum Falkenaueler Weg und zum Parkplatz in **Daleiden** 01.

Blick über Dasburg.

Tentismühle
Karschelt
Bermichthof
518
Reipelding
480
491
Dahnen
Auf den
Kaulen
480
Daleiden
Orchidarium u.
Alpengarten
485
Stephanshof
Steinkaulsmühle
Eisberg
494
410
66
01
494
Zingent
Vor der Höh
66
Hohe Kuppe
02
531
433
Hüberg
490
03
Dasburg
04
410
391
442
Feder
Neuhof
Zinglersseif
Frankmühle
Kalenbornerhof
66
Kapellenberg
474
66
410
Preischeid
450
05
Preischeiderhöhe
Rodemicht
Burtdell
Schwabert
Dörnauelsmühle
Oelverhof
Huscherichberg
470
Preischeiderley
Machtemesmühle
06
295
10
474
Auf den Pülen
Affler Höhe
Sevenig
bei Neuerburg
Staats-
444
Kohnenhaff
Affler
335
forst
0
500m
504
Obereisenbach

NEUERBURG – DAUDISTEL – NEUERBURGER WALD

Über die Waldberge um das Enztal

8 km | 2:30 h | 215 hm | 215 hm | 2202

START | Marktplatz. | Bus: Von allen Richtungen.
[GPS: UTM Zone 32 x: 306.190 m y: 5.543.340 m]
CHARAKTER | Höhentour mit teils steilen An- und Abstiegen.

In **Neuerburg** 01 am unteren Ende der „Marktstraße“ von der „Oberstraße“ in die „Braubachstraße“ auf Weg 1: Ansteigen, oben „Zum Hochgericht“; oberhalb der Schutzhütte am **Eckelchen** 02 links einbiegen und um den Hang der **Mirtesley**; ab der Schutzhütte abwärts.

Schloss Neuerburg

Das Schloss Neuerburg (12.–14. Jh.), Sitz der früheren Herrschaft zu Neuerburg, ist jetzt Jugendbildungs- und Erholungsheim des Bundes Neudeutschland. Gegenüber die Ruinen des Beilsturmes, einst Wachtturm. Die Kleine Burg (1624, Lehens- und Beamtensitz) dient als Pfarrhof. Zweischiffige gotische Kirche (1492) und Kirchturmtorbogen.

Information Neuerburger Land, Pestalozzistr. 7, 54637 Neuerburg, Tel. (06564) 19433, info@neuerburgerland.de

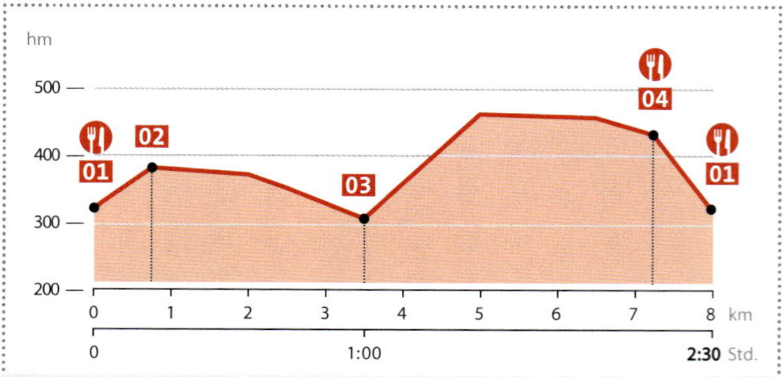

01 Neuerburg, 320 m; 02 Eckelchen, 380 m; 03 L 4 bei Daudistel, 305 m; 04 Kreuzkapelle, 430 m

Blick vom Waldparkplatz über Neuerburg.

Aus der Rechtskurve links den Hang hinab ins **Enztal** (Gehöft); rechts um die Kurve der Landstraße, an der Bushaltestelle **Daudistel** 03 steil hangaufwärts, auch über den Querweg (L) hinweg bis auf die Höhe des **Neuerburger Waldes**.

Auf dem Querweg 15 nach links, über die Aussichtshöhe und bald bergab. Der erreichte Fahrweg (markiert ▶) verlängert sich hinab zur **Kreuzkapelle** 04 und als „Kreuzbergstraße" in die Stadt.

STAUSEE BITBURG – HAMM – HAMMERBÜSCH

Vom Ufer des Sees über den Waldberg

9 km | 2:30 h | 200 hm | 200 hm | 2202

START | Parkplatz vor der Seebrücke.
[GPS: UTM Zone 32 x: 315.875 m y: 5.543.310 m]
CHARAKTER | Schöner Spaziergang am See, danach im Prümtal. Ab Hamm über den Waldberg.

Vom Parkplatz am **Stausee Bitburg** 01 Richtung Hamm über die Brücke, dahinter rechts in den See-Ufer-Rundweg 80. Am Ende die **Prüm** 02 überbrücken und über den Parkplatz wandern, erst hinter, später neben den Leitplanken und mit der Straße nach **Hamm**.

Im Ort mit der „Brückenstraße“ über die Prüm und auf Weg 78: Den Waldfahrweg ansteigen, an der Abzweigung aber links im **Hammerbüsch** 03 steiler hoch; auf dem Querweg weiter steigen, auch um die scharfe Linkskehre; fast auf der Höhe, nach links in den unteren, breiteren von zwei-

Stausee Bitburg – Schloss Hamm

(2 Mio. m³) Stauung der Prüm, Erholungs- und Freizeitzentrum.

Schloss Hamm, schon 1052 n. Chr. erwähnt, sehr schön wieder aufgebaut, aber nicht zu besichtigen. Das mächtige Bauwerk fasziniert von der rechten Flussseite aus.

Wegen und auf diesem Fahrweg ungeachtet anderer Markierun-

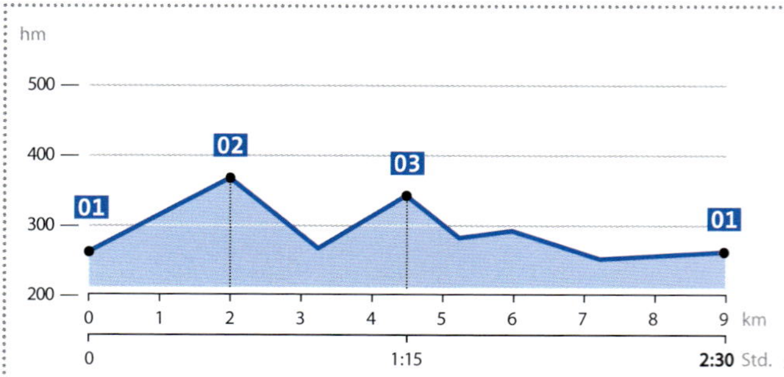

01 Stausee Bitburg, 260 m; 02 Prümsbrücke, 365 m;
03 Hammerbüsch, 340 m

Schloss Hamm über dem Prümtal.

gen bleiben; erst mit dem hinzustoßenden Weg 75 bergab, hinunter bis neben die Straße, aber (Richtung Gnadenkapelle und Einsiedelei) am Hang weiter; unterhalb **Wiersdorf** mit dem **Prümtalradweg** (auch ▶) erneut über die Prüm und links etwas bergauf; links abbiegend wieder zum Parkplatz.

BOLLENDORF – FERSCHWEILER PLATEAU – SCHANKWEILER KLAUSE

In die Nusbaumer Hardt

15 km | 4:30 h | 255 hm | 255 hm | 2202

START | Bollendorf, Ufer der Sauer (Sauerstaden). | Bus: Von Bitburg und Trier, an der luxemburgischen Seite auch von Echternach. [GPS: UTM Zone 32 x: 310.440 m y: 5.525.410 m]
CHARAKTER | Große Bergwanderung zu natur- und landschaftskundlichen Zielen. Bergschuhe sind zu empfehlen.

In **Bollendorf** **01** vom Sauerstaden auf Hauptwanderweg 6 (▶): In Fließrichtung, bald links durch die enge „Burgstraße", dahinter zur **Burg** **02** hinauf und die Straße weiter noch; vor der Römischen Villa links und dem Schild zum Grillplatz folgen; oberhalb der **Hunolay** rechts in den Waldfahrweg, den Teichen entlang.

Am **Artistenplatz** **03** (Markierungsstein) links abbiegend den steilen Waldpfad hoch; oberhalb in den Querweg nach links und stets gerade weiter bergauf bis zu einer Waldstraße; in diese nach rechts, über die nächste Kreuzung hinweg, 150 Meter danach aber rechts zu den **Kiesgräbern** **04** (gallo-römischer Begräbnisplatz).

Zu der vorgenannten Kreuzung zurück und rechts auf Weg 9: Sandiger Weg am Neudiesburgerhof vorbei und über die Hochfläche, immer geradeaus, auch vom Rand einer Teerstraße (Weg 8). Wo Weg 9 von einer Kreuzung nach rechts abbiegt, weiter geradeaus auf Weg A zur Schutzhütte gegenüber dem **Fraubillenkreuz** **05**.

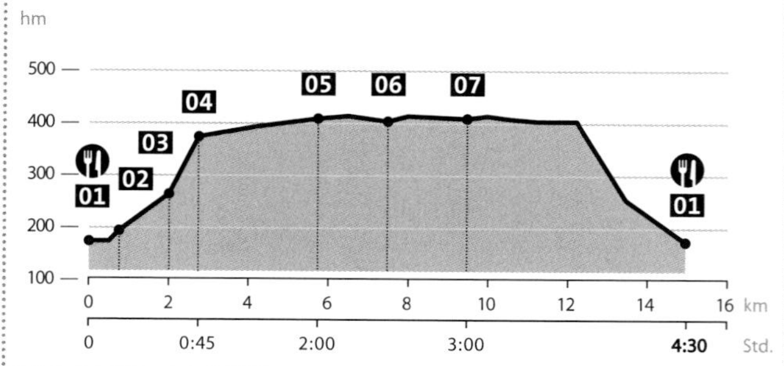

01 Bollendorf, 170 m; **02** Burg, 190 m; **03** Artistenplatz, 260 m; **04** Kiesgräber, 370 m; **05** Fraubillenkreuz, 405 m; **06** Schankweiler Klause, 400 m; **07** Wikingerburg, 405 m

Burg Bollendorf – Ferschweiler Plateau – Fraubillenkreuz

Burg Bollendorf (1739), entstand auf den Resten eines römischen Kastells. Römischer Gutshof in Schutzbau, einst mit römischem Badekomfort.

Ferschweiler Plateau, Hochebene mit steilem Felsrand, entstanden vor 150 Mio. Jahren als Insel im Lias-Eifelmeer.

Fraubillenkreuz, erst keltischer Menhir (Langer Stein), später zum Kreuz umgeformt.

An der Schutzhütte vorbei auf Weg 7: Nach 200 Metern nicht links in den Waldfahrweg, sondern 40 Schritte weiter nach links in den Wanderweg Richtung Klause; später doch auf dem Waldfahrweg, immer in gleicher Richtung; zuletzt mit einer Teerstraße links hinab zur Schankweiler **Klause** **06**.

Von der Klause wieder zurück ansteigen, dann aber rechts in Weg A: Den nach einer Viertelstunde querenden Fahrweg nach rechts nehmen und abwärts zur **Wikingerburg** **07**.

50 Schritte zurück und nun den rechten (!) Fahrweg hinauf, nach einer Viertelstunde auch noch durch die Linkskurve. Dahinter aber (Obacht geben!) rechts in Weg 34 (Richtung Bollendorf) abbiegen. Nach einer weiteren Viertelstunde (Bank) in den querenden Wanderweg 33 wechseln: Bergab, als Bergpfad unter die Felsen der **Sonnenlay**; unterhalb jedoch (Achtung!) plötzlich links wieder ansteigen und nun um und durch pittoreske Felspartien bis zu einer geteerten Waldstraße.

Die Waldstraße 1 Kilometer abwärts, durch die Linksspitzkehre und bis in die Rechtskurve; dort links in Weg 31 abbiegen: Waldfahrweg, leicht steigend bis zum Kneippbecken; rechts bergab nach **Bollendorf** **01**; „Auf der Ritschlay“ bergab an der Jugendherberge vorbei. Durch den Ortskern zu Tal.

Kulturdenkmal Fraubillenkreuz.

FELSENPFADE AB ERNZEN

Auf dem südlichen Ferschweiler Plateau

12 km 4:00 h 215 hm 215 hm 2202

START | Parkplatz vor dem Naturkundezentrum Ernzen, neben der „Ferschweiler Straße".
Bus: Von Bitburg, Irrel und Bollendorf bis Ernzen.
[GPS: UTM Zone 32 x: 315.454 m y: 5.524.510 m]
CHARAKTER | Bergwanderung mit ständigem Auf und Ab, auch Treppen und Steilpfade. Unbedingt Bergschuhe tragen!

Vom **Parkplatz** 01 vor dem Naturkundezentrum an der Tafel vorbei, links Richtung Besucherzentrum, wo der Pfad am **Naturkundehaus** 02 endet. Davor nach links Richtung Irreler Wasserfälle, auch am Rettungspunkt vorbei, wenig danach aber rechts steil absteigen. Unterhalb eines Felsendurchgangs (Achtung!) nach rechts auf Weg A (für etwa 2 Std. auch Markierung ►).

Der von einer Quelle gespeist Felsenweiher bei Ernzen.

Bald an einer steinzeitlichen Wohnwand vorbei und die **Teu-**

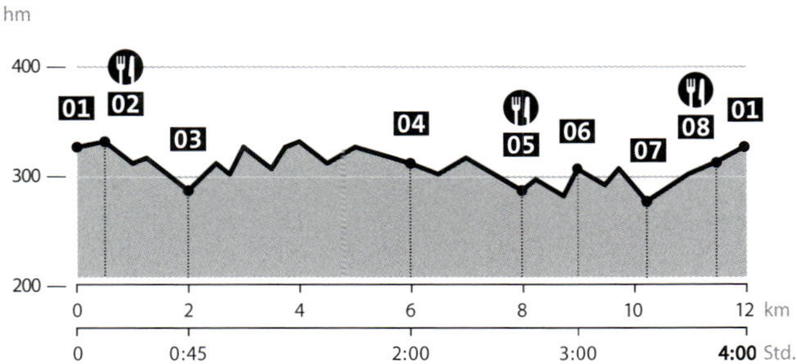

01 Parkplatz Naturkundezentrum, 325 m; 02 Naturstation, 330 m; 03 Teufelsschlucht, 285 m; 04 Liboriuskapelle, 310 m; 05 Fölkenbach, 285 m; 06 Stubenlay, 305 m; 07 Felsenweiher, 275 m; 08 Ernzen, 325 m

Natur- und Kultursehenswürdigkeiten

Eine der interessantesten Naturwegstrecken der Eifel: Bewuchs, Gesteinsformationen; Teufelsschlucht, wildeste begehbare Schlucht des Naturparks, davor eine steinzeitliche Wohnwand mit noch erkennbaren Höhlen und Trittstufen.

Felsenweiher, 1868 umgestaltetes Felsengebilde, dessen Teich von einer Quelle gespeist wird.

Die **Liboriuskapelle** erinnert an die Überführung der Gebeine des heiligen Liborius von Le Mans nach Paderborn (836 n. Chr.). Ernzen wird 895 n. Chr. als „Arenza“ erstmals beurkundet.

felsschlucht **03** hinauf; oben nach links, später Prümtalblick und zur K 20. Diese Straße etwa 400 Meter abwärts, dann zur Ernzener Sandgrube einbiegen, vor dem Sperrschild links an den Waldrand, alsbald aber wieder in den Wald hinein.

Weiter zum **Peter-Fassbender-Platz** hoch über **Echternacherbrück**, dann zur **Liboriuskapelle** **04**, jetzt mit einem besonders schönen Freiblick über Echternach und seine berühmten Abteianlagen.

Hinter der Kapelle kann in einem Abstecher zur **Einsiedelei** (Klause) abgestiegen werden, bevor es auf Weg A weitergeht: Von der Hochfläche der **Kuckuckslay** ins **Fölkenbachtal** **05** (Haus Hubertus) talabwärts, unterhalb des Weihers jedoch rechts in die Kletschberge steigen.

Von einer Wegverzweigung rechts durch die Felsformation der **Stubenlay** **06**; nach dem Abstieg ins **Gutenbachtal** auf einem Fahrweg talaufwärts bis zur Brücke am Wasserwerk. Hier wechseln wir, zunächst an dieser Talseite bleibend, auf Weg 3: Zum nahen **Felsenweiher** **07**; nach **Ernzen** **08**, und durch den Ort – am Fuß der Kirche vorbei – Richtung Ferschweiler und zurück zum **Parkplatz** **01**.

Steinzeitliche Felsenwohnwand.

Die Teufelsschlucht mit Felsendurchgang.

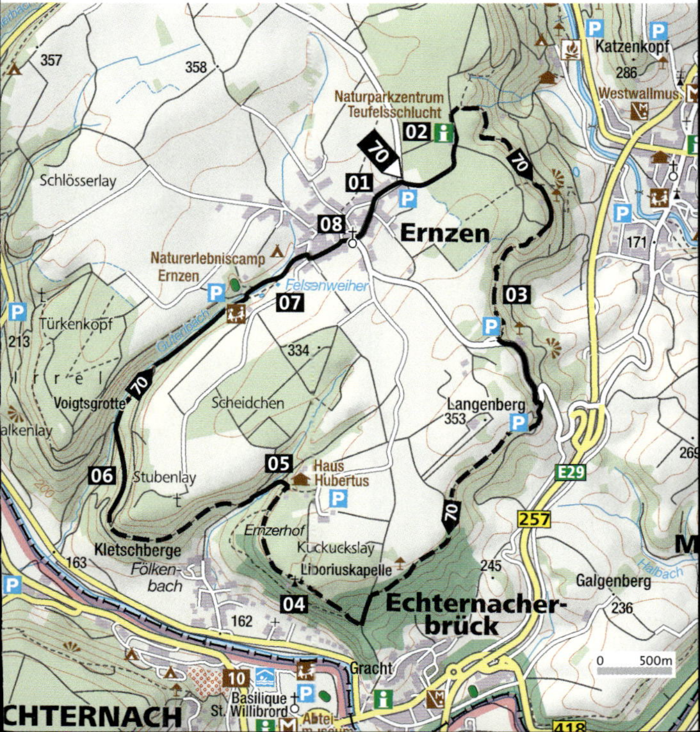

ALLES AUSSER WANDERN

Wandern ist Gehen mit Ziel, Zeit und Muße, mit Interesse an Landschaft und Kultur, offen für alles, was das Auge wahrnimmt und das Gemüt bewegt.

Bezeichnungen wie etwa „Autowandern" pervertieren den Wanderbegriff. Motorisierte Fortbewegungsmittel können uns allerdings beispielsweise in die Nähe der vielen Eifeler Aussichtspunkte bringen, die vom Parkplatz mit kurzem Spaziergang zu erreichen sind. Diese nicht als „Wandern" gelten zu lassen, wäre für ungeübte oder auch alte Menschen zu streng geurteilt. Wandern fällt sicherlich unter den Sammelbegriff „Sport", ist indes kein prämierter Leistungssport, schon gar keine olympische Disziplin. Gesundheit und Lebensfreude sind gewissermaßen der „Pokal", den sich der Wanderer selbst überreicht.
Es gibt ein Bedingungsgefüge zwischen Kopf und Beinen. Dies zeigt sich erst recht, wenn, wie beim Wandern, quasi hinter jeder Waldecke das „Grüne Reich" mit Blumen und Landschaftsbildern wechselt und zum Innehalten verleitet. Dann bestätigt sich der weise Spruch: Bewegung ist Leben!

MEINE TIPPS FÜR . . .

> Burgenfreunde

Die Eifel ist das „Land der tausend Burgen", und diese Zahl ist nicht übertrieben, wenn man die festen Sitze der Jahrtausende aufzählt und den Naturpark Rheinland bis an die Niederrheinische Bucht einbezieht, ein Gebiet, das sich weithin als zur Eifel zählend empfindet.

In historischer Reihenfolge sind folgende Bauwerke zu erwähnen:

Keltische Fliehburgen, deren Befestigung zumeist aus einer mit Holzgeflecht verfestigten Steinschichtung bestand, nach dem römischen Feldherrn Caesar „murus gallicus" (Gallische Mauer) genannt.
Typisches Beispiel: Tour 55 führt unterhalb der Dietzenley an den Überresten einer solchen Mauer entlang.

Römerwarten, feste Beobachtungsstationen auf vielen Eifelhöhen. Typisches Beispiel: Auf dem Hochkelberg (Tour 53). Übrigens ist eine solche Warte, wie sie zu Römerzeiten existierten, auf der Sophienhöhe bei Jülich wieder aufgebaut worden!

Motten, mittelalterliche Turmhügelbauten in Erd-Holz-Bauweise, regelmäßig durch Wassergräben geschützt. Typisches Beispiel: Die (restaurierte) Motte Zehnbachhaus bei Blankenheim-Wald (Tour 21).

Feste Wohnsitze (Herrensitze), die nicht selten aus Lehnsherrschaft entstanden. Manche sind modernisiert und heute noch bewohnt.

Burgen, stets romantische Wanderziele. Vorab zu nennen ist (für Besichtigungen auch zugängliche)

Schloss Bürresheim.

Burg Eltz, der „Inbegriff deutscher Burgenromantik", auch „Die Burg schlechthin" genannt (Tour 49). Während der Spanischen Erfolgekriege haben die Franzosen Ende des 17. Jahrhunderts fast alle Eifelburgen zerstört; die Mauern waren der Artillerie nicht gewachsen.

Nur zwei Burgen blieben unangetastet, nämlich **Burg Eltz** und **Schloss Bürresheim** bei Mayen; deren Besitzer waren mit dem französischen Königshaus verwandtschaftlich verbunden.

Stolz ragen ferner diese Burgen auf: Laufenburg (Tour 1), Satzvey (Tour 4), Nideggen (Tour 9), Heimbach (Burg Hengebach, Tour 10), Monschau (Tour 13), Blankenheim (Touren 21, 22), Burg Rheineck und Schloss Augustaburg/Burg Brohleck (Tour 50), Burg Kerpen (Tour 51), Kasselburg (Tour 54), Dodenburg (Tour 63), Neuerburg (Tour 67), Schloss Hamm (Tour 68), Bollendorf (Tour 69) – aber: Nicht alle Burgen sind zu besichtigen.

Keine Burg im vorstehenden historischen Sinne ist **Burg Vogelsang** (Tour 15); sie entstand als NS-Ordensburg und ist heute das Zentrum des Nationalparks Eifel.

Burgruinen gibt es in großer Anzahl. Folgende sind in diesem Führer erwähnt: Tomburg (Tour 1), Kronenburg (Tour 24), Burg Schönecken (Tour 27), Aremberg (Tour 28), Altenahr (Burg Are, Tour 31), Neuenahr (Tour 34), Virneburg (Tour 46), Monreal (2 Burgruinen, Tour 47), Ulmen (über der Stadt, Tour 56), Manderscheid (Ober- und Niederburg, Tour 59), Ramstein (Tour 64), Dasburg (Tour 66).

Von vielen Burgruinen bietet sich ein phantastischer Eifelblick. Und nicht zu vergessen: Die Burgruinen sind Wahrzeichen der durch die Kriegswirren der Jahrhunderte geschundenen Eifel.

> Abstiege in die Vulkanwelt

Der „Nationale Geopark Vulkanland Eifel" mit seinen vulkanischen Relikten aus allen Erdzeitaltern ist nicht nur ein Magnet für Vulkanologen aus aller Welt, sondern weckt das Interesse jedes Besuchers. Die Wortwahl, die Eifelvulkane würden „schlafen", gilt nur in Bezug auf oberirdische Ausbrüche. Wie gewaltig die vulkanischen Kräfte im Erdinnern der Eifel noch immer sind, wird allein daraus ersichtlich, dass sie täglich 200 Tonnen reines Kohlensäuregas freisetzen! So relativiert sich ein wenig die Vorstellung der CO_2-Ausstoß sei (vor allem) Menschenwerk.

Wer in den Stollengang des abgebauten Schlots des **Vulkans Arensberg** geht (Tour 52), gewinnt bereits einen Eindruck von den vulkanischen Gewalten. Nahezu unbegreifbar wird die Auswirkung des **Laacher-See-Vulkansausbruchs** (Tour 39) vor 13000 Jahren, der Tonnen von Gestein bis über 30 Kilometer hochschleuderte, und dessen Brocken im Norden auf der Ostseeinsel Bornholm, im Süden bei Grenoble gefunden wurden.

Um den Eifelvulkanismus zu verdeutlichen, werden zwei Ausflüge empfohlen, für die sich auch Schlechtwettertage anbieten.

1. Mendig und Lava-Dome

Etwa 3,2 Kilometer der Basaltlava-Industriestadt Mendig stehen auf dem vor 200 000 Jahren erkalteten Lavastrom des Wingertbergvulkans im Laacher-See-Gebiet. In der Stadt ist der Sitz der Deutschen Vulkanologischen Gesellschaft, und das Vulkanmuseum bietet eine Erlebniswelt der Extraklasse mit dem „Land der Vulkane", einer „Vulkanwerkstatt" und der „Zeit der Vulkane".

Die „Museumslay" zeigt die alten Gewerke, und ausgestellte Mühlsteine aus Basaltlava verweisen auf die Zeit bis vor Christi Geburt, als solche Steinwerke bereits bis an die Ostsee verbracht wurden.

Die einzige **Vulkanbrauerei** Deutschlands steht auf 32 Meter unter der Erdoberfläche liegenden Basaltlavabrüchen, die nach Absprache besichtigt werden können – ein Erlebnis sondergleichen!

Informationen: Deutsches Vulkanmuseum „Lava Dome", Brauerstr.1, 56743 Mendig, Tel. 02652-9399222, info@lava-dome.de

Vulkan Nastberg, Grube Süd.

2. Vulkanpark-Infozentrale Rauschermühle

Dort führen Bilder, Ausstellungen, der Rauscherpark und insbesondere eine Videoschau in die Welt der Osteifelvulkane. Mitgebucht werden kann ein Besuch des unteridischen Tuffsteinbergwerks Meurin aus der Römerzeit (am Ortsrand von Kretz). Der überdachte Steinbruch unter der Erdoberfläche ist eine herausragende Attraktion für jeden Besucher.

Informationen: Vulkanpark-Infozentrum Rauschermühle, Rauschermühle 6, 56637 Plaidt, Tel. 01801-885526, geopark@vulkaneifel.de

> Besucher des Nationalparks Eifel

Dieser linksrheinisch einzige Nationalpark wurde auf einer Fläche von 107 Quadratkilometern im Gelände eines ehemaligen Truppenübungsplatzes und im Gebiet der größten Eifeltalsperren eingerichtet.

Besucherzentrum ist **Burg Vogelsang**, ein Gebäudekomplex auf rund 100 Hektar Fläche, hoch über den

Blick über Einruhr und den Obersee.

Windungen der Urfttalsperre. Das Ensemble mit seinen Aussichten und Darbietungen ist bei jedem Wetter einen Besuch wert.

Den Nationalpark durchziehen viele Wanderwege, alle gut gekennzeichnet. Wegen des hohen Schutzcharakters dürfen diese Wege nicht verlassen werden! Das ist auch nicht nötig, weil sie zu den schönsten Aussichtspunkten führen und überhaupt insgesamt diese bergige Landschaft getreu ihrem Motto (Wald, Wasser, Wildnis) erschließen. Außer auf der Burg Vogelsang bieten fünf so genannte **Nationalpark-Tore** (in Rurberg, Gemünd, Monschau-Höfen, Heimbach und Nideggen) neben Ausstellungen umfangreiche Informationen über Aktivitäten wie Führungen, Besichtigungen, Wanderungen und Klettertouren.

Alle diese Tore sind barrierefrei für Rollstuhlfahrer eingerichtet. Führungen durch die Ausstellungen können auch in Gebärdensprache bestellt werden.

Informationen: Nationalparkverwaltung Eifel, Urftseestraße 34, 53937 Schleiden-Gemünd, Tel. 02444-95100, info@nationalpark-eifel.de

ÜBERNACHTUNGSVERZEICHNIS

€ unter 30 EUR €€ 30 - 60 EUR €€€ über 60 EUR
(pro Pers/DZ/incl. Frühstück)

Altenahr.. Plz 53505, Tel. (0) 2643
Ruland Hotel €€, Brückenstr. 6, Tel. 8318, www.hotel-ruland.de
Hotel Zur Post €€, Brückenstr. 2, Tel. 9310, www.hotelzur-post.de
Hotel Zum Schwarzen Kreuz €€, Brückenstr. 4, Tel. 1881,
www.hotel-rittersprung.de
Hotel zum Rittersprung €€, Brückenstr. 7, Tel. 1534,
www.zumschwarzenkreuz.de
Assenmacher €€, Brückenstr. 12, Tel. 1848, www.gasthaus-assenmacher.de

Bad Breisig.. Plz 53498, Tel. (0) 2633
Rheinhotel Vier Jahreszeiten €€€, Rheinstr. 11, Tel. 6070, www.breisig.de
Hotel Anker €€, Rheinufer 12-13, Tel. 9329, www.hotel-anker-bad-breisig.de
Hotel Zur Mühle €€, Koblenzerstr. 15, Tel. 20060, www.zurmuehlebreisig.de
Fontana Hotel Garni €€, Waldstr. 10, Tel. 4759990, www.fontana-badbreisig.de

Bad Münstereifel.. Plz 53902, Tel. (0) 2253
Hotel Wolfsschlucht €€, Orchheimerstr. 19, Tel. 8422, www.wolfsschlucht.de
Landhaushotel Bad Münstereifel €€, Hubertusweg 15, Tel. 92010,
www.landhaushotel.de
Zum Orchheimer Tor €€, Trierer Str. 6, Tel. 92080,
www.hotel-in-bad-münstereifel.de

Bad Neuenahr.. Plz 53474, Tel. (0) 2641
SETA Hotel €€, Landgrafenstr. 41, Tel. 8030, www.setahotel.de
Krupp Hotel €€, Poststr. 4, Tel. 9440, www.hotel-krupp.de

Bitburg... Plz 54634, Tel. (0) 6561
Bitburger Hof €€, Triererstr. 23, Tel. 94520, www.bitburger-hof.de
Eifelstern €€, Charles-Lindbergh-Allee 6, Tel. 91500, www.eifelstern.com
Hotel Eifelbräu €€, Römermauer 36, Tel. 9100, www.eifelbraeu.de

Blankenheim .... Plz 53945, Tel. (0) 2449
Hotel Schlossblick €€, Nonnenbacher Weg 4, Tel. 95500,
www.hotel-schlossblick.de
Brüsseler Höfchen €€, Am Hirtenturm 7, Tel. 1025, bruesseler-hoefchen.de
Kölner Hof €€, Ahrstr. 22, Tel. 91960, www.hotel-koelner-hof.de

Bollendorf.. Plz 54669, Tel. (0) 6526
Hotel Ritschlay €€, Auf der Ritschlay 3, Tel. 92990, www.ritschlay.de
Waldhotel Sonnenberg €€, Sonnenbergallee 1, Tel. 92800, www.waldhotel.com

Daun... Plz 54550, Tel. (0) 6592
Hotel zum Goldenen Fässchen €€, Rosenbergstr. 5, Tel. 3097, www.goldfass.com

Hotel Stadt Daun €€, Leopoldstr. 14, Tel. 95250, www.hotel-stadt-daun.de
Hotel Panorama €€-€€€, Rosenbergstr. 26, Tel. 9340, www.upps.eu

Gerolstein .... Plz 54568, Tel. (0) 6591
Seehotel Am Stausee €€, Am Stausee 2, Tel. 222, www.seehotel-am-stausee.de
Hotel Garni „Am Brunnenplatz“ €€, Raderstr. 7, Tel. 980898, www.brunnenplatzhotel-molitor.de
Pension Endres €€, Obere Str. 2, Tel. 982232, www.pension-endres.de

Hellenthal .... Plz 53940, Tel. (0) 2482
Hotel Berghof €€, Bauesfeld 15, Tel. 7154, www.hotel-berghof-hellenthal.de
Hollerather Hof €€, Luxemburger Str. 44, Tel. 7117, www.holleratherhof.com
Landhaus Eifelsicht €€, Luxemburger Str. 46, Tel. 4169710, www.landhauseifelsicht.de

Kyllburg .... Plz 54655, Tel. (0) 6563
Hotel Müller €€, Mühlengasse 3, Tel. 96960, www.mueller-kyllburg.de
Hotel Gasthaus zur Post €€, Bahnhofstr. 30, Tel. 5193186, ww.hotelzurpostkyllburg.de

Manderscheid .... Plz 54531, Tel. (0) 6572
Hotel Heidsmühle €€, Mosenbergstr. 22, Tel. 747, www.heidsmuehle.de
Hotel Zens €€, Kurfürstenstr. 35, Tel. 92320, www.hotel-zens.de
Hotel am Ceresplatz €€, Wittlicherstr. 2, Tel. 932933, www.hotelamceresplatz.com

Monreal .... Plz 56729, Tel. (0) 2651
Pension Fam. Schmitz €€, Elzer Weg 2, Tel. 3133, www.unterkunft-monreal.de

Monschau .... Plz 56729, Tel. (0) 2472
Carat Hotel €€, Laufenstr. 82, Tel. 860, www.carathotel.de
Burghotel Monschau €€, Laufenstr. 1, Tel. 8028055, www.burghotel-monschau.de

Nettersheim .... Plz 53947, Tel. (0) 2486
Nettersheimer Hof €€, Bahnhofstr. 7, Tel. 233, www.nettersheimerhof.de
Mäder L. € , Kölnerstr. 72, Tel. 801991, www.gaestehaus-maeder-online.de

Neuerburg .... Plz 54673, Tel. (0) 6564
Zur Stadt Neuerburg €€, Poststr. 10, Tel. 2126, www.hotel-zurstadtneuerburg.de
Camping In der Enz € , In der Enz 25, Tel. 2660, www.camping-inderenz.com
euvea Freizeit- und Tagungshotel €€, Bitburger Str. 21, Tel. 96090, www.euvea.de

Nideggen .... Plz 52385, Tel. (0) 2427
Hotel Ratskeller €€, Markt 1, Tel. 9050930, www.ratskeller-nideggen.com
Hotel „Zur ewigen Lampe“ €€, Bahnhofstr. 9, Tel. 94090, www.ewigelampe.com

Nürburg .... Plz 53520, Tel. (0) 2691
Dorint Am Nuerburgring €€, Grand-Prix-Strecke, Tel. 3090, www.dorint.com
Hotel zur Burg €€, Burgstr. 4, Tel. 7575, www.nuerburgring-hotel.de
Hotel Am Tiergarten €€-€€€, Kirchweg 4, Tel. 92200, www.am-tiergarten.de

ORTE / TOURISMUSBÜROS

Altenahr
Touristeninformation
Haus des Gastes im
Bahnhof, 53505 Altenahr
Tel. (02643) 8448
info@altenahr-ahr.de

Arzfeld
Tourist-Information
Luxemburger Str. 5
54687 Arzfeld
Tel. (06550) 961080
ti@vg-arzfeld.de

Bad Breisig
Tourist-Information
Koblenzer Str. 59
53498 Bad Breisig
Tel. (02633) 45630
tourist-info@bad-breisig.de

Bad Münstereifel
Kurverwaltung
Kölner Str. 13
53902 Bad Münstereifel
Tel. (02253) 542244
touristinfo@bad-muens-
tereifel.de

Bassenheim
Gemeinde
Walpotplatz 9
5620 Bassenheim
Tel. (02625)4456
gemeinde@bassenheim.de

Blankenheim
Tourist-Information
Ahrstr. 55-57
53945 Blankenheim
Tel. (02449) 87222
touristinfo@blankenheim.de

Bollendorf
Felsenland Südeifel
Tourismus
Neuerburgerstr. 6
54669 Bollendorf
Tel. (06526) 93035
info@felsenland-suedeifel.de

Cochem
Touristinformation
Ferienland Cochem
Endertplatz 1
56812 Cochem
Tel. (02671) 60040
verkehrsamt.cochem@
lcoc.de

Dahlem
Rathaus
Hauptstr. 23
53949 Dahlem
Tel. (02447) 95550
buergermeister@dahlem.de

Daun
Tourist-Information Daun
Leopoldstr. 5
54550 Daun
Tel. (06592) 95130
daun@gesundland-vulkan-
eifel.de

Deudesfeld
Tourist-Information
Hauptstr. 31a
54570 Deudesfeld
Tel. (06599) 344
ortsgemeinde.deudesfeld@
vgdaun.de

Ranger Leyendecker im Nationalpark.

Gerolstein
Touristinformation Gerolsteiner Land
Brunnenstr. 10
54568 Gerolstein
Tel. (06591) 949910
touristinfo@gerolsteinerland.de

Hellenthal
Verkehrsamt
Rathausstraße 2
53940 Hellenthal
Tel. (02482)85115
tourismus@hellenthal.de

Kyllburg
Tourist-Information
Kyllburger Waldeifel
Hochstr. 19
54655 Kyllburg
Tel. (06563) 930244
info@ti-kyllburg.de

Mechernich
Tourist-Agentur
Mechernich
Bergstr. 1
53894 Mechernich
Tel. (02443) 494321
touristik@mechernich.de

Monschau
Monschau-Touristik GmbH
Stadtstr. 16, 52156 Monschau
Tel. (02472) 80480,
touristik@monschau.de

Neuerburg
Tourist-Information
Neuerburger Land
Pestalozzistr. 7
54637 Neuerburg
Tel. (06564) 19433
info@neuerburgerland.de

Prüm
Tourist-Information
Hahnplatz 1, 54595 Prüm
Tel. (06551) 505
ti@pruem.de

Überörtliche Information

Eifelverein
Hauptgeschäftsstelle, Stürtzstr. 2-6, 52349 Düren
Tel. (02421) 13121, post@eifelverein.de

Eifel Tourismus GmbH
Kalvarienberg 1, 54595 Prüm
Tel. (06551) 9656-0 und -10, info@eifel-portal.de

Naturpark Rheinland
Willy-Brandt-Platz 1, 50126 Bergheim
Tel. (02271) 834210, Fax (02271) 832318
info@naturpark-rheinland.de
Weitere Geschäftsstelle:
Haus der Natur (mit ständiger Ausstellung)
Himmeroder Wall 6, 53359 Rheinbach
Tel. (02226) 2343

Nordeifel Tourismus GmbH
Bahnhofstr. 13, 53925 Kall
Tel. (02441) 994570, info@nordeifel-tourismus.de

Nationalparkforstamt Eifel
Uferstr. 34, 53937 Schleiden-Gemünd
Tel. (02444) 19433, info@nationalpark-eifel.de

Rureifel-Tourismus e.V.
An der Laag 4, 52396 Heimbach
Tel. (02446) 805790, info@rureifel-tourismus.de

Tourist-Information Hocheifel-Nürburgring
Kirchstr. 15-19, 53518 Adenau
Tel. (02691) 305122, tourismus@adenau.de
www.hocheifel-nuerburgring.de

Ahrtal-Tourismus
Hauptstr. 80, 53474 Bad Neuenahr-Ahrweiler
Tel. (02641) 91710, info@ahrtaltourismus.de

Touristik-Büro VG Vordereifel
Kelbergerstr. 26, 56727 Mayen
Tel. (02651) 8009-59, tourismus@vordereifel.de

Rhein-Mosel-Eifel-Touristik (REMET)
Bahnhofstr. 9, 56058 Koblenz
Tel. (0261) 108419, info@remet.de

Moseleifel Touristik e.V.
Neustr. 6, 54516 Wittlich
Tel. (06571) 4086, moseleifel@t-online.de

Naturpark Südeifel e. V.
Auf Omesen 2, 54666 Irrel
Tel. (06525) 79206

Ferienregion Trierer Land
Moselstr. 1, 54308 Langsur-Wasserbilligerbrück
Tel. (06501) 602666, info@lux-trier.info

REGISTER

IMPRESSUM

1. Auflage 2021 Verlagsnummer 5209 ISBN 978-3-99121-052-8

Text und Fotos (soweit nicht anders angegeben): Hans Naumann

Titelbild: Der Rursee (Foto: © engel.ac – stock.adobe.com)

Bildnachweis:
S. 33: © Herbert Lamberts; S. 34: © Norbert Breuer; S. 91, 96, 98: © Naturpark Venn-Eifel, Prüm; S. 236: © Nationalparkforstamt Eifel;

Grafische Herstellung: wt-BuchTeam
Wanderkartenausschnitte: © KOMPASS-Karten GmbH
Kartengrundlage für Gebietsübersichtskarte S. 12-13, U4:
© MairDumont, D-73751 Ostfildern 4

Alle Angaben und Routenbeschreibungen wurden nach bestem Wissen gemäß unserer derzeitigen Informationslage gemacht. Die Wanderungen wurden sehr sorgfältig ausgewählt und beschrieben, Schwierigkeiten werden im Text kurz angegeben. Es können jedoch Änderungen an Wegen und im aktuellen Naturzustand eintreten. Wanderer und alle Kartenbenützer müssen darauf achten, dass aufgrund ständiger Veränderungen die Wegzustände bezüglich Begehbarkeit sich nicht mit den Angaben in der Karte decken müssen. Bei der großen Fülle des bearbeiteten Materials sind daher vereinzelte Fehler und Unstimmigkeiten nicht vermeidbar. Die Verwendung dieses Führers erfolgt ausschließlich auf eigenes Risiko und auf eigene Gefahr, somit eigenverantwortlich. Eine Haftung für etwaige Unfälle oder Schäden jeder Art wird daher nicht übernommen. Für Berichtigungen und Verbesserungsvorschläge ist die Redaktion stets dankbar. Korrekturhinweise bitte an folgende Anschrift:

KOMPASS-Karten GmbH
Karl-Kapferer-Straße 5, A-6020 Innsbruck
www.kompass.de/service/kontakt